O EVANGELHO REDIVIVO

LIVRO I
INTRODUÇÃO AO ESTUDO DE O EVANGELHO REDIVIVO

Organização-Coordenação
Marta Antunes Moura

O EVANGELHO REDIVIVO

LIVRO I
INTRODUÇÃO AO ESTUDO DE O EVANGELHO REDIVIVO

Copyright © 2019 *by*
FEDERAÇÃO ESPÍRITA BRASILEIRA – FEB

1ª edição – 5ª impressão – 1,2 mil exemplares – 1/2025

ISBN 978-85-9466-326-9

Todos os direitos reservados. Nenhuma parte desta publicação pode ser reproduzida, armazenada ou transmitida, total ou parcialmente, por quaisquer métodos ou processos, sem autorização do detentor do *copyright*.

FEDERAÇÃO ESPÍRITA BRASILEIRA – FEB
SGAN 603 – Conjunto F – Avenida L2 Norte
70830-106 – Brasília (DF) – Brasil
www.febeditora.com.br
editorial@febnet.org.br
+55 61 2101 6161

Pedidos de livros à FEB
Comercial
Tel.: (61) 2101 6161 – comercial@febnet.org.br

Adquirindo esta obra, você está colaborando com as ações de assistência e promoção social da FEB e com o Movimento Espírita na divulgação do Evangelho de Jesus à luz do Espiritismo.

Dados Internacionais de Catalogação na Publicação (CIP)
(Federação Espírita Brasileira – Biblioteca de Obras Raras)

M929e   Moura, Marta Antunes de Oliveira de (Org.), 1946–

O evangelho redivivo: introdução ao estudo de O Evangelho Redivivo/ organização de Marta Antunes de Oliveira de Moura. – 1. ed. – 5. imp. – Brasília: FEB, 2025.

V. 1; 200 p.; 25cm

Inclui referências

ISBN 978-85-9466-326-9

1. Espiritismo. I. Federação Espírita Brasileira. II. Título.

CDD 133.9
CDU 133.7
CDE 60.07.01

SUMÁRIO

Agradecimentos 7

Testemunhos à fé 8

Esclarecimentos 12

Apresentação do programa 17

LIVRO I
Introdução ao Estudo de O Evangelho Redivivo **19**

TEMA 1 – "A mensagem do Cristo precisa ser conhecida, meditada, sentida e vivida." 21

TEMA 2 – O Evangelho Redivivo 28

TEMA 3 – *O evangelho segundo o espiritismo*: prefácio e introdução 47

TEMA 4 – O Evangelho de Jesus e a Doutrina Espírita 93

TEMA 5 – O estudo do Evangelho e demais livros do Novo Testamento, à luz da Doutrina Espírita 138

TEMA 6 – Exercícios de aplicação da metodologia indicada em O Evangelho Redivivo 167

TEMA 7 – Seminário de conclusão do Livro 1: os romances históricos do Espírito Emmanuel 179

Referências 183

AGRADECIMENTOS

Agradecemos, de coração, a todos os componentes da equipe que, na Federação Espírita Brasileira, estão diretamente envolvidos na produção, revisão, aplicação (testagem) e avaliação dos textos de *O Evangelho Redivivo*, quais sejam: Bruno Amador, Cylene Dalva Guida, Elzi Nascimento, Elzita Melo Quinta, Fátima Guimarães, Janice Luzia Oliveira Schultz Barbosa, Marcos Bragatto, Pedro Paulo Camello, Severino Celestino, Nilva Polônio e Tulia Benites.

Endereçamos também as sinceras manifestações de apreço e gratidão aos coordenadores responsáveis pela aplicação e avaliação dos temas nas respectivas instituições espíritas, do Brasil e do exterior: Armando Guerra, Carlos Roberto Campetti, Cecília Lamego, Elzi Nascimento, Elzita Melo Quinta, José Valdez, Luiz Antônio Brescovites, Marluce Alves, Mariza Borges, Maria Isabel de Saraiva, Maria Inês van Gal Milanez, Maria Luiza Moura, Maria do Socorro Rodrigues, Maura Godinho, Mauricio Curi, Monica Oliveira Guadalupe, Nelida Esther Fregossi, Pedro Paulo Camelo, Rejane Hostettler Bicalho, Ricardo Santos, Silvana Elia e Wilter Coelho.

Somos especialmente gratos a Deus, Criador e Pai Celestial, a Jesus, Mestre e Senhor, e ao abençoado orientador espiritual Francisco Leite de Bittencourt Sampaio, pela oportunidade de trabalho e de estudo de *O Evangelho Redivivo*.

TESTEMUNHOS À FÉ[1]

Amélia Rodrigues (Espírito)

O fermento farisaico aumentava o desequilíbrio das multidões, à medida que a mensagem ganhava os corações aflitos...

Pairavam no ar as velhas tradições cumuladas de crendices e crueldade, enquanto as bênçãos das boas-novas amenizavam as dores e desesperanças.

Era uma batalha sem gládio nem armas destrutivas, mas de ideias retrógradas que teimavam em deter a marcha do progresso, ante a madrugada rica de pensamentos e ações libertadores.

Aderindo lentamente aos ensinamentos ricos de alegria e de progresso, as criaturas modificavam a conduta enquanto uma brisa de esperança espraiava-se por todo lugar onde Ele queimava, com a chama do amor, a erva má dos hábitos infelizes.

A sociedade sempre apresentara os venturosos e os vencidos, os dominadores e os submissos, mediante a escravidão escancarada ou sob disfarces.

Desse modo, marginalizados, os pobres e deserdados agora recebiam o pábulo da verdade para terem diminuídas as suas penas.

Não somente esses excruciados beneficiavam-se das inestimáveis pregações da Boa-Nova. Mas também cidadãos ricos e bem situados descobriam, em Jesus, o conforto e a segurança de que tinham necessidade.

Todos os viandantes da indumentária carnal dependem dos valiosos tesouros da fé e da esperança, a fim de darem sentido à existência.

Em consequência, cada dia era mais numerosa a multidão que acorria às praias ou às praças onde Ele falava em Cafarnaum, bem como noutras cidades e aldeias.

---

1 Página psicografada pelo médium Divaldo Pereira Franco na sessão mediúnica da noite de 2/2/2019, no Centro Espírita Caminho da Redenção, em Salvador, Bahia.

A sua voz era como uma brisa perfumada que beneficiava a própria Natureza.

Mães desesperadas com filhinhos enfermos, homens e mulheres mutilados no corpo, na alma, na existência, desvairados com transtornos emocionais e mentais, idosos abandonados e desiludidos eram jovialmente socorridos e admoestados a retificarem o comportamento, voltando-se para o dever e a ordem.

Tratava-se, sem dúvida, de uma revolução extraordinária, como antes nunca ocorrera.

A sua figura, portadora de beleza ímpar, exsudava ternura e compaixão sem que, qualquer que fosse o padecente, jamais deixasse de receber a misericórdia que esparzia.

Sempre gentil, atuando com respeito às leis e sem solicitar qualquer tipo de recompensa, Jesus era, naqueles dias, a felicidade que chegara às terras áridas de Israel.

A voz branda alcançava a acústica do ser como uma sinfonia de bênçãos e ninguém que a ouvia lograva olvidá-lo.

A inditosa sociedade israelita, dividida em classes que se antagonizavam, passou a olhá-lo com temor e ódio.

Para Ele, todos, porém, são filhos de Deus, merecedores das mesmas oportunidades, assim como do direito de crer e cantar, conforme lhes aprouver, a canção de alegria.

Incomodados na sua ridícula presunção, os fariseus, especialmente soberbos, passaram a detestá-lo com mais vigor e insistência, amedrontados pela sua grandeza.

Não o poupavam, sempre que o encontravam, e estavam em toda parte perturbando a multidão, gerando tumulto ou criticando-o, em tentativas sempre frustradas de perturbar-lhe o ministério. Ele, porém, que os conhecia muito bem, que lhes identificava o caráter venal, respondia-lhes às indagações com superioridade, silenciando-os de forma surpreendente.

Passaram, então, a difamá-lo, caluniando-o como Mensageiro de Satanás, mistificador e inimigo do povo que reunia para aplicar futuro golpe contra o Sinédrio e César...

Em consequência, os seus amigos, aqueles que o seguiam de perto, passaram a sofrer injunções e ameaças contínuas.

Ignorando-os, os enfermos da mente prosseguiam na sementeira de luz e de alegria, após recuperados pela sua misericórdia. Entretanto, os amigos menos equipados por sabedoria e elevação moral eram atacados verbalmente e mesmo agredidos na sua faina diária no par ou no labor de aquisição do pão.

Em uma oportunidade especial, após uma injustificável discussão que terminara quase em agressão física, muito estremunhado, Simão buscou o Amigo e indagou-lhe sem preâmbulos:

— Como proceder, Senhor, com os teus inimigos que se nos tornam adversários espontâneos, agressivos e opositores desalmados? Em Cafarnaum, onde moramos, conhecemos quase todos os residentes que nos respeitavam, e agora, açulados pelos adversários cruéis, olham-nos com desprezo e, não poucas vezes, negam-se a adquirir os nossos produtos?

Com a serenidade que lhe era peculiar, o Amigo respondeu:

— Simão, até aqui o mundo cultivava os comportamentos que denegriam os pobres, as viúvas, os órfãos que ainda são taxados como prejudiciais à comunidade, em face do orgulho doentio que domina em toda parte.
Agora estamos no limiar de uma Nova Era, em que o Amor de Nosso Pai alberga todas as criaturas, ajudando-as a desfrutar de paz e de esperança de melhores dias.
Não acostumados às novas diretrizes da misericórdia e da compaixão, os exploradores das massas infelizes desejam estancar o rio da solidariedade que Ele direcionou nestes dias de renovação.
É natural que os desditosos em si mesmos reajam à nossa alegria e amizade, tendo em vista que sempre os via banidos, rebaixados, por causa das exulcerações íntimas, que desconhecem.
Como não nos podem combater as ideias, nem realizar o que nosso Pai nos propicia fazer, revoltam-se e lutam para silenciar-nos, para impedir-nos de realizar a implantação do Reino de Deus.

Após uma pausa de reflexão, o discípulo magoado retornou à indagação:

— Mas, Mestre, eles são perversos e odientos. Como tratá-los? Não nos dão trégua, nem permitem, sequer, que os esclareçamos. Caluniam-nos como servidores de Satanás e hipnotizados por ti.

— Deveremos responder-lhes com o tratamento da compaixão que nos merecem. Eles ignoram as enfermidades que os consomem e os envilecem. O perdão de nossa parte é a força que nasce no cerne do amor que devemos ter com aqueles que nos maldizem e perseguem, porque são profundamente infelizes.

Que faz a delicada flor quando pisoteada, senão perfumar a pata que a esmaga? Outra não é a nossa alternativa. Se entrarmos em litígio que, aliás, é o que eles querem, para permanecerem em discussões infrutíferas e ferozes, estaremos no seu mesmo nível mental e emocional. O Evangelho tem por missão transformar pântanos morais em pomares de bênçãos, corações empedernidos em sentimentos de ternura e de bondade.

Pedro, porém, que se encontrava cansado da perseguição e maldade dos desafetos da verdade, ainda voltou à carga:

— Não valeria a pena reagirmos, buscarmos a justiça, demonstrando a grandeza dos nossos sentimentos e a honra dos nossos antepassados?

— Quem se preocupa com a defesa pessoal olvida que os seus atos são a única força da sua dignidade. Somente os ociosos, os infiéis, se interessam pelos títulos terrenos, pelas glórias sociais, pelos antepassados...

Somos os construtores de um mundo de paz e de confiança, e é indispensável que vivamos essa realidade no período que a antecede, a fim de que aqueles que nos não compreendem se sintam atraídos pela nossa alegria de viver e de amar.

O silêncio à perseguição e à maldade, com a correspondente ação do bem, é a receita eficaz para os testemunhos da fé e da fidelidade a Deus.

Silenciou o Rabi e, ato contínuo, foi atender um fariseu rico e conhecido que o buscava, chorando...

Ainda hoje a obra do amor de Deus não encontra a receptividade que merece. Por mais algum tempo, a construção do Reino de Deus será realizada com as lágrimas dos abnegados discípulos de Jesus.

ESCLARECIMENTOS

No início do atual século e milênio, a Federação Espírita Brasileira (FEB) disponibilizou ao Movimento Espírita o *Estudo Aprofundado da Doutrina Espírita (EADE)*, atendendo ao pedido de inúmeros confrades para a publicação de um programa de estudo continuado que, além destacar os três aspectos da Doutrina Espírita (Filosofia, Ciência e Religião), como já acontecia nos demais estudos regulares existentes, fosse dada prioridade ao aspecto religioso ou moral, tendo em vista a necessidade de o espírita refletir com mais profundidade a respeito do assunto, como enfatiza Allan Kardec.

O EADE, formatado em cinco livros, é, hoje, programa de ampla aceitação no meio espírita que contou, durante a sua elaboração, com o dedicado apoio de dois amigos, ambos estudiosos dos textos evangélicos: Honório Onofre Abreu, então presidente da União Espírita Mineira, e Haroldo Dutra Dias, integrante dessa federativa estadual. Contudo, a despeito da boa aceitação do EADE, no Brasil e no exterior, ainda persistia a ideia, por parte de vários amigos encarnados e desencarnados, – inúmeras vezes manifestada por meio de mensagens mediúnicas, recebidas por diferentes médiuns, em diferentes localidades – de estudar, à luz do Espiritismo, os ensinamentos de Jesus codificados nos 27 livros do Novo Testamento, prática que já era usual entre alguns Espíritos, como Emmanuel e Amélia Rodrigues, e entre encarnados como Cairbar Schutel, Eliseu Rigonatti, Martins Peralva, Honório Abreu, Rodolfo Calligaris, Richard Simonetti, entre outros (hoje todos se encontram no Plano Espiritual).

Em março de 2016, estávamos em Curitiba, presentes à XVIII Conferência Estadual Espírita do Paraná, quando surgiu a feliz oportunidade de, em breve diálogo não superior a 15 minutos, trocar ideias com Haroldo Dutra Dias a respeito do assunto. Ele não só apoiou a iniciativa do modesto projeto que tínhamos em mente, como nos forneceu duas preciosas indicações: a) manter o foco na figura ímpar de Jesus, Guia e Modelo da Humanidade terrestre; b) orientar-nos pela seguinte ponderação de Emmanuel, transmitida por Alcíone, sublime personagem do livro

Renúncia, obra psicografada por Francisco Cândido Xavier: "A mensagem do Cristo precisa ser conhecida, meditada, sentida e vivida".[1]

Tal orientação do benfeitor espiritual Emmanuel passou a ser a bandeira do programa.

Importa ressaltar que a mesma orientação tem sido utilizada nas exposições do *Estudo Minucioso do Evangelho de Jesus* (EMEJ/Miudinho), divulgado pela União Espírita Mineira, desde o ano de 2007. Essa orientação tornou-se bandeira apresentada pela Área do estudo do Evangelho de Jesus (AEEJ) nas reuniões do Conselho Federativo de Minas Gerais.

Entre junho de 2016 e setembro de 2017, foi elaborada uma proposta do programa – que passou a ser denominado *O Evangelho Redivivo* – por um colegiado constituído de doze confrades espíritas, representantes da FEB e das quatro comissões regionais do Movimento de Unificação Espírita do Brasil e, também, por alguns consultores nacionais (Severino Celestino, Haroldo Dutra Dias, Magda Abreu e Wesley Caldeira), confrades que, efetivamente, possuem boa base de conhecimento das Escrituras Sagradas. No mesmo ano (2016, entre abril e junho), durante a reunião das comissões regionais do Conselho Federativo da FEB, foi apresentada a proposta de *O Evangelho Redivivo,* endereçando-se aos ouvintes o convite de que poderiam ser capacitados e atuar como membros do projeto-piloto, ora em andamento. A mesma apresentação e convite foram repetidos na reunião do Conselho Federativo Nacional (CFN) daquele ano.

Ainda em 2016, no mês de agosto, o então presidente da União Espírita Mineira (UEM), o estimado amigo Henrique Kemper, abriu as portas da federativa espírita estadual para capacitar cerca de quarenta confrades espíritas provenientes das diferentes regiões do Brasil que manifestaram a vontade de atuarem como membros do projeto-piloto. Foram momentos inesquecíveis, que guardamos com sincera gratidão e emoção. Em dezembro de 2016, a primeira capacitação acontece na Federação Espírita Catarinense.

No final de 2016 e durante o ano de 2017, foram realizadas capacitações no território nacional por Magda Abreu, coordenadora do EMEJ, da União Espírita Mineira, Antônio Abreu e demais membros da equipe que, com o apoio da FEB, procurou atender as solicitações de confrades.

Em março de 2017, a FEB inicia o estudo continuado de *O Evangelho Redivivo*, em sua sede em Brasília, a ser desenvolvido em uma reunião semanal, na qual atuam como facilitadores confrades da própria FEB e de diferentes casas espíritas do Distrito Federal e de Goiás.

Em novembro de 2017, por ocasião da reunião anual do CFN da FEB, em Brasília, o querido amigo e médium Divaldo Pereira Franco informou, durante uma conversa informal da qual participavam dez a doze confrades espíritas e, inclusive, o querido irmão José Raul Teixeira, que o coordenador geral de *O Evangelho Redivivo* é o Espírito Francisco Leite de Bittencourt Sampaio.

Entre 2018 e 2019, continuam as capacitações em várias casas espíritas, atendendo-se à formatação final do conteúdo programático de *O Evangelho Redivivo*: três na FEB, uma na Federação Espírita Catarinense, uma na Federação Espírita do Estado de Goiás, uma no interior do Estado de Goiás, Cidade de Goiás (Grupo Espírita Chico Xavier), e três na Suíça, sendo que uma delas foi por meio virtual, da qual participaram representantes da FEB, da União dos Centros de Estudos Espíritas da Suíça (UCESS; em francês, *Union des Centres d'Etudes Spirites en Suisse*) e da *Federación Espírita Uruguaya*.

No período (2018–2019), instituições espíritas localizadas na Europa (Espanha, Portugal e Suíça) e na América do Sul (Equador e Venezuela) integram-se ao projeto-piloto.

Com a organização da rede de membros do projeto-piloto, encerram-se as atividades do colegiado no final de 2018, inicialmente constituído para traçar as diretrizes e ações do projeto. Os consultores de *O Evangelho Redivivo* permanecem ativos.

A produção, aplicação (testagem), avaliação e publicação dos textos de cada livro de *O Evangelho Redivivo* prossegue em ritmo intenso, mas gratificante, de trabalho. Envolve ação integrada de uma equipe de trabalhadores espíritas que participa de um fluxo rotineiro de atividades, assim caracterizado: elaboração do tema segundo as normas da FEB Editora; revisão gramatical; conferência bibliográfica; aplicação e avaliação do tema em reunião de estudo (semanal ou quinzenal, conforme a casa espírita); leitura e revisão finais; publicação. Os textos são testados e avaliados na FEB, nas federativas e casas espíritas do Brasil e do exterior envolvidas no programa, na categoria de projeto-piloto. As instituições espíritas diretamente envolvidas neste projeto-piloto de *O Evangelho Redivivo* são, atualmente, em número de 45, em seguida relacionadas.

No Brasil, 34 centros espíritas:

» *Alagoas/Maceió*: Federação Espírita do Estado de Alagoas e Fraternidade Espírita Joanna de Ângelis;

» *Amazonas/Manaus*: Federação Espírita Amazonense;

» *Bahia*: Casa Espírita Maria de Nazaré (Vitória da Conquista);

» *Ceará/Fortaleza*: Centro Espírita Cearense;

» *Distrito Federal*: Federação Espírita Brasileira; Federação Espírita do Distrito Federal; Grupo Assistencial Francisco de Assis;

» *Goiás*: Federação Espírita do Estado de Goiás (Goiânia); Grupo Espírita Chico Xavier (Cidade de Goiás); Centro Espírita Jesus e Allan Kardec (Luziânia);

» *Minas Gerais*: Centro Espírita Jesus de Nazaré (Uberaba);

» *Santa Catarina*: Casa Espírita Eurípedes Barsanulfo (Brusque); Sociedade Gotas de Luz (Timbó); Centro Espírita Chico Xavier e Centro Espírita Nosso Lar (Blumenau); Fraternidade Espírita Chico Xavier (Rio do Sul); Associação Espírita Cristã Caminho do Bem (Ibirama); Centro Espírita Boa Nova (Jaraguá do Sul); Centro Espírita Chico Xavier e Centro Espírita Allan Kardec (Criciúma); Centro Espírita Consolador Prometido (Içara); Centro Espírita Libertação (Orleans); Centro Espírita Allan Kardec (Videira); Sociedade Espírita André Luiz, Centro Espírita Casa do Caminho e Centro Espírita Allan Kardec (Concórdia); Centro Espírita Casa de Jesus, Centro Espírita André Luiz e Centro Espírita Bezerra de Menezes (Balneário de Camboriú); Centro Espírita Anjo da Guarda (Itajaí); Centro Espírita Allan Kardec (Balneário Piçarras); Centro Espírita Luz do Caminho (Penha); Centro Espírita Deus, Amor e Caridade (Tubarão).

No exterior, 11 centros espíritas:

» *Equador/Quito*: Centro de Estudios Espíritas;

» *Espanha*: Centro de Estudios Espíritas sin Fronteras (grupo espírita virtual);

» *Portugal*: Associação Espírita de Leiria (Leiria);

» *Suíça*: Centro de Estudos Espíritas Joanna de Ângelis (Zurique); Centre d'Informations Spirite et Coordinations des Oeuvres (Genebra); Zentrum für Spiritistische Studien (Berna); Grupo Espírita Francisco de Assis (Grenchen); Núcleo Espírita A Caminho da Luz (Basel) e Núcleo de Estudos Espíritas Casa do Caminho (Biel);

» *Venezuela/Caracas*: Federación Espírita Venezolana e Centro Espírita Sócrates.

A implantação e desenvolvimento de um estudo desse porte tem sido desafiante, fato que exige paciência e muita perseverança, pois, independentemente da metodologia utilizada, faz-se necessário estudar a mensagem de Jesus, como ensina a Doutrina Espírita, livre de manifestações atávicas, de simbolismos, rituais, cultos externos e dogmas, que conduzem sempre, mesmo no meio espírita, às deserções, ao desinteresse e às incompreensões. Todavia o amor, o apoio e o auxílio dos benfeitores espirituais, que agem em nome do Cristo de Deus, se manifestam continuamente por meio de ações firmes e amorosas, cabendo-nos, apenas, seguir sem medo o sábio conselho do Espírito Erasto: "Arme-se a vossa falange de decisão e coragem! Mãos à obra! O arado está pronto; a terra espera; é preciso que trabalheis".[2]

Brasília, 1º de agosto de 2019.

MARTA ANTUNES MOURA
Organizadora e coordenadora

APRESENTAÇÃO DO PROGRAMA

O Evangelho Redivivo tem como foco a transformação moral do indivíduo pelo estudo e prática do Evangelho de Jesus, à luz da Doutrina Espírita.

A metodologia utilizada no processo de ensino-aprendizagem prioriza a:

» urgente necessidade da transformação moral do Espírito imortal, segundo os preceitos da mensagem cristã e das orientações espíritas;

» interpretação espírita das Escrituras Sagradas, que tem o cuidado de extrapolar a linguagem simbólica em que foram redigidas;

» utilização criteriosa dos aspectos históricos e culturais dos textos neotestamentais, úteis à compreensão da atemporalidade e da universalidade da mensagem do Cristo, o Messias Divino;

» pesquisa bibliográfica de obras espíritas e não espíritas de reconhecido valor, mas sem guardar a pretensão de se realizar estudos religiosos comparativos, destinados à Academia ou às instituições especializadas.

O Evangelho Redivivo é, na verdade, um programa espírita despretensioso e modesto, disponibilizado pela FEB ao espírita, em geral, como mais uma contribuição que valoriza a melhoria moral do ser humano.

As justificativas, objetivos e metodologia básica, indicados no programa, estão fundamentados no método de análise de textos propostos por Allan Kardec, que se soma à orientação de Emmanuel de como melhor compreender e vivenciar o Evangelho de Jesus e à participação efetiva do espírita nas reuniões de estudo, pela utilização da dialética socrática de discussão e interpretação de ideias.

O Evangelho Redivivo tem como finalidade estudar os 27 livros que se encontram codificados no Novo Testamento, de acordo com a formatação que se segue:

» LIVRO I: *Introdução ao estudo de O Evangelho Redivivo;*

- » LIVRO II: *Estudo interpretativo do Evangelho segundo Mateus;*
- » LIVRO III: *Estudo interpretativo do Evangelho segundo Marcos;*
- » LIVRO IV: *Estudo interpretativo do Evangelho segundo Lucas;*
- » LIVRO V: *Estudo interpretativo do Evangelho segundo João;*
- » LIVRO VI: *Estudo interpretativo de Atos dos apóstolos;*
- » LIVRO VII: *Estudo interpretativo das Epístolas de Paulo de Tarso;*
- » LIVRO VIII: *Estudo interpretativo das Epístolas de Tiago, Pedro, João e Judas Tadeu;*
- » LIVRO IX: *Estudo interpretativo do Apocalipse de João.*

O EVANGELHO REDIVIVO

LIVRO I
Introdução ao Estudo de O Evangelho Redivivo

TEMA 1

"A MENSAGEM DO CRISTO PRECISA SER CONHECIDA, MEDITADA, SENTIDA E VIVIDA."[3]

São palavras que constam do livro *Renúncia*, de Emmanuel, psicografia de Francisco Cândido Xavier. Foram pronunciadas pelo elevado Espírito Alcíone, personagem principal da obra.

> [...] líamos apenas um versículo de cada vez e esse mesmo, não raro, fornecia cabedal de exame e iluminação para outras noites de estudo. Chegamos à conclusão de que o Evangelho, em sua expressão total, é um vasto caminho ascensional, cujo fim não poderemos atingir, legitimamente, sem conhecimento e aplicação de todos os detalhes. Muitos estudiosos presumem haver alcançado o termo da lição do Mestre, com uma simples leitura vagamente raciocinada [...].[4]

Com as palavras de Alcíone, definimos um programa de estudo regular e sequencial dos livros que compõem o Novo Testamento – do *Evangelho segundo Mateus* ao *Apocalipse de João* – denominado O *Evangelho Redivivo*, cujo foco do estudo é o próprio Cristo, o Messias ou Enviado de Deus, e, em consequência, o seu Evangelho.

O programa O *Evangelho Redivivo* será estudado à luz da Doutrina Espírita, em todo o seu contexto, utilizando fontes espíritas de reconhecido valor, como as obras da Codificação Espírita e as de autores encarnados e desencarnados que guardam sintonia com os postulados do Evangelho de Jesus e das obras de Allan Kardec. Fontes não espíritas também serão pesquisadas, mas somente as obras de autoria de estudiosos de reconhecido saber no meio científico e acadêmico serão citadas.

Compreendemos, contudo, que, a despeito da necessidade de conhecer, meditar, sentir e vivenciar a mensagem do Cristo, ainda estamos muito distantes de absorver, na sua integralidade, a grande mensagem do Evangelho, pois investimos muito tempo, ao longo das inúmeras reencarnações, em apreciar ou destacar mais os aspectos literais do Evangelho, interpretados sob o véu de princípios teológicos e exercitados por meio de práticas ritualísticas. Existe, desta forma, um processo subliminar atávico que precisa ser reeducado. Estejamos, pois, atentos, evitando as armadilhas das empolgações intelectuais e dos excessivos detalhamentos históricos. Procuremos agir com mais simplicidade, tentando sentir a mensagem de amor que Jesus nos destina.

> Qualquer tentativa de expor de modo breve e completo a identificação, o ministério e os ensinos de Jesus deve ser vista como algo semelhante à tentativa de colocar o oceano dentro de uma xícara. A grandeza de Jesus, sua subsequente vastíssima influência, e nosso conhecimento relativamente exíguo de sua vida, ministério e ensinos, de pronto nos colocam em um dilema, porquanto qualquer esforço terá de ficar muito aquém [...].[5]

A metodologia de estudo será explicada com mais detalhes no tema dois deste Livro I (*Introdução ao estudo de O Evangelho Redivivo*) que, em linhas gerais, tem como proposta unir o método de Allan Kardec (*O livro dos médiuns*, cap. 3, primeira parte) à sugestão de Emmanuel, anunciada na frase de Alcíone, já citada ("A mensagem do Cristo precisa ser conhecida, meditada, sentida e vivida").

O Evangelho Redivivo chega em momento oportuno, em que devastadora crise moral atinge a Humanidade terrestre, cujas dimensões e consequências não sabemos aquilatar. Importa, porém, lembrar que o planeta não se encontra à deriva nem desgovernado. Ao contrário, Jesus Cristo, o Messias Divino e diretor espiritual do orbe terrestre, permanece atuante: "quem tem ouvidos para ouvir, ouça" (*Mateus*, 11:15).

Devemos, pois, conhecer Jesus e a sua mensagem, desenvolvendo um esforço de melhoria espiritual, porque ele é a nossa referência, hoje e sempre, como nos ensina Allan Kardec: "Para o homem, Jesus constitui o tipo da perfeição moral a que a Humanidade pode aspirar na Terra. Deus no-lo oferece como o mais perfeito modelo, e a doutrina que ensinou é a mais pura expressão de sua Lei, porque, sendo Jesus o ser mais puro que já apareceu na Terra, o Espírito Divino o animava".[6]

O maior desafio enfrentado por todos nós, habitantes do Planeta, é, sem dúvida, nos libertarmos das imperfeições morais e das ideologias materialistas, que são disseminadas por toda parte. Chegamos a uma encruzilhada existencial que, para ascendermos a planos superiores, necessitamos resgatar os valores da moral e da ética. Neste sentido, o Evangelho de Jesus é o código moral por excelência porque trata da Lei de Amor, cujos preceitos orientam como deve a criatura humana se conduzir no bem, em qualquer tempo, situação ou contexto. Não tenhamos dúvidas: Jesus, o Governador do planeta Terra, será conhecido e amado, por todos, cedo ou tarde.

Importa reconhecer que o programa *O Evangelho Redivivo* disponibiliza, de forma simples e despretensiosa, condições para nos transformarmos em pessoas melhores. Sendo assim, o estudo não deve ser realizado de forma rápida e superficial. Exige leituras atentas, detidas reflexões intelecto-morais, a fim de que possamos nos libertar das interpretações literais atávicas que ainda se encontram enraizadas no nosso íntimo. Para tanto, faz-se necessário um esforço de sermos envolvidos pelas vibrações amorosas do chamamento do Cristo, comprometendo-nos a colocá-las em prática, na medida do possível. Estejamos conscientes de que o "[...] O Evangelho é o edifício da redenção das almas. Como tal, devia ser procurada a lição de Jesus, não mais para qualquer exposição teórica, mas visando cada discípulo ao aperfeiçoamento de si mesmo, desdobrando as edificações do divino Mestre no terreno definitivo do Espírito".[7]

A missão de Jesus é encaminhar a Humanidade ao bem, disponibilizando condições para que o ser humano evolua em conhecimento e em moralidade. Ensina o Espiritismo: "Tendo por missão transmitir aos homens o pensamento de Deus, somente a sua doutrina, *em toda a pureza*, pode exprimir esse pensamento. Foi por isso que Ele disse: "Toda planta que meu Pai Celestial não plantou será arrancada".[8]

O estudo do Evangelho, interpretado à luz do Espiritismo – que é a trilha de aprendizado que optamos por seguir na atual existência –, deve, preferencialmente, ser realizado de forma regular e sequencial para não perdermos o concatenamento das ideias, explícitas e implícitas, presentes nas orientações messiânicas.

> O Espiritismo, sem Evangelho, pode alcançar as melhores expressões de nobreza, mas não passará de atividade destinada a modificar-se ou desaparecer, como todos os elementos transitórios do mundo. E o espírita que não cogitou da sua iluminação com Jesus Cristo pode ser um cientista e um filósofo, com as mais elevadas aquisições intelectuais, mas estará sem leme e sem roteiro no instante da tempestade inevitável da provação e da experiência, porque só o sentimento divino da fé pode arrebatar o homem das preocupações inferiores da Terra para os caminhos supremos dos páramos espirituais.[9]

A pergunta que poderia ser feita é esta: por que estudar o Evangelho segundo as orientações espíritas? A resposta direta é bem simples: porque somos espíritas. Devemos respeitar outras interpretações preconizadas pelas diferentes escolas, mas na casa espírita se estuda o Espiritismo. E, como espíritas, sabemos, que a Doutrina Espírita atende à promessa do Cristo, registrada pelo Apóstolo e Evangelista João em dois momentos:

> Se me amais, observareis os meus mandamentos, e eu rogarei ao Pai, e ele vos dará outro Paráclito [do grego, *parakletos* = o mediador, o defensor, o consolador; aquele que está ao lado; que intercede], para que convosco permaneça para sempre; o Espírito da Verdade, que o mundo não pode acolher, porque não vê nem o conhece" (*João*, 14:15 a 17).[10]

> Mas o Paráclito, o Espírito Santo, que o Pai enviará em meu nome, vos ensinará tudo, e vos recordará tudo o que vos disse" (*João*, 14:26).[11]

A promessa do Cristo está confirmada pelo advento da Doutrina Espírita, assinala Allan Kardec em *O evangelho segundo o espiritismo*:

> Jesus promete outro Consolador: O Espírito de Verdade, que o mundo ainda não conhece, por não estar maduro para o compreender. Consolador que o Pai enviará para ensinar todas as coisas e para relembrar o que o Cristo havia dito. Se, portanto, o Espírito de Verdade devia vir mais tarde para ensinar todas as coisas, é que o Cristo não dissera tudo; se ele vem relembrar o que o Cristo disse, é que o seu ensino foi esquecido e mal compreendido.[12]

Kardec pondera também:

> O Espiritismo vem no tempo previsto cumprir a promessa do Cristo: preside ao seu advento o Espírito de Verdade. Ele chama os homens à observância da Lei; ensina todas as coisas fazendo compreender o que o Cristo disse por parábolas [...]. Assim, o Espiritismo realiza o que Jesus disse do Consolador prometido: conhecimento das coisas, fazendo que o homem saiba de onde vem, para onde vai e por que está na Terra: um chamamento aos verdadeiros princípios da lei de Deus e consolação pela fé e pela esperança.[13]

Nesse sentido, Emmanuel destaca a urgente "necessidade de conhecer, meditar, sentir e viver a mensagem do Cristo".[14] Já perdemos muito tempo. É chegada a hora de nos afastarmos do sentido literal das interpretações dos textos evangélicos, de abandonarmos rituais, fórmulas, dogmas e tantas outras manifestações de culto externo que nos afastam do Cristo de Deus.

Nos tempos atuais, há um movimento intelectual denominado *Jesus histórico*, que encanta a muitas pessoas. "Jesus histórico refere-se a uma tentativa de reconstruções acadêmicas do século I da figura de Jesus de Nazaré. Essas reconstruções são baseadas em métodos históricos, incluindo a análise crítica dos Evangelhos canônicos como a principal fonte para sua biografia, juntamente com a consideração do contexto histórico e cultural em que Jesus viveu."[15]

> A pesquisa sobre o Jesus histórico teve início no século XVIII e se desenvolveu, até os nossos dias, em três ondas, preocupadas em reconstruir os fatos históricos e a pessoa humana de Jesus, que ficavam como que escondidos atrás das afirmações dogmáticas e de fé das Igrejas.
>
> Tal busca teve como premissa uma mentalidade racionalística, que acredita poder reconstruir a verdade histórica relacionada a Jesus por meio da razão, e foi impulsionada pela descoberta da estratificação e fragmentação dos textos bíblicos e sua consequente classificação [...]."[16]

A busca pelo Jesus histórico se apoia na literatura bíblica e extrabíblica do século I; nas pesquisas arqueológicas; nos estudos sociológicos que procuram reconstruir e entender o contexto histórico, sociológico e religioso dos tempos de Jesus. Procuram visualizar e imaginar o impacto de sua pessoa e de sua mensagem dentro deste mesmo contexto. Portanto, parte-se do pressuposto de que Jesus deve ser lido dentro do contexto da Galileia daquela época. Há, por outro lado, os tradicionais estudos teológicos das igrejas cristãs, alguns equivocados, uma vez que não penetram na essência dos ensinamentos de Jesus. Não resta dúvida de que Jesus histórico é um estudo respeitável, e muita luz tem lançado sobre certos pontos obscuros do Evangelho. Mas não sejamos ingênuos, o Jesus histórico não é suficiente para o propósito de nos transformarmos, efetivamente, em pessoas melhores. A base intelectual é importante, fundamental mesmo. Todavia, essa base deve formar unidade com a aquisição e desenvolvimento da moralidade.

> Já se disse que duas asas conduzirão o espírito humano à presença de Deus.
>
> Uma chama-se amor; a outra, sabedoria.
>
> Pelo amor, que acima de tudo, é serviço aos semelhantes, a criatura se ilumina e se aformoseia por dentro, emitindo, em favor dos outros, o reflexo de suas próprias virtudes; e pela sabedoria, que começa na aquisição do conhecimento, recolhe a influência dos vanguardeiros do progresso, que lhe comunicam os reflexos da própria grandeza, impelindo-a para o Alto.
>
> Através do amor valorizamo-nos para a vida.
>
> Através da sabedoria somos pela vida valorizados.
>
> Daí o imperativo de marcharem juntas a inteligência e a bondade.[17]

Se lançarmos um breve olhar para a história da construção da mentalidade cristã, veremos que, passados os primeiros momentos da organização do Cristianismo, a Humanidade foi, pouco a pouco, se afastando da mensagem cristã original, para abraçar práticas ritualistas determinadas, em especial, pela igreja católica de Roma, no Ocidente, e pela igreja ortodoxa, no Oriente. Os concílios ecumênicos idealizados e convocados pela Igreja Católica Apostólica Romana priorizavam, na verdade e ao longo dos séculos, a consolidação da monarquia papal, pela edição de sucessivas normas teológicas e ações voltadas para a política da Igreja. Tais ações distanciaram a Igreja e os adeptos do cumprimento da missão espiritual que lhes cabia pela vivência do Evangelho de Jesus. Para vivenciarmos a mensagem do Cristo, em espírito e verdade, devemos absorver integralmente os seus princípios divinos. Não há outra saída.

Ainda que persistam opiniões contraditórias sobre o que Jesus fez ou deixou de fazer, ou ainda, que a sua mensagem não tenha sido suficientemente compreendida, importa destacar, como ensina Emmanuel, que a vinda do Mestre Nazareno entre nós marcou o início da "[...] era definitiva da maioridade espiritual da Humanidade terrestre, uma vez que Jesus, com a sua exemplificação divina, entregaria o código da fraternidade e do amor a todos os corações."[18]

E, como vivemos presentemente a era da grande transição planetária, período que se caracteriza pela definição de valores morais, mais do que nunca precisamos do Cristo em nossa vida, a fim de que possamos superar os desafios existenciais e, ao mesmo tempo, impulsionarmos a nossa evolução espiritual. Surge, então, a afirmativa-apelo de Emmanuel, expressa por Alcíone: "[...] A mensagem do Cristo precisa ser conhecida, meditada, sentida e vivida. [...]. Nessa ordem de aquisições, não basta estar informado. Um preceptor do mundo nos ensinará a ler; o Mestre, porém, nos ensina a proceder, tornando-se-nos, portanto, indispensável a cada passo da existência. [...]."[19]

> Que Jesus é o Divino Governador do Planeta não podemos duvidar. O que fará Ele do mundo redimido ainda não sabemos, porque ao soldado humílimo são defesos os planos do general.
>
> A Boa-Nova, todavia, é muito clara, quanto à primeira plataforma do Mestre dos mestres. Ele não apresentava títulos de reformador dos hábitos políticos, viciados pelas más inclinações de governadores e governados de todos os tempos.
>
> Anunciou-nos a celeste revelação que Ele viria salvar-nos de nossos próprios pecados, libertar-nos da cadeia de nossos próprios erros, afastando-nos do egoísmo e do orgulho que ainda legislam para o nosso mundo consciencial.
>
> Achamo-nos, até hoje, em simples fase de começo do apostolado evangélico – Cristo libertando o homem das chagas de si mesmo, para que o homem limpo consiga purificar o mundo.

O reino individual que puder aceitar o serviço liberatório do Salvador encontrará a vida nova.[20]

O mais importante, contudo, é jamais se descurar da finalidade precípua do estudo, ora manifestado no programa *O Evangelho Redivivo*, que é a melhoria moral do ser humano.

TEMA 2

O EVANGELHO REDIVIVO

2.1 CONCEITOS, OBJETIVOS, PRINCÍPIOS NORTEADORES E JUSTIFICATIVAS

O programa intitulado *O Evangelho Redivivo* é uma pequena contribuição à necessidade de melhoria moral do ser humano, sobretudo no momento atual, denominado *Era da transição planetária*, em que a Humanidade terrestre passa por grandes desafios existenciais. A ideia é oferecer condições de fortalecimento moral-intelectual a quem o desejar, disponibilizando a mensagem do Cristo, que se encontra nos livros do Novo Testamento, analisada segundo o Espiritismo. Acreditamos que, dessa forma, teremos condições de superar quaisquer obstáculos que surjam no caminho, como lembra Paulo de Tarso: "[...] Somos atribulados por todos os lados, mas não esmagados; postos em extrema dificuldade, mas não vencidos pelos impasses; perseguidos, mas não abandonados; prostrados por terra, mas não aniquilados".[21]

Os conceitos, os objetivos, os princípios norteadores, as justificativas, o público a quem se destina, a organização, a metodologia, as referências bibliográficas e o desenvolvimento do estudo estão, todos, centrados em um só compromisso: preservar a simplicidade e a pureza originais do grande Código de Amor que o Cristo nos legou. Não se trata de uma tarefa fácil, porque ainda expressamos atavismos de interpretações teológicas do passado, das experiências vividas em outras existências, ou de condicionamentos impostos pela educação religiosa recebida, ou ausência desta, na atual reencarnação. Emmanuel esclarece a respeito:

> *Por que sendo um só o Evangelho de Jesus, existem dele as mais variadas interpretações?*
>
> O Evangelho é um só.
>
> Apesar dos séculos que passaram sobre a palavra amorosa do Divino Mestre, a sua lição atravessou todas as idades para nos felicitar com o seu saber atualíssimo.

O grande código de amor do Cristianismo nada perdeu em seus valores, no que se refere à sua primitiva pureza.

Mas, os homens, dentro dos labores inúteis da vaidade e, muitas vezes, inspirados pelos seus interesses inferiores, quiseram, nos seus núcleos isolados, talhar o *Livro Eterno* a seu talante.

[...]

Entretanto, o Evangelho é sempre o mesmo e somente na atualidade, com o esclarecimento de algumas coletividades à luz da lição consoladora do Espiritismo, o velário se vem descerrando, e a palavra do Divino Mestre vem sendo interpretada na sua primitiva pureza.[22]

2.1.1 CONCEITOS

A mensagem de Emmanuel, inserida em seguida, sintetiza os conceitos e princípios metodológicos de *O Evangelho Redivivo*, os quais procuram, efetivamente, evitar interpretações pessoais e literais, tão ao gosto de algumas escolas do pensamento cristão. A sugestão é extrair o espírito da letra, como orienta a Doutrina Espírita, fazendo-o com simplicidade e modéstia, evitando-se o academicismo vaidoso, a fim de que Jesus chegue à intimidade do nosso ser e nos transforme para melhor.

Na rota do Evangelho[23]

Recebei-nos em vossos corações... PAULO (*II Coríntios*, 7:2)

É razoável a vigilância na recepção dos ensinamentos evangélicos.

Tanto quanto possível, é imperioso manejar as ferramentas do maior esforço para verificar-lhes a clareza, de modo a transmiti-las a outrem com autenticidade precisa.

Exatidão histórica.

Citação escorreita.

Lógica natural.

Linguagem limpa.

Comentários edificantes.

Ilustrações elevadas.

Atentos à respeitabilidade do assunto, não será justo perder de vista a informação segura, a triagem gramatical, a imparcialidade do exame e a conceituação digna, a fim de que impropriedades e sofismas não venham turvar a fonte viva e pura da verdade que se derrama originariamente do Cristo para esclarecimento da Humanidade.

Ainda assim, urge não esquecer que as instruções do Divino Mestre se nos dirigem, acima de tudo, aos sentimentos, diligenciando amparar-nos a renovação interior para que nos ajustemos aos estatutos do Bem Eterno.

Eis o motivo pelo qual, em todos os serviços da educação evangélica, é importante reflitamos no apontamento feliz do Apóstolo Paulo:

"Recebei-nos em vossos corações..."

2.1.2 OBJETIVOS

1) Estudar o Evangelho de Jesus e os demais livros do Novo Testamento à luz da Doutrina Espírita.

2) Aprender a interpretar o Evangelho no seu sentido espiritual, não no literal, extraindo o espírito da letra.

3) Manter o foco nos exemplos de Jesus e nos ensinamentos da sua mensagem evangélica, para aprendermos a exemplificá-la.

4) Esforçar-se para vivenciar os preceitos evangélicos como norma de conduta humana.

São objetivos ambiciosos, não resta dúvida, considerando o nível de imperfeição que ainda nos caracteriza. Entretanto, temos de dar o primeiro passo, avançar sem retroceder jamais, erguendo bem alto a mensagem de Amor do Evangelho do Reino.

> O Cristo foi o iniciador da moral mais pura, da mais sublime: a moral evangélico-cristã, que há de renovar o mundo, aproximar os homens e torná-los irmãos; que há de fazer brotar de todos os corações humanos a caridade e o amor do próximo e estabelecer entre os homens uma solidariedade comum; de uma moral, enfim, que há de transformar a Terra, tornando-a morada de Espíritos superiores aos que hoje a habitam. É a lei do progresso, à qual a Natureza está submetida, que se cumpre, e o *Espiritismo* é a alavanca de que Deus se utiliza para fazer com que a Humanidade avance.[24]

Os objetivos de *O Evangelho Redivivo* são incentivar o estudante espírita a conhecer a mensagem do Cristo, informando-se adequadamente para, por meio de um esforço da vontade, conseguir vivenciá-la. Assim, nunca é demais repetir as orientações de Emmanuel, citadas por Alcíone no livro *Renúncia*, psicografia de Francisco Cândido Xavier (ver tema 1, estudado anteriormente):

> [...] líamos apenas um versículo de cada vez e esse mesmo, não raro, fornecia cabedal de exame e iluminação para outras noites de estudo [...]. Chegamos à conclusão de que o Evangelho, em sua expressão total, é um vasto caminho

ascensional, cujo fim não poderemos atingir, legitimamente, sem conhecimento e aplicação de todos os detalhes. Muitos estudiosos presumem haver alcançado o termo da lição do Mestre, com uma simples leitura vagamente raciocinada.[25]

2.1.3 PRINCÍPIOS NORTEADORES

O estudo sequenciado do Evangelho, programa proposto pela FEB, procura enfatizar a simplicidade e a impessoalidade da mensagem cristã, com foco na interpretação espírita porque, mais do que nunca, a Humanidade precisa do Evangelho, como nos lembra Amélia Rodrigues:

> A História antiga está repleta de filósofos, legisladores e missionários que contribuíram eficazmente para o progresso da Cultura, da Ética, da Arte e da Ciência.
>
> Escolas do pensamento multiplicaram-se através dos tempos, discutindo a melhor técnica para a aquisição da felicidade, a superação do sofrimento, a coragem para o inevitável enfrentamento com as urdiduras das ocorrências infaustas.
>
> [...]
>
> Veio Jesus, o Peregrino Cantor da Galileia, e apresentou a chave da harmonia, da auto realização, em um conceito simples, numa linguagem destituída de atavios, numa lógica incomum, apresentando o amor, puro e simples, como a única e eficaz solução para todos os enigmas e conflitos.[26]

O programa *O Evangelho Redivivo* utilizará, em princípio, o método de análise de versículo a versículo, ou um conjunto de versículos (no caso das parábolas, p. ex.), como diretriz orientadora do estudo, mas sempre avaliando a conveniência do aprendizado. Cada livro do Novo Testamento, do *Evangelho segundo Mateus* ao *Apocalipse de João*, será estudado sequencialmente, para que se tenha visão panorâmica das diferentes interpretações fornecidas pelos pioneiros do Cristianismo. Pode ser que, em dada situação, um versículo ou conjunto de versículos de um autor sejam correlacionados a um ou mais autores, sobretudo quando um completa o outro. Por exemplo, as bem-aventuranças em *Mateus* são em número de nove, mas em *Lucas* são quatro. Não justifica, pois, estudar separadamente os textos de Mateus e o de Lucas. Outro ponto: sempre que o texto neotestamentário fizer referência a uma citação do Antigo Testamento, esta será considerada e analisada. O importante é saber apreender o verdadeiro sentido da mensagem cristã.

Emmanuel alerta a respeito:

> Ler, sim, e ler sempre, mas saber o que lemos.
>
> [...]
>
> Estudar, sim, e estudar sempre, mas saber o que estudamos.
>
> [...]
>
> Assevera o apóstolo Paulo, em sua primeira carta aos Tessalonicenses: *Examinai tudo e retende o bem*.
>
> A sábia sentença, decerto, menciona tudo o que pode e deve ser geralmente anotado [...].
>
> Leiamos e estudemos, sim, quanto nos seja possível, honrando o trabalho dos escritores de pensamento limpo e nobre que nos restaurem as forças e nos amparem a vida, mas evitemos as páginas em que a loucura e a delinquência se estampam, muitas vezes, através de alucinações fraseológicas de superfície deleitosa e brilhante, porquanto, buscar-lhes o convívio equivale a pagar corrosivo mental ou perder tempo.[27]

O mais importante, contudo, é jamais se descurar da finalidade precípua do estudo, que é a melhoria moral do ser humano.

2.1.4 JUSTIFICATIVAS

O simples fato de Jesus ter afirmado "Eu sou o Caminho, a Verdade e a Vida. Ninguém vem ao Pai a não ser por mim",[28] e, de Allan Kardec, inspirado pelos Espíritos Superiores, esclarecer que Jesus "Tendo por missão transmitir aos homens o pensamento de Deus, somente a sua Doutrina, *em toda a pureza*, pode exprimir esse pensamento",[29] deixa óbvio que o estudo e a vivência do Evangelho são necessidades intrínsecas do ser humano que deseja impulsionar a sua evolução. Cedo ou tarde, à semelhança da história do *filho pródigo*,[30] cada um de nós, membros integrantes da comunidade planetária, conheceremos e seguiremos os passos do nosso Guia e Modelo, Jesus Cristo. Alçados a esse patamar evolutivo, a Terra se transformará na morada dos eleitos e "[...] então haverá um só rebanho, um só pastor."[31]

É, pois, chegada a hora de nos libertarmos das interpretações personalistas, institucionais, teológicas ou atávicas do Evangelho, condições que muito têm retardado a nossa marcha ascensional. O momento atual, ainda que marcado por significativos desafios, se revela como o mais propício para atendermos o chamamento do Cristo: "Ide por todo o mundo, proclamai o Evangelho a toda a criatura."[32]

> O Espiritismo, sem Evangelho, pode alcançar as melhores expressões de nobreza, mas não passará de atividade destinada a modificar-se ou desaparecer,

como todos os elementos transitórios do mundo. E o espírita que não cogitou da sua iluminação com Jesus Cristo pode ser um cientista e um filósofo, com as mais elevadas aquisições intelectuais, mas estará sem leme e sem roteiro no instante da tempestade inevitável da provação e da experiência, porque só o sentimento divino da fé pode arrebatar o homem das preocupações inferiores da Terra para os caminhos supremos dos páramos espirituais.[33]

A humildade é a palavra de ordem que nos esforçaremos em desenvolver em nossa vida, com base no estudo da mensagem do Cristo, a fim de começarmos a vencer as limitações das manifestações do personalismo, do misticismo e do academicismo. É momento de nos colocarmos à disposição do Mestre Nazareno como servos humildes. Esclarece o Espírito Amélia Rodrigues a respeito:

> A humildade é a virtude que faculta a compreensão das ocorrências perturbadoras, projetando luz nos intrincados problemas do comportamento humano.
>
> Sem humildade, o homem se rebela, porque não reconhece a fraqueza que lhe é peculiar, nem se dá conta conscientemente, que logo mais será desatrelado do carro orgânico, nivelando-se a todos os demais no vaso sepulcral [...].[34]

2.2 ORGANIZAÇÃO E MÉTODOS

Para fins do estudo de *O Evangelho Redivivo*, dois conceitos de *método* serão considerados:

a) *procedimento, técnica ou meio de fazer alguma coisa, seguindo um plano predefinido;*

b) *processos ou etapas que apresentam organização, lógica e sistematização relacionados a uma pesquisa, aprendizado ou investigação de um fato ou ideia, entre outros.*

Resumidamente, estabeleceremos no programa *O Evangelho Redivivo* três pilares direcionados para a interpretação dos textos evangélicos que devem, necessariamente, apresentar o tríplice caráter metodológico: *atemporal, universal* e *exclusivamente moral*. É preciso muita atenção para não incorrermos no equívoco de interpretar as *Escrituras Sagradas* por meio de uma leitura clássica, em geral impregnada de teologias e práticas ritualísticas, espontaneamente impostas, no dia a dia, pelos atavismos que ainda se mantêm ativos em nosso subconsciente.

Nesse sentido, o caráter atemporal, universal e exclusivamente moral da mensagem do Messias Divino são princípios metodológicos norteadores de todo o estudo e a produção de textos relacionados ao programa *O Evangelho Redivivo*.

Assim, se temos a tendência a acreditar que os ensinamentos de Jesus se aplicam mais à época em que foram anunciados, com pouco ou nenhum valor para os dias atuais, as orientações do Cristo deixam de ser atemporais. Se supomos que as orientações de Jesus estão direcionadas exclusivamente para o povo judeu, não atendem, portanto, ao caráter de universalidade. Se o foco do nosso estudo é a parte histórica e cultural, os personagens, lugares, cargos e interpretações linguísticas, etc., a análise das consequências morais se revela escassa, sem muita validade espiritual para o homem moderno. A história serve de contextualização, mas não de objeto expressivo de estudo bíblico. O objetivo do estudo da *Bíblia* não é ater-se ao excessivo detalhamento ou à exatidão dos fatos históricos, mas, sim, à elevação dos corações. Em suma, é bastante desafiador ver Cristo não como corpo nem como individualidade, mas como *O Verbo de Deus* manifesto ao mundo (*João*, 1).

São conceitos universais que, igualmente, foram utilizados por Allan Kardec na elaboração das obras da Codificação, nos estudos, análises e ensinos espíritas. É importante, porém, considerar o significado da palavra "ensino" indicado pelo Codificador.

> Que os adeptos não se assustem com a palavra ensino. Também há ensino fora do que é dado do púlpito e da tribuna. A simples conversação é um ensino. Toda pessoa que busca convencer outra, seja pelo processo das explicações, seja pelo das experiências, está ensinando. O que desejamos é que seu esforço produza frutos e é por isto que julgamos por bem dar alguns conselhos, de que também poderão aproveitar os que queiram instruir-se por si mesmos. Aqui eles encontrarão o meio de chegar com mais segurança e presteza ao objetivo visado.[35]

Outro aspecto da proposta metodológica básica de *O Evangelho Redivivo* é ser informal, ainda que organizada e séria. Uma coisa não invalida a outra. O ambiente é de acolhimento, de inclusão, distanciado das longas preleções e das imposições de ideias. Ao contrário, sugere-se que a reunião seja conduzida em clima de fraternidade e cordialidade, onde os participantes se sintam à vontade e bem acolhidos pelo grupo.

> Buscar cuidadosamente o seu conteúdo espiritual. Este é o que dá vida, universalidade e eternidade à Boa-Nova. Tão importante é esse fator que Jesus nos alerta: *O espírito é que vivifica, a carne para nada serve. As palavras que*

vos disse são espírito e vida. (João, 6:63); ou ao que Paulo acrescenta: *O que nos fez também capazes de ser ministros de um novo testamento, não da letra, mas do espírito; porque a letra mata, e o espírito vivifica (II Coríntios, 3:6).*[36]

Importa assinalar que as análises dos textos sagrados devem apresentar diferentes interpretações existentes. Na medida do possível, aquelas que mais priorizam os três pilares anunciados (atemporalidade, universalidade e consequências exclusivamente morais). Em tese, não há uma interpretação modelo, padrão. A análise espírita é prioridade, é a nossa linha ou plano interpretativo, visto que estamos filiados a uma instituição espírita, repassando conteúdos para espíritas. Contudo, tal linha de pensamento, a espírita, não será obstáculo às citações de estudiosos não espíritas. Mas não será, sob quaisquer hipóteses, um estudo comparativo. Isso pertence à Academia.

Por outro lado, nunca é demais destacar que, a despeito dos ensinamentos de Jesus serem atemporais, universalistas e exclusivamente morais, destinados a toda a Humanidade, Jesus fala a cada personalidade em particular. As suas lições alcançam cada indivíduo, de acordo com características que lhe são próprias, em consonância com o degrau evolutivo no qual se encontra. Nestes termos, a melhor interpretação dos ensinos de Jesus, o Verbo de Deus, é aquela que faz a pessoa melhor.

O desenvolvimento dos conteúdos do estudo priorizará o método de estudo indicado por Allan Kardec em *O livro dos médiuns*, 1ª parte, cap. 3, cujos pontos principais são assinalados em seguida.

2.2.1 PRIORIDADE À INTERPRETAÇÃO ESPÍRITA

O Espiritismo é considerado a chave para compreender e vivenciar a mensagem de Jesus, que deve ser entendida no sentido espiritual e atemporal.

> Todo ensino metódico deve partir do conhecido para o desconhecido. Para o materialista, o conhecido é a matéria; parti, pois, da matéria e tratai, antes de tudo, de convencê-lo, pela observância da própria matéria, de que há nele alguma coisa que escapa às leis da matéria. Numa palavra, *antes de que o torneis* ESPÍRITA, cuidai de torná-lo ESPIRITUALISTA. Mas, para isso, é necessária outra ordem de fatos, um ensino muito especial que deve ser dado por outros processos [...].[37]

O estudo, a interpretação e a contextualização dos textos evangélicos e dos demais livros do Novo Testamento estarão, necessariamente, consubstanciados nas obras publicadas por Allan Kardec e, também, nas de autores que guardam fidelidade com a Codificação Espírita. Tal condição não impede, porém, que se consulte obras não espíritas que, necessariamente, forneçam orientações ao bom entendimento do assunto. Atentemos, sobretudo, no que diz o Espírito Emmanuel, da mais alta importância para o espírita:

> Lembrando o Codificador da Doutrina Espírita, é imperioso estejamos alerta em nossos deveres fundamentais. Convençamo-nos de que é necessário:
>
> Sentir Kardec;
>
> Estudar Kardec;
>
> Anotar Kardec;
>
> Meditar Kardec;
>
> Analisar Kardec;
>
> Comentar Kardec;
>
> Interpretar Kardec;
>
> Cultivar Kardec;
>
> Ensinar Kardec;
>
> Divulgar Kardec.
>
> Que é preciso cristianizar a Humanidade é afirmação que não padece dúvida; entretanto, cristianizar, na Doutrina Espírita, é raciocinar com a verdade e construir com o bem de todos, para que, em nome de Jesus, não venhamos a fazer sobre a Terra mais um sistema de fanatismo e de negação.[38]

2.2.2 ESTUDO E ENSINO FUNDAMENTADO NA DIALÉTICA

A dialética foi ensinada por Sócrates (470 a.C.–399 a.C.) e divulgada por Platão (428/427–348/347 a.C.)

Dialética é palavra originária do grego (*dialektiké*) que significa *a arte do diálogo, a arte de debater, de persuadir* ou *raciocinar*. Consiste em uma forma de filosofar que pretende chegar à verdade através da contraposição e reconciliação das contradições. A dialética propõe um método de pensamento que é baseado nas contradições entre a unidade e multiplicidade, o singular e o universal e o movimento da imobilidade. Para Platão, lembrando Sócrates, a dialética é o movimento do Espírito, é sinônimo de filosofia, é um método eficaz para aproximar as ideias individuais às ideias universais. Platão disse que dialética é arte e técnica de questionar e responder algo.

A questão da dialética causa ainda, infelizmente, algumas dúvidas, quando se pronuncia esta palavra, e mesmo no meio espírita. É que alguns estudiosos sempre se reportam à dialética marxista, conceituação que jamais se aplicaria ao contexto da Doutrina Espírita, em geral, e deste programa, em particular.

A referência que aqui se faz é a *dialética socrática*, habilmente utilizada por Allan Kardec na constituição da Doutrina Espírita, e que passou, desde então, a ser conhecida como *dialética espiritual*. A respeito do assunto, é oportuno lembrar o Espírito Vianna de Carvalho que, habilmente, em sua página *A Dialética do Espiritismo*[39] se pronuncia com muita propriedade:

> Por singular coincidência, quando Karl Marx apresentava em Londres o seu *Manifesto Comunista*, no dia 31 de março de 1848, naquela mesma noite, em Hydesville, no Estado de Nova Iorque, nos Estados Unidos da América, os Espíritos conseguiram comunicar-se com a família Fox através de ruídos [...].
>
> Graças à irrupção da mediunidade ostensiva responsável pela ocorrência dos fenômenos exuberantes, na mesma ocasião em que surgiu a dialética marxista, igualmente trabalhada por Engels, os pródromos de uma outra de natureza espiritual se desenharam nos painéis da cultura, a fim de que o ser humano que se encontrava submergindo no materialismo cruel tivesse possibilidade de encontrar um roteiro de segurança para a própria iluminação e felicidade.
>
> Ocorreu esse evento quando Allan Kardec, o magnífico Codificador do Espiritismo, observando aqueles fenômenos perturbadores para a cultura da época, encontrou a sua lógica, resistindo às mais variadas hipóteses que se levantaram para negá-lo ou diminuir-lhe a vitalidade, apresentando o resultado das suas cuidadosas observações e reflexões através de *O livro dos espíritos*. Com essa obra granítica nasceu a dialética espírita, portadora de conteúdos para resistir aos camartelos do marxismo e de outras expressões do materialismo. [...].
>
> [...]
>
> A dialética em torno de um ser integral – Espírito, períspirito e matéria – atende a todas as necessidades filosóficas e de comportamento, por explicar as injustiças sociais e como solucioná-las, trabalhando o caráter de cada qual, de modo que, ao assumir a governança do lar, da oficina de trabalho, de uma cidade, estado ou nação, não haja diferença de conduta entre o ser que pensa e aquele que age a serviço e para o bem de todos.

2.2.3 CONHECER A TEORIA

> O estudo prévio da teoria apresenta ainda outra vantagem: a de mostrar imediatamente a grandeza do objetivo e o alcance desta ciência [...]. Temos notado sempre que os que creem, antes de ter visto, apenas porque leram e compreenderam, longe de superficiais, são, ao contrário, os que mais refletem.

> Dando maior atenção ao fundo do que à forma [...]. Como é natural, preferem uma doutrina que realmente explica, às que nada explicam, ou explicam mal.⁴⁰

2.2.4 ENTENDER O SIGNIFICADO DAS PALAVRAS E EXPRESSÕES

> Para bem se compreenderem certas passagens dos Evangelhos, é necessário que se conheça o valor de várias palavras neles frequentemente empregadas e que caracterizam o estado dos costumes e da sociedade judia naquela época. Já não tendo para nós o mesmo sentido, essas palavras muitas vezes têm sido mal interpretadas, causando isso uma espécie de incerteza. A compreensão de seu significado explica, além disso, o verdadeiro sentido de certas máximas que, à primeira vista, parecem singulares.⁴¹

2.2.5 COMPREENDER O SIGNIFICADO TEXTUAL

> O primeiro passo será sempre entender bem o aspecto literal do texto. Para isso, promover atenciosa leitura, considerando o significado exato de cada palavra, tempo e pessoas dos verbos, lugar, ocasião, circunstâncias, profissões e cargos, expressões e hábitos vigentes à época de Jesus, utilizando-se, se necessário, de dicionários. A par disso, não se pode contentar, contando hoje com os postulados espíritas, com um Evangelho puramente descritivo ou histórico, fixado no tempo e no espaço e hoje lido com unção por muita gente.⁴²

2.2.6 ETAPAS DA ORGANIZAÇÃO METODOLÓGICA PROPOSTA POR ALLAN KARDEC

Estas etapas podem ser resumidas em quatro: *tese, discussão da tese, antítese* (se houver) *e, síntese,* em seguida explicadas:

a) apresentação da tese, tema ou ideia: refere-se à apresentação verbal de uma citação do Evangelho e assuntos diretamente correlatos, fornecendo aos participantes visão panorâmica do que se irá estudar na reunião.

O momento da apresentação deve ser breve e esclarecedor, não ultrapassando quinze minutos, se o tempo total destinado à reunião é de 90 a 120 minutos. Trata-se de breve exposição das principais ideias que serão estudadas no dia. É nesse espaço de tempo que se fornece informações de natureza histórico-cultural, alguma curiosidade ou um fato relevante; significado de palavras ou expressões; lugares, profissões etc. Isso é necessário para situar o texto no tempo e no espaço;

b) discussão da tese, tema ou ideia: desenvolvida com base no referencial espírita, ainda que ideias não espíritas, de reconhecido valor, possam ser agregadas, priorizar o método da dialética na análise do conteúdo.

Por se tratar do momento mais importante e o mais extenso da reunião (cerca de 45 a 60 minutos em uma reunião de uma hora e meia), é importante que o facilitador ou orientador do estudo aprenda a conduzir a análise do texto evangélico com habilidade, favorecendo a participação de todos.

A reunião deve ser assinalada por um clima de serenidade, de leveza e de fraternidade. Deve-se ouvir com atenção as argumentações e as contra-argumentações, sem adotar rigidez de conduta, respostas contundentes ou provocadoras de debates improdutivos. Ao contrário, em todos os instantes encaminhar e direcionar os participantes, com tato e firmeza, para as ideias espíritas que são, obviamente, superiores às opiniões pessoais, e que representam o referencial do estudo.

A discussão pode ser feita em plenária ou em grupos, promovendo sempre a participação de todos. Para enriquecer o assunto ou para facilitar a sua análise, é importante preparar previamente perguntas e citações estratégicas. Essas perguntas ou citações poderão ser projetadas por meio de recursos da multimídia, ou escritas em tiras de papel ou, ainda, qualquer outro recurso didático disponível;

c) antítese ou ideias contrárias à tese: estas serão indicadas sempre que, efetivamente, forem detectadas. As ideias contrárias aos princípios espíritas são apenas citadas, mas não devem ser palco de discussão ou debates, pois a finalidade não é realizar estudos comparativos. Em todas as ocasiões respeitar interpretações não espíritas, lembrando que o foco de *O Evangelho Redivivo* é estudar a mensagem de Jesus, à luz do entendimento espírita.

Foi assim que os Espíritos superiores e orientadores agiram e orientam como agir. O Codificador se conduziu da mesma forma, como é demonstrado em todas as suas obras, inclusive nos textos pessoais que se encontram na *Revista Espírita*. A título de exemplo, lembramos as anotações de Allan Kardec, que integram o primeiro capítulo de *O livro dos médiuns*, intitulado *Há Espíritos?* Neste capítulo, Kardec expõe o pensamento espírita e o não espírita a respeito do tema, com gentileza, conhecimento e firmeza;

d) síntese, conclusão ou fechamento das ideias estudadas: indica o fechamento do assunto. Neste aspecto, as ideias analisadas e comentadas devem ser concluídas e, ao mesmo tempo, contextualizadas aos acontecimentos do dia a dia da existência.

O fechamento das ideias analisadas, segundo o entendimento espírita, deve ser conduzido de tal forma que propicie aos participantes oportunidade para reflexão íntima da própria conduta moral, das escolhas realizadas na existência, avaliando se estas guardam ressonância com as lições do Cristo.

Se a autoavaliação apontar para a existência de comportamentos ou atitudes que conflitam com as orientações do Evangelho, considerar a necessidade de esforço íntimo extra pelo aprendiz que, nestas condições, aplicará os ensinamentos evangélicos diariamente: no lar, no ambiente profissional, nos relacionamentos sociais, perante os desafios, durante as provas e expiações, etc.

Lembremos que, como o objetivo da interpretação do Evangelho à luz da Doutrina Espírita é o de promover, a cada um, a própria reforma íntima, ouçamos estas orientações de Jesus, transmitidas pelo Espírito Humberto de Campos:

> Usaremos a palavra, quando for necessário, sabendo, porém, que o verbo degradado estabelece domínio das perturbações e das trevas. Valer-nos-emos dos caracteres escritos na extensão do Reino do Céu. No entanto, não ignoraremos que as praças do mundo exibem numerosos escribas de túnicas compridas, cujo pensamento escuro fortalece o império da incompreensão e da sombra. Utilizaremos, pois, todos os recursos humanos, no apostolado, entendendo, contudo, que o material precioso de exposição da Boa-Nova reside em nós mesmos. O próximo consultará a mensagem do Pai em nossa própria vida, por meio de nossos atos e palavras, resoluções e atitudes...
>
> Pousando a destra no peito, acentuou:
>
> – A escritura divina do Evangelho é o próprio coração do discípulo.[43]

Por projeção de multimídia ou simples verbalização o condutor do estudo apresenta as principais ideias analisadas a respeito do tema e qual é a posição da Doutrina Espírita. Não é momento para reativar discussões nem fazer preleções: apenas o pinçamento das ideias estudadas e interpretadas pelo Espiritismo.

Após a síntese final ou conclusão, pode-se deixar algo para reflexão individual, relacionado ao assunto: um pequeno texto de autor de reconhecido valor; uma pequena história de fundo moral; uma poesia, que pode ser lida ou declamada; uma imagem ou foto significativa; um vídeo de breve duração; uma indagação ou frase afirmativa que possa conduzir a uma reflexão íntima, etc.

2.2.7 PERIODICIDADE DOS ESTUDOS

O aproveitamento do estudo e o empenho de vivenciar a mensagem do Cristo oferecem melhores resultados quando a reunião é semanal. Uma reunião que acontece duas ou uma vez por mês, salvo raras exceções, é melhor do que nada, é óbvio. Mas esta pode correr o risco de aspectos cognitivos serem os mais fixados, deixando-se para segundo plano a vivência da mensagem moral do Mestre Nazareno.

Quando há maior espaço de tempo entre uma reunião e outra, especificamente quando a finalidade maior é trabalhar o comportamento moral e ético, a afetividade e amorosidade, entre outros, são mais úteis e produtivos os encontros mais próximos, no que diz respeito à periodicidade: as pessoas passam a se ver com mais frequência, aprendendo a superar antipatias e incompreensões. A proximidade em menores espaços de tempo favorece vinculações e apoio mútuos. Até porque as orientações de Jesus, impulsionadoras da evolução moral, como são bem dosadas em cada reunião semanal, representam alimento nutritivo que favorecem a maior proximidade entre os participantes.

> Dissemos que o Espiritismo é toda uma ciência, toda uma filosofia. Portanto, quem quiser conhecê-lo seriamente deve, como primeira condição, dispor-se a um estudo sério e convencer-se de que ele não pode, como nenhuma outra ciência, ser aprendido como se estivéssemos brincando. Também já dissemos que o Espiritismo diz respeito a todas as questões que interessam à Humanidade. Seu campo é imenso e devemos encará-lo principalmente pelas suas consequências [...].[44]

2.2.8 TEMPO DESTINADO AO ESTUDO EM CADA REUNIÃO

O estudo de *O Evangelho Redivivo* acontecerá de forma regular, do livro de *Mateus* ao do *Apocalipse de João*. Será desenvolvido em encontros de até duas horas de duração, mantendo-se, sempre, o foco em Jesus.

> Aproxima-se o tempo em que se cumprirão as coisas anunciadas para a transformação da Humanidade. Felizes os que houverem trabalhado no campo do Senhor, com desinteresse e sem outro motivo, senão a caridade! Seus dias de trabalho serão pagos pelo cêntuplo do que tiverem esperado. Felizes os que houverem dito a seus irmãos: *Irmãos, trabalhemos juntos e unamos os nossos esforços, a fim de que o Senhor, ao chegar, encontre acabada a obra*, pois o Senhor lhes dirá: *Vinde a mim, vós que sois bons servidores, vós que soubestes impor silêncio aos vossos ciúmes e às vossas discórdias, a fim de que daí não viesse dano para a obra!* [...].[45]

2.2.9 AVALIAÇÃO

A avaliação aqui especificada não se refere ao estudo do Evangelho, propriamente dito e, muito menos, ao desempenho dos participantes. Refere-se, mais especificamente, a verificar se os objetivos do trabalho estão sendo alcançados e se a metodologia utilizada viabiliza maior reflexão a respeito da melhoria moral proposta pelo Cristo. Sendo assim, nunca é demais recordar:

> Não julgueis para não serdes julgados. Pois com o julgamento com que julgais sereis julgados, e com a medida com que medis sereis medidos. Por que reparas no cisco que está no olho do teu irmão, quando não percebes a trave que está no teu? Ou como poderá dizer ao teu irmão: *Deixa-me tirar o cisco do teu olho*, quando tu mesmo tens uma trave no teu? Hipócrita, tira primeiro a trave do teu olho, e então verás bem para tirar o cisco do olho do teu irmão.[46]

Nestes termos, a informalidade, a bondade e a simplicidade devem nortear a avaliação, esforçando-se mais para pôr em prática os princípios da avaliação qualitativa.

2.3 BIBLIOGRAFIA BÁSICA

Sugerem-se as seguintes obras para estudo, exposição e aplicação prática:

2.3.1 OBRAS ESPÍRITAS

KARDEC, Allan. Todas as obras da Codificação Espírita. Brasília: FEB, em especial.

- » *O livro dos espíritos*
- » *O livro dos médiuns*
- » *O evangelho segundo o espiritismo*
- » *O céu e o inferno*
- » *A gênese*
- » *O que é o espiritismo*
- » *Obras póstumas*
- » *Revista Espírita*

ABREU, Honório Onofre (coordenação). *Luz imperecível.* 6. ed. Belo Horizonte: UEM, 2009.

BALDOVINO, Enrique; BALDOVINO, Regina (Coord.). *Pérolas da série evangélica Amélia Rodrigues.* Psicografia de Divaldo Pereira Franco. Salvador: LEAL, 2017. 2 v.

CALLIGARIS, Rodolfo. *Parábolas evangélicas.* 11. ed. Rio de Janeiro: FEB, 2010.

_____. *O sermão da montanha.* 18. ed. Rio de Janeiro: FEB, 2010.

DIAS, Haroldo Dutra (Coment. e coord.). *7 minutos com Emmanuel* (Coletânea). Curitiba: Instituto SER, 2017.

FRANCO, Divaldo Pereira. Obras do Espírito Amélia Rodrigues: *A mensagem do amor imortal; Até o fim dos tempos; As primícias do reino; Dias venturosos; Há flores no caminho; Luz do mundo; Pelos caminhos de Jesus; Quando voltar a primavera; Trigo de Deus; Vivendo com Jesus.* Salvador: LEAL.

MOURA, Marta Antunes (Coord.). *Estudo aprofundado da doutrina espírita.* Brasília, DF: FEB. 2004. Tiragem anual. 5 v.

MOUTINHO, João de Jesus. *O evangelho sem mistérios nem véus.* 1. ed. 2. imp. Brasília, DF: FEB, 2015.

OLIVEIRA, Terezinha. *Estudos espíritas do evangelho.* 6. ed. Campinas, SP: Ed. Allan Kardec. 2010.

RIGONATTI, Eliseu. *O Evangelho dos humildes.* O texto de São Mateus explicado à luz dos últimos ensinamentos do Espiritismo. 15. ed. São Paulo: Pensamento, 2003.

SAULO, César Ribeiro (Coord.). *O Evangelho por Emmanuel: comentários aos Evangelhos segundo Mateus, Marcos, Lucas e João.* Compilação de textos de 138 obras e 441 artigos publicados em *Reformador* e *Brasil Espírita,* ditados pelo Espírito Emmanuel, psicografia de Francisco Cândido Xavier, referentes aos Evangelhos de Mateus, Lucas, Marcos e João. Brasília, DF: FEB, 2014 e 2015.

SCHUTEL, Cairbar. Obras do autor relacionadas ao assunto: *O espírito do cristianismo; Parábolas e ensinos de Jesus; Vida e atos dos apóstolos.* Matão, SP: O Clarim.

SILVA, Severino Celestino. *O sermão do monte. A sublime e consoladora mensagem de Jesus.* 1. ed. João Pessoa: IDEIA, 2002.

XAVIER, Francisco Cândido. Em especial as obras do Espírito Emmanuel, de Humberto de Campos (Irmão X) e de outros Espíritos que tratam do aspecto religioso ou moral do Espiritismo.

Outras obras do médium Francisco Cândido Xavier relacionadas ao assunto.

UNIÃO ESPÍRITA MINEIRA. *Estudo minucioso do Evangelho de Jesus* - EMEJ. Apostilas, unidades I, II e III, disponíveis para download gratuito no site: https://www.uemmg.org.br/.

Opúsculo Série: *Evangelho e Espiritismo*, v. 5, disponível em: https://www.uemmg.org.br/.

VINÍCIUS (ou Pedro Camargo). Obras do autor relacionadas ao assunto: *Em torno do mestre; O mestre na educação; Nas pegadas do mestre; Na seara do mestre.*

2.3.2 OBRAS NÃO ESPÍRITAS

ATLAS BÍBLICO.

BÍBLIA DE JERUSALÉM. Nova ed. rev. e ampl. Diversos tradutores. São Paulo: Paulus, 2002.

BÍBLIA SAGRADA. Trad. João Ferreira de Almeida, corrigida e revisada em 1995. Barueri, SP: Sociedade Bíblica do Brasil, 2009.

BÍBLIA DE ESTUDO EXPLICADA. Dicionário harpa cristã. (Com texto bíblico de Almeida, revista e corrigida. Ed. 1995). S. E. McNair. 1. ed. Rio de Janeiro, CPAD, 2014.

CHAMPLIN, Russel Norman. *O novo testamento interpretado versículo por versículo.* São Paulo: Hagnos, 2014.

_____. *Novo dicionário bíblico.* São Paulo: Hagnos, 2018.

DAVIS, John. *Novo dicionário da bíblia.* Ampl. e atual. Trad. de J.R. Carvalho Braga. São Paulo: Hagnos, 2005.

DIAS, Haroldo Dutra (tradutor). *O novo testamento.* Brasília: FEB, 2014.

DOUGLAS, J. D. *O novo dicionário da bíblia.* Trad. de João Bentes. 3. ed. São Paulo: Vida Nova, 2006.

FLUSSER, D. *O judaísmo e as origens do cristianismo.* Rio de Janeiro: Imago. Vols. I, II e III.

RIFKA, Berezin. *Dicionário de hebraico-português*. São Paulo: EDUSP, 2003.

SILVA, Severino Celestino. *Analisando as traduções bíblicas*. 3 ed. João Pessoa: IDEIA

SOCIEDADE BÍBLICA DO BRASIL. *Concordância bíblica*. Edição revista e atualizada no Brasil da tradução João Ferreira de Almeida. São Paulo: 1975.

2.3.3 REFERÊNCIAS CITADAS NO TEXTO

ABREU, Honório O. (Coord.). *Luz imperecível*. 6. ed. Belo Horizonte: UEM, 2009.

BÍBLIA DE JERUSALÉM. Coordenadores da edição em língua portuguesa: Gilberto da Silva. Gorgulho; Ivo Storniolo e Ana Flora Anderson. Diversos tradutores. São Paulo: Paulus, 2002.

FRANCO, Divaldo Pereira. *Espiritismo e vida*. Pelo Espírito Vianna de Carvalho. Salvador: LEAL, 2009.

KARDEC, Allan. *O evangelho segundo o espiritismo*. Trad. Evandro Noleto Bezerra. 2. ed. 4. imp. Brasília: FEB, 2017.

_____. *O livro dos médiuns*. Trad. Evandro Noleto Bezerra. 2. ed. 1. imp. Brasília: FEB, 2013.

XAVIER, Francisco Cândido. *Reformador*, mar. 1961. Rio de Janeiro: FEB.

_____. *Luz acima*. Pelo Espírito Irmão X (Humberto de Campos). 11. ed. 3. imp. Brasília: FEB, 2013.

TEMA 3

O EVANGELHO SEGUNDO O ESPIRITISMO: PREFÁCIO E INTRODUÇÃO

3.1 PREFÁCIO DE *O EVANGELHO SEGUNDO O ESPIRITISMO*

A mensagem que se segue, transmitida pelo Espírito de Verdade, representa o prefácio de *O evangelho segundo o espiritismo*.

> Os Espíritos do Senhor, que são as virtudes dos Céus, qual imenso exército que se movimenta ao receber as ordens do seu comando, espalham-se por toda a superfície da Terra e, semelhantes a estrelas cadentes, vêm iluminar os caminhos e abrir os olhos aos cegos.
>
> Eu vos digo, em verdade, que são chegados os tempos em que todas as coisas devem ser restabelecidas no seu verdadeiro sentido para dissipar as trevas, confundir os orgulhosos e glorificar os justos.
>
> As grandes vozes do Céu ressoam como sons de trombetas, e o cântico dos anjos se lhes associa. Homens, nós vos convidamos ao divino concerto. Tomai da lira; que vossas vozes se unam e que, num hino sagrado, elas se estendam e vibrem de um extremo a outro do Universo.
>
> Homens, irmãos a quem amamos, estamos juntos de vós. Amai-vos, também, uns aos outros e dizei do fundo do coração, fazendo as vontades do Pai, que está no Céu: "Senhor! Senhor!" e podereis entrar no Reino dos Céus.[47]

3.1.1 INTERPRETAÇÃO DA MENSAGEM DO ESPÍRITO DE VERDADE

Nessa comunicação mediúnica se destacam algumas ideias:

1) Os Espíritos que receberam a incumbência de transmitir o Espiritismo à Humanidade encarnada na Terra organizaram-se em poderosa e disciplinada equipe ("qual imenso exército"), sob a coordenação e

supervisão do Cristo. Essa equipe era constituída de entidades espirituais superiores, consideradas "as virtudes dos céus".

Virtude é o mesmo que qualidade ou valor moral; é a disposição de um indivíduo de praticar o bem, inata ou adquirida por educação. O homem de bem é necessariamente virtuoso. "Céus" ou "céu" diz respeito ao espaço sideral ou cósmico, ou, no que diz respeito às tradições religiosas, traz o sentido de coisas celestes ou coisas de Deus. Quando escrito em maiúscula, Céu traduz-se por Providência Divina.

Uma curiosidade: a palavra céu, *shamayim* do hebraico ou *shemayin* do aramaico, é traduzida como "coisa erguida", "expansão". A primeira forma aparece 419 vezes, e a segunda forma 38 vezes, sendo encontradas em 31 livros do Antigo Testamento. No Novo Testamento (também denominado *Escrituras gregas*, porque foram escritas na língua grega), temos a palavra *ouranós*, que, literalmente, significa céu, e que é citada 280 vezes, de *Mateus* ao *Apocalipse*. Em outras ocasiões, a expressão *tà epouránia*, que se traduz como "coisas celestes", é a utilizada. Trata-se, portanto, de palavra de ocorrência comum.[48]

2) Outra ideia: o Espiritismo surgiu no momento previamente programado por Jesus, partindo-se do princípio de que a Humanidade, de forma ampla, já revelava condições, intelectuais e morais, para entender, em espírito e verdade, a mensagem do Mestre Nazareno. Este aprendizado seria posto em prática ao longo dos séculos seguintes, constituindo uma era de transformação espiritual do ser humano, em que as trevas da ignorância cederiam lugar à luz do entendimento espiritual: "Eu vos digo, em verdade, que são chegados os tempos em que todas as coisas devem ser restabelecidas no seu verdadeiro sentido para dissipar as trevas, confundir os orgulhosos e glorificar os justos".[49]

3) Os Espíritos superiores: "As grandes vozes do Céu" — sentido de Providência Divina —, associados aos Espíritos puros — "e o cântico dos anjos se lhes associa" —, anunciariam a mensagem em todas as partes do mundo por meio de inúmeros e variados fenômenos mediúnicos, a fim de despertar a atenção dos habitantes do planeta: "num hino sagrado, elas se estendam e vibrem de um extremo a outro do Universo". Kardec afirma: "Por meio do Espiritismo, a Humanidade deve entrar numa nova fase, a do progresso moral, que é a sua consequência inevitável. Não mais, pois, vos espanteis da rapidez com que as ideias espíritas se propagam [...]".[50]

4) A última ideia da mensagem fornece condições para alcançar o Reino dos Céus (*perfeição espiritual*): amor mútuo e amor a Deus, cumprindo a

Sua Vontade: "Homens, irmãos a quem amamos, estamos juntos de vós. Amai-vos, também, uns aos outros e dizei do fundo do coração, fazendo as vontades do Pai, que está no Céu: 'Senhor! Senhor!' e podereis entrar no Reino dos Céus".[51]

3.2 INTRODUÇÃO DE *O EVANGELHO SEGUNDO O ESPIRITISMO*

O Espiritismo ilumina todos os conhecimentos humanos e, consequentemente, serve como poderosa ferramenta no direcionamento do progresso do planeta em todos os sentidos. Apesar de nos elucidar verdades atemporais, foi codificado em forma de Doutrina, sob o direcionamento do Cristo, no século XIX, a partir de diversos fenômenos físicos que chamaram a atenção do mundo científico em seu crescente materialismo. Esses fenômenos serviram de porta de entrada para que a Revelação Espírita chegasse ao nosso mundo. Tal revelação, entretanto, não se limita apenas a um conjunto de espetaculosas exibições da matéria, funda-se, sobremaneira, na moralidade espiritual, única capaz de desenvolver a criatura em sua jornada de progresso infinito.

> As matérias contidas nos Evangelhos podem ser divididas em cinco partes: *os atos comuns da vida do Cristo; os milagres; as predições; as palavras que serviram de base para o estabelecimento dos dogmas da Igreja; e o ensino moral.* Se as quatro primeiras partes têm sido objeto de controvérsias, a última permaneceu intacável. Diante desse código divino, a própria incredulidade se curva. É o terreno onde todos os cultos podem reunir-se, a bandeira sob a qual todos podem abrigar-se, quaisquer que sejam suas crenças, porque jamais constituiu matéria das disputas religiosas, sempre e por toda parte suscitadas pelas questões dogmáticas.[52]

O Espiritismo tem por objetivo o esclarecimento e o progresso intelecto-moral da criatura em seu inevitável avançar evolutivo. Sendo assim, a moral evangélica é indissociável da Doutrina Espírita, pois que de tal maneira ambas são a mesma coisa, em que a ausência daquela eliminaria necessariamente a outra: "O fim essencial do Espiritismo é tornar melhores os homens. Nele não se procure senão o que possa concorrer para o seu progresso moral e intelectual."[53]

> Todo o mundo admira a moral evangélica; todos lhe proclamam a sublimidade e a necessidade, mas muitos o fazem por confiança, baseados no que ouviram dizer ou sobre a fé em algumas máximas que se tornaram proverbiais. Poucos, no entanto, a conhecem a fundo e menos ainda são os que a compreendem

e sabem deduzir as suas consequências. A razão disso está, em grande parte, na dificuldade que apresenta a leitura do Evangelho, ininteligível para grande número de pessoas. A forma alegórica e o misticismo intencional da linguagem fazem com que a maioria o leia por desencargo de consciência e por dever, como leem as preces, sem as entender, isto é, sem proveito. Os preceitos de moral, disseminados aqui e ali, intercalados no conjunto das narrativas, passam despercebidos; torna-se, então, impossível compreendê-los inteiramente e deles fazer objeto de leitura e meditações especiais.[54]

Todos os ensinamentos evangélicos trazidos por meio da Doutrina Espírita se baseiam nas Leis Divinas existentes de todos os tempos, às quais temos por dever e destino nos integrar. Leis que nos foram exemplificadas em grau maior há mais de dois mil anos, quando da vinda do Senhor Jesus: "Em todas as circunstâncias, lembrar-se de que o Espiritismo expressa, antes de tudo, obra de educação, integrando a alma humana nos padrões do Divino Mestre".[55]

Em 1864, Allan Kardec, acompanhando a expansão do Espiritismo e a necessidade de evidenciar os ensinos morais espíritas como verdades cristãs já manifestadas ao mundo, publica a obra intitulada *Imitação do evangelho segundo o espiritismo*.[56] Nessa obra, o codificador busca elucidar o ensino moral cristão à luz da nova revelação, estimulando-nos à inevitável reforma moral íntima.

> Para os homens, em particular, aquele código é uma regra de conduta que abrange todas as circunstâncias da vida pública e privada, o princípio de todas as relações sociais que se fundam na mais rigorosa justiça. É, finalmente e acima de tudo, o roteiro infalível para a felicidade vindoura, o levantamento de uma ponta do véu que nos ocultava a vida futura. É essa parte que será o objeto exclusivo desta obra.[57]

Nesta meta, o famoso pedagogo organiza metodicamente os versículos bíblicos para explicitar a moral cristã à luz da Doutrina Espírita, retirando os véus seculares que as limitações humanas impuseram ao conhecimento universal. Esses véus, não raro, até hoje turvam o entendimento dos estudiosos dos Evangelhos, visto que, em boa parte, trazem mais referências materiais que espirituais em suas interpretações.

> Muitos pontos do Evangelho, da *Bíblia* e dos autores sacros em geral só são ininteligíveis, parecendo alguns até irracionais, por falta da chave que nos faculte compreender o seu verdadeiro sentido. Essa chave está completa no Espiritismo, como já puderam convencer-se os que o estudaram seriamente, e como todos reconhecerão melhor ainda, mais tarde.[58]

O Espiritismo é a chave de muitos mistérios ocultos de nossa ciência até os dias atuais, entretanto, acima de tudo e principalmente, ele é a chave dos corações humanos. Conforme relata o Espírito Vicente de Paulo: "Sede bons e caridosos, pois essa é a chave dos Céus, chave que tendes em vossas mãos. Toda a eterna felicidade se acha contida neste preceito: Amai-vos uns aos outros [...]".[59] O conhecimento espírita apenas alcança seu objetivo quando leva o Espírito à transformação moral que o conduzirá, naturalmente, às obras da caridade sincera.

O evangelho segundo o espiritismo preocupa-se em exaltar a moralidade cristã das escrituras. Eis como Allan Kardec se pronuncia a respeito.

> [...] em vez de nos atermos a uma ordem cronológica impossível, e sem vantagem real em semelhante assunto, as máximas foram agrupadas e classificadas metodicamente, segundo a natureza de cada uma, de modo que possam ser deduzidas umas das outras, tanto quanto possível. A indicação dos números de ordem dos capítulos e dos versículos permite que se recorra à classificação vulgar, caso seja necessário. Esse, entretanto, seria um trabalho material que, por si só, teria apenas utilidade secundária. O essencial era colocá-lo ao alcance de todos, mediante a explicação das passagens obscuras e o desdobramento de todas as consequências, tendo em vista a aplicação dos ensinos às diversas situações da vida. Foi o que tentamos fazer, com a ajuda dos Espíritos bons que nos assistem.[60]

Essa primorosa obra dos Espíritos nos educa a visão espiritista sobre a *Bíblia* e a sua mensagem imortal. Chama-nos ao olhar espiritual. Afasta-nos das interpretações teológicas vinculadas a fenômenos da temporalidade material para nos mostrar que a força do Evangelho de Jesus está em sua moralidade e na modificação do universo íntimo de cada criatura, transcendendo o tempo e vencendo todas as edificações perecíveis que o conhecimento limitado da Humanidade possa construir.

Compreendendo que a *Bíblia*, obra milenar de profetas e apóstolos, é uma ferramenta divina para auxílio das criaturas em sua transformação como Espírito, Kardec nos incita à modificação moral, à absorção da luz do Evangelho em nosso íntimo, transformando-nos no homem novo que o apóstolo Paulo fala: "E revesti-vos do homem novo, criado segundo Deus, na justiça e santidade da verdade".[61]

> Esta obra é para uso de todos. Dela podem todos haurir os meios de conformar com a moral do Cristo o respectivo proceder. Aos espíritas oferece aplicações que lhes concernem de modo especial. Graças às relações estabelecidas, doravante e permanentemente, entre os homens e o mundo invisível, a lei evangélica, que os próprios Espíritos ensinaram a todas as nações, já não será letra morta, porque cada um a compreenderá e se verá incessantemente compelido a pô-la em prática, a conselho de seus guias espirituais [...].[62]

Kardec, quando do lançamento *de O evangelho segundo o espiritismo*, com o peculiar discernimento que lhe era próprio, discorre sobre o objetivo da publicação recém-nata, consolando-nos e clamando-nos à responsabilidade do aprendiz esforçado e sincero de Jesus Cristo. E conclui:

> Como complemento de cada preceito, acrescentamos algumas instruções escolhidas dentre as que os Espíritos ditaram em vários países e por diferentes médiuns. Se essas instruções tivessem emanado de uma fonte única, poderiam ter sofrido uma influência pessoal ou do meio, ao passo que a diversidade das origens prova que os Espíritos dão seus ensinos por toda parte e que ninguém goza de qualquer privilégio a esse respeito [...].[63]

3.2.1 AUTORIDADE DA DOUTRINA ESPÍRITA. CONTROLE UNIVERSAL DO ENSINO DOS ESPÍRITOS

Incontáveis esforços, em todos os tempos, foram dispensados ao estudo das escrituras. Entre acertos e equívocos, a Humanidade construiu verdadeiro labirinto de conceitos e fundamentos, nem sempre claros, ao redor da mensagem límpida e simples daquele que nos governa desde o início. Jesus, evidentemente, jamais esteve alheio aos nossos comportamentos e pretensões e prometeu-nos enviar o Consolador para nos lembrar da sua mensagem e nos revelar outros entendimentos que, à época, não permitiriam sua justa compreensão. Cristo nos diz: "E eu rogarei ao Pai, e ele vos dará outro Consolador, para que fique convosco para sempre; o Espírito de Verdade, que o mundo não pode receber, porque não o vê nem o conhece; mas vós o conheceis, porque habita convosco, e estará em vós".[64]

Nessa passagem, nosso Mestre nos revela muito mais do que uma análise de superfície poderia indicar: ele nos fala que o Consolador ficará conosco para sempre. Para assim ser, diferentemente das outras revelações morais que nosso mundo foi beneficiário, o *Paráclito*[65] – *Espírito de Verdade, Espírito Santo, ou o Consolador* – não poderia estar vinculado a elementos fadados à temporalidade, como personalidades, corpos físicos ou instituições. Deveria vir de modo que não fosse corruptível, que sobressaísse às voluptuosidades humanas, inalcançável às paixões inferiores daqueles a quem deve iluminar. Assim, nada mais salutar que o Consolador prometido por Jesus viesse em forma de Doutrina, imperecível, transformadora, para melhoria do ser humano. Doutrina despojada de pressupostos teóricos da ciência do mundo, ainda carentes de comprovação, mas que vem a nós por meio de fatos incontestes explicados por leis naturais, com o aval do raciocínio e da experiência, dos efeitos à causa. Eis a Doutrina Espírita.

Na introdução de *O evangelho segundo o espiritismo*, Allan Kardec refere-se à *Autoridade da Doutrina, o Consolador prometido*. Essa autoridade é aferida por diversos aspectos, do seu conteúdo à forma como foi codificada, dentre os quais, podemos destacar:

Encontramos aí a informação de que a Doutrina Espírita não foi formulada a partir de ideias pre-concebidas ou tendo como base teses que careciam de comprovações. Ao contrário, a revelação se deu a partir dos efeitos notórios que ensejaram a descoberta de suas causas, tão surpreendentes quanto inimagináveis à época. Afirma o Codificador: "Se a Doutrina Espírita fosse de concepção puramente humana, não teria como garantia senão as luzes daquele que a houvesse concebido [...]."[66]

A profundidade e amplitude da mensagem espírita repousa em causas acima da compreensão humana comum, pois, usualmente, as ideias, sistemas e doutrinas têm sua origem em uma única cabeça do que as vê como uma revelação divina. "[...] Quis Deus que a sua lei se assentasse em base inabalável, e foi por isso que não lhe deu por fundamento a cabeça frágil de um só".[67]

A Doutrina Espírita evidencia não apenas a existência de Espíritos como sendo homens desencarnados, mas abre nossas mentes para toda uma reformulação do que é a própria Humanidade. Tal conhecimento não poderia advir dos homens senão por um superficial exercício de imaginação, visto estes estarem, evidentemente, limitados às suas próprias percepções. Lembra-nos o Espírito André Luiz: "[...]. Coletivamente, não somos duas raças antagônicas ou dois grandes exércitos, rigorosamente separados através das linhas da vida e da morte, e sim a grande e infinita comunidade dos vivos, tão somente diferenciados uns dos outros pelos impositivos da vibração, mas quase sempre unidos para a mesma tarefa de redenção final!" [...].[68]

Esses pensamentos tão elevados reforçam a autoridade que a Doutrina dos Espíritos possui em relação aos conhecimentos mais avançados que nossa sociedade já conseguiu alcançar.

3.2.1.1 Universalidade

Sendo o conhecimento espírita uma conquista da Humanidade, seus pilares possuem caráter ilimitado em nosso planeta, mas pautados na universalidade de seus ensinos. É uma Doutrina revelada e continuamente construída, com a participação de milhões de criaturas, não se limitando ao tempo, espaço ou indivíduo.

Por não repousar sobre uma só cabeça, visto que é construção coletiva, o Espiritismo não possui mentores ou formuladores exclusivos da tese espírita, condição que confere à Doutrina uma solidez de crédito inigualável. Por não estar submetida às limitações do indivíduo, da cultura ou das tradições e das leis humanas, revela-se ao mundo para todos, indistintamente. Não sendo Doutrina de homens encarnados, cabe aos Espíritos superiores as diretrizes de sua propagação.

> Quis Deus que a *nova revelação* chegasse aos homens por um caminho mais rápido e mais autêntico; por isso encarregou os Espíritos de irem levá-la de um polo a outro, manifestando-se por toda parte, sem conferir a ninguém o privilégio exclusivo de lhes ouvir a palavra.
>
> [...] São, pois, os próprios Espíritos que fazem a propaganda, com o auxílio dos inúmeros médiuns que eles vão suscitando de todos os lados. Se tivesse havido apenas um intérprete, por mais favorecido que fosse, o Espiritismo mal seria conhecido. E mesmo esse intérprete, qualquer que fosse a classe a que pertencesse, teria sido objeto das prevenções de muita gente e nem todas as nações o teriam aceitado, ao passo que os Espíritos, comunicando-se em toda parte, a todas as seitas e a todos os partidos, são aceitos por todos. O Espiritismo não tem nacionalidade, não faz parte de nenhum culto particular, nem é imposto por nenhuma classe social, visto que qualquer pessoa pode receber instruções de seus parentes e amigos de além-túmulo. Era preciso que fosse assim, para que ele pudesse conclamar todos os homens à fraternidade. Se não se mantivesse em terreno neutro, teria alimentado as dissensões, em vez de apaziguá-las.
>
> Essa universalidade no ensino dos Espíritos faz a força do Espiritismo [...].[69]

Tal universalidade garante à Doutrina blindagem contra os disparatados comportamentos humanos que objetivam tê-la por posse. Como dominar ou adulterar uma Doutrina que não possui ponto focal e que atinge a todos indistintamente, revelando-se ao mundo de modo simultâneo e progressivo? Tal característica confere aos ensinos dos Espíritos soma de autoridade perante todas as teorias fundadas com base em um único ser.

3.2.1.2 Construção coletiva

O Espiritismo não seleciona seus destinatários, revela-se para todos, independentemente de sua crença, conhecimento intelectual, cultura, nacionalidade ou qualquer característica individual. É obra coletiva, dos desencarnados e encarnados sob as mãos amorosas de Cristo e dos orientadores espirituais.

A construção do conhecimento espírita é resultante das experiências de todos os Espíritos, seja pelo conjunto de comunicações com os seres desligados da matéria física ou pela troca de experiências e saberes dos que se dedicam a adentrar pelas novas portas do conhecimento superior que lhe são abertas. Neste esforço, todas as opiniões são úteis à análise, mas nenhuma pode atribuir-se, por si só, garantia de veracidade. Uma obra coletiva forma-se com o tempo, perseverança e dedicação para lograr a firmeza que apenas as verdades universais possuem.

> [...] Daí resulta que, com relação a tudo que esteja fora do âmbito do ensino exclusivamente moral, as revelações que cada um possa receber terão caráter individual, sem cunho de autenticidade; que devem ser consideradas como opiniões pessoais de tal ou qual Espírito e que seria imprudente aceitá-las e propagá-las levianamente como verdades absolutas.
>
> [...] Se, portanto, aprouver a um Espírito formular um sistema excêntrico, baseado unicamente nas suas ideias e fora da verdade, pode ter-se a certeza de que tal sistema ficará *circunscrito* e cairá diante da unanimidade das instruções dadas de todas as partes, como já demonstraram numerosos exemplos. Foi essa unanimidade que fez tombar todos os sistemas parciais que surgiram na origem do Espiritismo, quando cada um explicava os fenômenos à sua maneira, e antes que se conhecessem as leis que regem as relações entre o mundo visível e o mundo invisível.
>
> Tal é a base sobre a qual nos apoiamos, quando formulamos um princípio da Doutrina [...].[70]

Sendo o Espiritismo obra resultante das experiências e das observações de milhares de seres esclarecidos, converge para as conclusões dos princípios da Lei que a tudo rege. A Doutrina Espírita reforça suas bases, sobremaneira, em conceitos sólidos capazes de passar pelas mais diferentes experiências e teses, e sair incólume como verdade factível.

> A opinião universal, eis o juiz supremo, o que se pronuncia em última instância. Ela se forma de todas as opiniões individuais. Se uma destas é verdadeira, apenas tem na balança o seu peso relativo. Se é falsa, não pode prevalecer sobre todas as demais. Nesse imenso concurso, as individualidades se apagam, o que constitui novo insucesso para o orgulho humano.[71]

A autoridade do conhecimento coletivo sempre sobrepujará as ideias individuais, ainda que sob os gritos do ego ou a pressa dos que preferem definir a verdade a enxergá-la: "Do sistema de um só ao de todos, há a distância que vai da unidade ao infinito [...]."⁷²

3.2.1.3 Concordância ou unidade doutrinária

Considerando sua característica de universalidade, seria utópico imaginar possível uma doutrina coerente em seus fundamentos caso se negasse os Espíritos superiores como construtores da obra. Nem as mais avançadas tecnologias de comunicação do mundo atual, inexistentes à época de Kardec, fariam com que tantas vozes fossem uníssonas e se manifestassem simultaneamente.

Diz-nos a lógica que a verdade não pode ser autocontraditória. Sendo uma tese verdadeira, a cada passo que avança em profundidade torna-se obrigatória a confirmação do que já fora estabelecido, e nunca sua negação, em qualquer aspecto que seja. O Espiritismo mantém uma irretocável coerência doutrinária em todos os seus princípios. É uma doutrina de tal forma sólida que naturalmente repele ser o pensamento fruto de qualquer logística humana.

> *A única garantia séria do ensino dos Espíritos está na concordância que exista entre as revelações que eles façam espontaneamente, por meio de grande número de médiuns estranhos uns aos outros, e em diversos lugares.*
>
> Compreende-se que não se trata aqui das comunicações relativas a interesses secundários, mas das que se referem aos próprios princípios da Doutrina. Prova a experiência que, quando um princípio novo deve ser revelado, ele é ensinado *espontaneamente* em diversos pontos ao mesmo tempo e de modo idêntico, se não quanto à forma, pelo menos quanto ao fundo [...].⁷³

E mais, pondera o Codificador:

> O princípio da concordância é também uma garantia contra as alterações que, em proveito próprio, pretendessem introduzir no Espiritismo as seitas que dele quisessem apoderar-se, acomodando-o à sua vontade. Quem quer que tentasse desviá-lo do seu objetivo providencial fracassaria, pela razão muito simples de que os Espíritos, em virtude da universalidade de seus ensinos, farão cair por terra qualquer modificação que se afaste da verdade.⁷⁴

A concordância doutrinária ou unidade dos princípios espíritas, aliada à universalidade dos ensinos espíritas, garante o método mais adequado para a busca do conhecimento das Leis Universais, eternas e verdadeiras. Estabelece a autoridade necessária à Doutrina que, por si só, elimina as teses que não suportem as provas da concordância e da universalidade, aceitando-as, às vezes, quando muito, apenas como possibilidades e por curto espaço de tempo.

> Esse controle universal é uma garantia para a unidade futura do Espiritismo e anulará todas as teorias contraditórias. É aí que, no futuro, se encontrará o critério da verdade [...].
>
> Assim sucederá a todas as ideias que, emanando dos Espíritos ou dos homens, não possam suportar a prova desse controle, cujo poder ninguém pode contestar. [75]

A autoridade doutrinária calca-se, também, pelo eficaz controle da concordância dos seus princípios, em que um único tijolo não pode ser alheio ao conjunto da obra. Isto se chama unidade doutrinária do Espiritismo. Como afirma Kardec:

> Por grande, justa e bela que seja uma ideia, é impossível que congregue, desde o início, todas as opiniões. Os conflitos que daí decorrem são consequência inevitável do movimento que se opera; eles são mesmo necessários para maior realce da verdade e convém que se produzam desde logo, para que as ideias falsas prontamente sejam postas de lado [...]. Todas as pretensões isoladas cairão, pela força das coisas, diante do grande e poderoso critério do controle universal.[76]

3.2.1.4 A revelação espírita é contínua e progressista

O ensino dos Espíritos é contínuo e as Leis que eles revelam estão registradas na própria Natureza. Dessa forma, torna-se impossível eliminar a Doutrina Espírita de nosso meio, visto ser ela o Consolador (o Espírito de Verdade), que Jesus enviou para ficar conosco eternamente, não podendo, portanto, estar submetida às fragilidades da matéria. Para calar a voz dos Espíritos seria necessário destruir a sua única ferramenta de comunicação com os homens: a mediunidade. E para eliminar a mediunidade do mundo, necessário seria eliminar toda a Humanidade, o que, por lógica, é impossível.

> Um homem pode ser enganado, pode enganar-se a si mesmo; já não será assim, quando milhões de criaturas veem e ouvem a mesma coisa: é uma garantia para cada um e para todos. Além disso, pode fazer-se que desapareça um homem, mas não se pode fazer que desapareçam as coletividades; podem queimar-se os livros, mas não se podem queimar os Espíritos. Ora, ainda que se queimassem todos os livros nem por isso a fonte da Doutrina deixaria de conservar-se menos inesgotável, pela razão mesma de não estar na Terra, de surgir em toda parte e de poderem todos dessedentar-se nela. Na falta de homens [encarnados] para difundi-la, haverá sempre os Espíritos, que atingem a todos e aos quais ninguém pode atingir.[77]

De mesma sorte, não estando este processo de revelação do conhecimento universal submetido às questões da matéria, não se faz passível de nenhum controle humano estabelecido sob a égide das paixões inferiores, tal como feito com as escrituras e a igreja no pretérito. As vozes que ensinam não são controláveis pelos homens porque não tiveram sua origem no plano físico.

> [...] É uma vantagem de que não havia gozado ainda nenhuma das doutrinas surgidas até hoje. Se o Espiritismo, portanto, é uma verdade, não teme o malquerer dos homens nem as revoluções morais, nem as perturbações físicas do globo, porque nada disso pode atingir os Espíritos.
>
> Não é essa, porém, a única vantagem que resulta da sua excepcional posição. O Espiritismo nela encontra poderosa garantia contra as cismas que pudessem ser suscitados, quer pela ambição de alguns, quer pelas contradições de certos Espíritos [...].[78]

Não estando submetida aos desejos de um ou mais homens, sendo-lhes impossível o domínio, a Doutrina Espírita substitui a autoridade das funções, cargos ou excentricidades de um ser pela autoridade moral de um conjunto de princípios incorruptíveis.

3.2.1.5 Racionalidade da fé

A fé espírita, as certezas que o Espiritismo traz a todos os que se dedicam ao seu estudo sério, são oriundas da experiência e da lógica. Kardec nos afirma que *"Fé inabalável é somente a que pode encarar a razão face a face, em todas as épocas da Humanidade"*.[79] Sendo Doutrina de livre pensamento, de livre análise, de livre estudo, pode encarar todas as provas que a racionalidade desapaixonada impuser. Isso a fortalece pois não há compromissos com o erro e, caso alguma inverdade seja descoberta, imediatamente será descartada. A razão, assim, age a favor da Doutrina Espírita, servindo de eficiente vacina contra os equívocos humanos.

> O primeiro controle é, incontestavelmente, o da razão, ao qual é preciso submeter, sem exceção, tudo o que venha dos Espíritos. Toda teoria em notória contradição com o bom senso, com uma lógica rigorosa e com os dados positivos que se possui, deve ser rejeitada, por mais respeitável que seja o nome que traga como assinatura. Esse controle, porém, em muitos casos ficará incompleto, em razão da insuficiência de conhecimentos de certas pessoas e da tendência de muitos a tomar a própria opinião como juízes únicos da verdade [...].[80]

A racionalidade inerente ao Espiritismo reforça toda a sua autoridade científica e filosófica. Fortalece-o a cada passo, visto que, à medida que avança, acautela-se das posições imediatistas e elimina conclusões tão desalinhadas quanto precipitadas.

Dessa maneira, os Espíritos superiores fornecem os meios dos homens alcançarem a sabedoria maior, estimulando-os ao progresso e ao conhecimento sem que lhes furtem o esforço necessário ao amadurecimento.

> Os Espíritos Superiores procedem em suas revelações com extrema sabedoria. Não abordam as grandes questões da Doutrina senão gradualmente, à medida que a inteligência está apta a compreender verdades de ordem mais elevada e quando as circunstâncias são propícias à emissão de uma ideia nova. É por isso que eles não disseram tudo desde o começo, e ainda não o disseram até hoje, jamais cedendo à impaciência de pessoas muito apressadas que querem colher os frutos antes que amadureçam. Seria, pois, supérfluo querer avançar o tempo designado a cada coisa pela Providência, porque, então, os Espíritos realmente sérios negariam o seu concurso. Os Espíritos leviaños, porém, pouco se preocupando com a verdade, respondem a tudo; é por isso que, sobre todas as questões prematuras, há sempre respostas contraditórias.[81]

3.2.1.6 Síntese da autoridade da Doutrina Espírita

a) Não está submetida à vontade humana, visto ser de origem divina.

b) Não é dependente das qualidades de nenhum indivíduo, visto que resulta do trabalho coletivo dos Espíritos.

c) Os ensinamentos espíritas são contínuos e progressistas.

d) Os princípios espíritas têm por base as leis naturais.

e) O Espiritismo utiliza a razão para o seu desenvolvimento ante o avanço da Humanidade.

f) O Espiritismo é a fonte segura do progresso e abarca todos os interesses humanos nos seus aspectos filosóficos, científicos e religiosos ou morais.

g) Cabe ao espírita o esforço permanente do estudo, prática e divulgação dos princípios espíritas.

3.3 NOTÍCIAS HISTÓRICAS

Em sua segunda epístola à comunidade de Coríntios, Paulo de Tarso, o grande divulgador do Cristianismo, nos fala que somos "uma carta do Cristo", e complementa: "[...] escrita não com tinta, mas com o Espírito do Deus vivo, não em tábuas de pedra, mas em tábuas de carne, nos corações".[82]

Mais adiante, afirma que foi Deus "[...] quem nos tornou aptos para sermos ministros de uma Aliança nova, não da letra, e sim do Espírito, pois a letra mata, mas o Espírito comunica a vida."[83]

Paulo mostra-nos que a maior barreira a ser vencida na interpretação das Escrituras Sagradas é aprendermos a desapegar da letra e da forma, a fim de adentrarmos à profundidade filosófico-moral dos textos da *Bíblia*. Quando Paulo de Tarso informa que somos a carta que irá comunicar vida evangélica aos corações humanos, não se refere, obviamente, à carta escrita com as letras usuais da linguagem humana, mas a que reflete experiência e autoridade do discípulo sincero. Ao destacar a importância de transformarmos nossa vida em carta do Cristo, indica que assim só é possível se escrita pela vivência íntima das claridades evangélicas. Somente assim a Mensagem Divina resplandecerá aos que nos observam, possibilitando-lhes leitura insofismável de que o Cristo escreve no íntimo de cada aprendiz sinceramente dedicado a Deus. É como devemos aprender a divulgar o Evangelho. As preleções, os textos, os vocábulos e as ferramentas da comunicação servem apenas como meios de transporte às ideias solidificadas nos corações dos que vivenciam o desafio da autotransformação pela prática dos ensinamentos de Jesus Cristo.

Por muitos anos a Humanidade se acostumou a enxergar os textos bíblicos por meio da especificidade da forma, das evidências históricas e da exatidão das palavras, optando pelo tortuoso caminho dos significados e significações preestabelecidos, que acabam por afastá-la do mapa seguro e transformador dos ensinos do Evangelho, apesar da exortação apostólica. Isto não significa que, para os estudos das escrituras, deva-se ignorar todo o conteúdo histórico em que foram construídas, visto que assim teríamos mais dificuldades que facilidades para encontrarmos o Cristo em cada versículo. Porém, a contextualização dos paradigmas utilizados para transmissão da mensagem não pode, em absoluto, ser igualada à incessante busca pela exatidão histórico-temporal de cada passo das narrativas bíblicas. Arriscamos dizer que a preocupação inquietante com a perícia vocabular, na forma e disposição dos termos, se opõe à compreensão sutil e moral das luzes que se encontram entre as linhas do instrumento da linguagem, seja ele qual for. Em uma palavra, *a letra mata e o espírito vivifica*.

Allan Kardec, quando da elaboração da obra *O evangelho segundo o espiritismo*, não estava alheio à dificuldade do equilíbrio entre a contextualização e a historicidade. Talvez por isso, dedica uma parte da introdução deste livro a explicitar tais preocupações. Diz-nos o ilustre pedagogo:

> Para bem se compreenderem certas passagens dos Evangelhos, é necessário que se conheça o valor de várias palavras neles frequentemente empregadas e que caracterizam o estado dos costumes e da sociedade judia naquela época. Já não tendo para nós o mesmo sentido, essas palavras muitas vezes têm sido mal interpretadas, causando isso uma espécie de incerteza [...].[84]

Ressaltamos que Kardec não intenta estudar as minudências de cada termo, suas regras gramaticais ou seu significado *ipsis literis* (como está escrito), de acordo com a língua dos antigos. Ele nos mostra a importância do valor das palavras. Valor este que é apenas factível dentro dos costumes daquela sociedade. Assim, o significado gramatical de um termo não representa necessariamente paradigma sociocultural. Em todas as culturas a linguagem evolui, toma expansão superior à gramática, passando a ter seu significado no sentido denotativo[2] ou no conotativo.[3] Podemos afirmar que este último é o enfoque dos textos evangélicos.

O Codificador explica, resumidamente, algumas dessas palavras, mas não parece pretender exaurir seu universo, possivelmente para nos dar um caminho, ou chave, de como interpretar o contexto bíblico. Ele se atém, especialmente, a substantivos que são utilizados por qualificações conotativas a partir da visão do povo judeu. Importante destacarmos que as observações sempre têm por referência a visão desse povo, pois ele é, por força das circunstâncias, a base para o entendimento das escrituras. Os paradigmas culturais, as figuras, o sentido conotativo utilizado nos textos, todos partem da visão dos judeus sobre o mundo e a realidade em que viviam. Por este motivo, publicano não é um mero cargo administrativo, o significado de Roma não pode ser limitado ao poder invasor e César é mais que uma simples função de Estado. Kardec ressalta que, para tais termos, "[...] A compreensão de seu significado explica, além disso, o verdadeiro sentido de certas máximas que, à primeira vista, parecem singulares".[85]

Lembramos que a Codificação Bíblica (Antigo e Novo Testamento) foi tarefa da espiritualidade superior tal como a da Codificação Espírita. Ambas são ferramentas da grande e contínua construção da mensagem cristã no mundo. E, como os textos bíblicos estiveram prisioneiros da forma

---

2 **Sentido denotativo:** É o uso direto, literal; é o indicado nos dicionários. É a forma de linguagem usual de jornais, bula de medicamentos ou dos manuais de instrução técnica.
3 **Sentido conotativo:** É o sentido figurado, simbólico, abstrato.

por milênios, ocorreram acréscimos moralmente incorretos nos textos, ainda que a Mensagem Divina permaneça pulsante no Evangelho, sempre referendada por inúmeros Espíritos de escol. O próprio Codificador afirma:

> Sabe-se que a *Bíblia* contém uma porção de passagens em relação com os princípios do Espiritismo. Mas como as encontrar nesse labirinto? Seria preciso fazer desse livro uma leitura atenta, o que poucas pessoas têm tempo e paciência para o fazer. Em algumas, mesmo, sobretudo em razão da linguagem o mais das vezes figurada, a ideia espírita não aparece de maneira clara senão após reflexão.[86]

Desta maneira, nossa interpretação dos textos bíblicos, considerando a visão conotativa e a devida contextualização, sempre objetivará a transformação moral do indivíduo, utilizando os três pilares do método interpretativo: universal, atemporal e exclusivamente moral.

Para um breve exercício de compreensão da linguagem figurada bíblica e dos paradigmas socioculturais do povo judeu, utilizaremos o texto de Allan Kardec que consta da Introdução III de *O evangelho segundo o espiritismo*.

> SAMARITANOS
>
> Após o cisma das dez tribos, Samaria tornou-se a capital do reino dissidente de Israel. Destruída e reconstruída várias vezes, ela foi, sob o domínio romano, a sede administrativa da Samaria, uma das quatro divisões da Palestina. Herodes, chamado o Grande, a embelezou com suntuosos monumentos e, para lisonjear Augusto, deu-lhe o nome de *Augusta*, em grego *Sebaste*.
>
> Os samaritanos estiveram quase sempre em guerra com os reis de Judá. Aversão profunda, datando da época da separação, perpetuou-se entre os dois povos que evitavam todas as relações recíprocas. Os samaritanos, para tornarem mais profunda a cisão e não terem de vir a Jerusalém pela celebração das festas religiosas, construíram para si um templo particular e adotaram algumas reformas. Somente admitiam o Pentateuco, que continha a lei de Moisés, e rejeitavam todos os outros livros, que a esse foram depois anexados. Seus livros sagrados eram escritos em caracteres hebraicos da mais alta antiguidade. Aos olhos dos judeus ortodoxos, eles eram heréticos e, portanto, desprezados, anatematizados e perseguidos. O antagonismo das duas nações tinha, pois, por único princípio a divergência das opiniões religiosas, embora suas crenças tivessem a mesma origem. Eram os *protestantes* daquele tempo.
>
> Ainda hoje se encontram samaritanos em algumas regiões do Mediterrâneo oriental, particularmente em Nablus e em Jaffa. Observam a lei de Moisés com mais rigor que os outros judeus e só se casam entre si.[87]

Por esse entendimento, recordamos da parábola do *Bom Samaritano*, ensinada por Jesus.[88] Nesta passagem, que representa o símbolo universal da prática da caridade, o Mestre Nazareno utiliza-se da concepção que os judeus tinham dos samaritanos para lhes ensinar que todos podemos ter ideias e convicções religiosas divergentes, de acordo com o entendimento próprio, mas que qualquer pessoa, mesmo os que ainda não consigam enxergar de imediato as claridades intelectuais dos Céus, se tiverem boa vontade no coração, são utilizados como ferramenta divina. Assim, até os samaritanos, que na concepção do judaísmo eram os desviados de Deus porque apresentavam uma forma diferente de interpretar as escrituras, considerada corrompida, serviram de instrumentos da Divindade ao atender o chamado celestial para a prática do amor ao próximo. A propósito, Jesus afirma, em outra oportunidade: "Nem todo o que me diz Senhor, Senhor! entrará no Reino dos Céus, mas aquele que faz a vontade de meu Pai que está nos Céus" (*Mateus*, 7:21).[89]

> NAZARENOS
>
> Nome dado, na antiga lei, aos judeus que faziam voto ou perpétuo ou temporário de guardar perfeita pureza. Eles se comprometiam a observar a castidade, a abster-se de bebidas alcoólicas e a conservar a cabeleira. Sansão, Samuel e João Batista eram nazarenos.
>
> Mais tarde, os judeus deram esse nome aos primeiros cristãos, por alusão a Jesus de Nazaré.
>
> Esse foi também o nome de uma seita herética dos primeiros séculos da Era Cristã, a qual, do mesmo modo que os ebionitas, de quem adotava certos princípios, misturava as práticas mosaicas com os dogmas cristãos. Essa seita desapareceu no século quarto.[90]

Há diversas citações bíblicas a respeito da palavra *nazareno*, inclusive referindo-se a Jesus. No Novo Testamento, ele é citado como "o nazareno", "o nazareu" ou "nazireu" como qualificação pessoal, visto que, após o retorno do Egito, Maria, José e Jesus fixaram residência em Nazaré, mas sabemos, contudo, que ele nasceu em Belém da Galileia. Há estudiosos[91] que fornecem significados diferentes às palavras quando são aplicadas a Jesus: uns acreditam que significa pessoa consagrada a Deus; outros afirmam que, possivelmente, tem o significado de humilde porque, sendo o Cristo, foi viver em Nazaré, uma cidade considerada de baixo prestígio;[92] outros acreditam que Jesus era chamado o Nazareno porque utilizava hábitos (vestimenta, cabelos longos etc.), à moda dos nazarenos; outros ainda afirmam, inclusive, que o título foi utilizado para se referir a uma seita do judaísmo, em que a pessoa (o *nazireu*) vivia separada dos demais para consagrar-se a Javé; ou, ainda, refere-se àquele que seria o último galho da tribo de Davi (o *renovo*).⁹³ Essas e outras suposições são indicativas de que não há, efetivamente, um consenso.

PUBLICANOS

Assim eram chamados, na antiga Roma, os cavalheiros arrendatários das taxas públicas, encarregados da cobrança dos impostos e das rendas de toda natureza, quer na própria Roma, quer nas outras partes do Império. Assemelhavam-se aos arrendatários gerais e arrematadores de taxas do antigo regime na França e que ainda existem em algumas regiões.

Os riscos que eles corriam faziam com que se fechassem os olhos para as riquezas que muitas vezes adquiriam e que, da parte de muitos, eram fruto de exações e de lucros escandalosos. O nome *publicano* se estendeu mais tarde a todos os que administravam o dinheiro público e aos agentes subalternos. Hoje esse termo se emprega em sentido pejorativo para designar os financistas e os agentes pouco escrupulosos de negócios. Diz-se às vezes: "Ávido como um publicano, rico como um publicano", com referência a uma fortuna de má procedência.

De toda a dominação romana, o imposto foi o que os judeus aceitaram com mais dificuldade e o que causou mais irritação entre eles. Dele resultaram várias revoltas, fazendo-se do caso uma questão religiosa, por ser considerado contrário à lei. Formou-se até um partido poderoso, em cuja chefia estava um certo Judá, apelidado o Gaulonita, que estabelecera como princípio o não pagamento do imposto. Os judeus tinham, portanto, horror ao imposto e, em consequência, a todos os que se encarregavam de arrecadá-lo. Daí a aversão que votavam aos publicanos de todas as categorias, entre os quais podiam encontrar-se pessoas muito estimáveis, mas que, em virtude de suas funções, eram desprezadas, assim como as pessoas de suas relações e confundidos na mesma reprovação. Os judeus de destaque consideravam um comprometimento ter intimidade com eles.⁹⁴

Não há dificuldades em compreendermos a aversão do povo judeu para os que lhes cobravam impostos, não raro abusivos. Esta aversão e o desejo de se desobrigar de tal submissão fica claro neste breve diálogo entre os fariseus e Jesus:

Dize-nos, pois, que te parece: é lícito pagar o tributo a César, ou não?

Jesus, porém, conhecendo a sua malícia, disse: Por que me experimentais, hipócritas?

Mostrai-me a moeda do tributo. E eles lhe apresentaram um dinheiro.

E ele diz-lhes: De quem é esta efígie e esta inscrição?

Disseram-lhe eles: De César. Então ele lhes disse: Dai pois a César o que é de César, e a Deus o que é de Deus.⁹⁵

Portageiros

Eram os arrecadadores de baixa categoria, incumbidos principalmente dos direitos de entrada nas cidades. Suas funções correspondiam mais ou menos à dos empregados de alfândega e recebedores de direitos de barreira. Compartilhavam da repulsa dirigida aos publicanos em geral. Essa a razão por que, no Evangelho, encontra-se frequentemente o nome de *publicano* associado à expressão *gente de má vida*. Tal qualificação não implicava a de debochados ou vagabundos; era um termo de desprezo, sinônimo de *gente de má companhia*, indignas de conviver com *pessoas distintas*.[96]

Fariseus

(Do hebreu *parasch* = divisão, separação) – A tradição constituía parte importante da teologia dos judeus. Consistia numa compilação das interpretações sucessivas dadas sobre o sentido das Escrituras e tornadas artigos de dogma. Entre doutores, constituía assunto de discussões intermináveis, na maioria das vezes sobre simples questões de palavras ou de formas, no gênero das disputas teológicas e das sutilezas da escolástica da Idade Média. Daí nasceram diferentes seitas, cada uma das quais pretendia ter o monopólio da verdade, detestando-se cordialmente entre si, como acontece quase sempre.

Entre essas seitas, a mais influente era a dos *fariseus*, que teve por chefe *Hillel*, doutor judeu nascido na Babilônia, fundador de uma escola célebre, onde se ensinava que só se devia depositar fé nas Escrituras. Sua origem remonta a 180 ou 200 anos antes de Jesus Cristo. Os fariseus foram perseguidos em diversas épocas, especialmente sob Hircano — soberano pontífice e rei dos judeus —, Aristóbulo e Alexandre, rei da Síria. No entanto, como este último lhes restituiu as honras e os bens, os fariseus recobraram seu poder e o conservaram até a *ruína de Jerusalém,* no ano 70 da Era Cristã, quando então o seu nome desapareceu, em consequência da dispersão dos judeus.

Os fariseus tomavam parte ativa nas controvérsias religiosas. Servis observadores das práticas exteriores do culto e das cerimônias, cheios de um zelo ardente de proselitismo, inimigos dos inovadores, afetavam grande severidade de princípios, mas, sob as aparências de meticulosa devoção, ocultavam costumes dissolutos, muito orgulho e, acima de tudo, excessiva ânsia de dominação. Para eles, a religião era mais um meio de chegarem a seus fins, do que objeto de fé sincera. Da virtude só guardavam a ostentação e as exterioridades, embora exercessem, com isso, grande influência sobre o povo, a cujos olhos passavam por santas criaturas. Essa a razão por que eram muito poderosos em Jerusalém.

Acreditavam, ou, pelo menos, fingiam acreditar na Providência, na imortalidade da alma, na eternidade das penas e na ressurreição dos mortos (cap. 4, it. 4). Jesus, que prezava sobretudo a simplicidade e as qualidades do coração, que, na lei, preferia o *espírito que vivifica, à letra, que mata*, se aplicou, durante toda a sua missão, a lhes desmascarar a hipocrisia, transformando-os, em consequência disso, em seus inimigos obstinados. É por isso que eles se ligaram aos príncipes dos sacerdotes para amotinar o povo contra Jesus e eliminá-lo.[97]

Fariseu, no sentido conotativo, representa pessoa que se apresenta segundo a aparência, adotando comportamentos que impressionam os olhos humanos, que projetam imagem social para chamar a atenção. Condição completamente diferente do indivíduo humilde, que se mostrar tal como é: alguém que se esforça em se transformar para melhor, como aprendiz do Evangelho.

Escribas

Nome dado, a princípio, aos secretários dos reis de Judá e a certos intendentes dos exércitos judeus. Mais tarde, foi aplicado especialmente aos doutores que ensinavam a lei de Moisés e a interpretavam para o povo. Faziam causa comum com os fariseus, de cujos princípios partilhavam, bem como da antipatia que aqueles votavam aos inovadores. Por isso Jesus os confundia na mesma reprovação.[98]

Em sentido figurado, o termo *escriba*, quando utilizado nas passagens bíblicas, pode representar a vaidade humana do intelecto ou saber que, em geral, espera o reconhecimento dos homens. Vaidade manifestada até os dias atuais, inclusive no meio espírita, que assombra as almas invigilantes, ainda que estas se dediquem ao estudo evangélico. Vaidade que se satisfaz mais com a retórica do que com a experiência dos preceitos divinos.

Sinagoga

(Do grego *synagogé* = assembleia, congregação) – Só havia na Judeia um único templo, o de Salomão, em Jerusalém, onde se celebravam as grandes cerimônias do culto. Os judeus para lá se dirigiam todos os anos, em peregrinação para as festas principais, como as da Páscoa, da Dedicação e dos Tabernáculos. Por ocasião dessas festas é que Jesus viajou algumas vezes para lá. As outras cidades não possuíam templos, mas sinagogas, edifícios nos quais os judeus se reuniam aos sábados para fazer preces públicas, sob a chefia dos anciães, dos escribas ou doutores da lei. Nelas também se faziam leituras tiradas dos livros sagrados, seguidas de explicações e comentários, a que cada um podia tomar parte. É por isso que Jesus, sem ser sacerdote, ensinava aos sábados nas sinagogas.

Desde a ruína de Jerusalém e a dispersão dos judeus, as sinagogas, nas cidades por eles habitadas, servem-lhes de templos para a celebração do culto.[99]

As sinagogas estavam e ainda estão espalhadas pelas cidades judaicas e, atualmente, são encontradas em todas as partes do Ocidente. Diferentemente da representatividade do Templo de Salomão que, simbolicamente, era único e autorizado por Deus, as sinagogas foram construídas pelo povo judeu para que todos pudessem encontrar um local de culto a Deus, de oração e de reflexão das Leis Divinas. Representam um lugar de reunião de almas que buscam, a seu modo, a conexão com o Alto. Extrapolam a representatividade de edificações materiais, mas é um espaço onde os adeptos procuram ter consonância moral, atemporal e universal em relação a Deus e à prática das Leis Divinas.

SADUCEUS

Seita judia, que se formou por volta do ano 248 antes de Jesus Cristo, assim chamada por causa de *Sadoque*, seu fundador. Os saduceus não acreditavam na imortalidade da alma nem na ressurreição, nem nos anjos bons e maus. Entretanto, acreditavam em Deus, mas, nada esperando após a morte, só o serviam tendo em vista recompensas temporais, ao que, segundo eles, se limitava a sua providência. Assim, a satisfação dos sentidos constituía para eles o objetivo essencial da vida. Quanto às Escrituras, atinham-se ao texto da lei antiga, não admitindo nem a tradição, nem qualquer interpretação. Colocavam as boas obras e a observância pura e simples da lei acima das práticas exteriores do culto. Eram, como se vê, os materialistas, os deístas e os sensualistas da época. Essa seita era pouco numerosa, embora contasse em seu seio importantes personagens; tornou-se um partido político oposto constantemente aos fariseus.[100]

Em termos conotativos ou figurados *saduceu* difere de *fariseu* e de *escriba*. *Saduceu* representaria o materialismo que cada um ainda carrega dentro de si, paradoxalmente associado à crença na divindade. Seriam as atitudes do ser de entregar-se às imprevidências dos sentidos, por um lado, e, por outro, alinhar-se à crença em Deus.[101] Saduceu seria a semente que caiu no meio dos espinhos, da *Parábola do Semeador*: "O que foi semeado entre os espinhos é aquele que ouve a Palavra, mas os cuidados do mundo e a sedução da riqueza sufocam a Palavra e ela se torna infrutífera".[102]

Apesar dos termos *saduceu* e *fariseu* aparecerem frequentemente juntos nas exortações do Cristo, há casos em que estas qualificações estão separadas. Por exemplo: "E os fariseus, ouvindo que ele fizera emudecer os saduceus, reuniram-se no mesmo lugar. E um deles, doutor da lei, interrogou-o para o experimentar, dizendo: Mestre, qual é o grande mandamento da lei?" (*Mateus*, 22:34 a 36).[103] Nessa passagem vemos que Jesus, representando o Verbo de Deus depositado em nossa consciência, ensina que teremos de vencer não apenas o materialismo e as satisfações dos sentidos (*saduceus*) mas também a vaidade e o orgulho (*escriba* e *fariseu*), imperfeições que dificultam a ascensão espiritual, afastando o indivíduo dos deveres impostos pela voz da consciência, que indica o caminho correto a seguir em relação a Deus e ao próximo.

O próximo termo, *essênios*, não se encontra explícito nos textos bíblicos. Porém, sabiamente, o Codificador do Espiritismo fez questão de expô-lo, junto aos demais, na introdução de *O evangelho segundo o espiritismo*.

ESSÊNIOS

Seita judia, fundada por volta do ano 150 antes de Jesus Cristo, ao tempo dos macabeus, e cujos membros, habitando uma espécie de mosteiro, formavam entre si um tipo de associação moral e religiosa. Distinguiam-se pelos costumes brandos e pelas virtudes austeras, ensinavam o amor a Deus e ao próximo, a imortalidade da alma e acreditavam na ressurreição. Viviam em celibato, condenavam a escravidão e a guerra, punham em comunhão os seus bens e se entregavam à agricultura. Contrários aos saduceus sensuais, que negavam a imortalidade, bem como aos fariseus de rígidas práticas exteriores e de virtudes apenas aparentes, nunca os essênios tomaram parte nas querelas que dividiram essas duas seitas. Seu gênero de vida se assemelhava ao dos primeiros cristãos, e os princípios da moral que professavam levaram algumas pessoas a supor que Jesus fizera parte dessa seita, antes do começo de sua missão pública. É certo que o Mestre deve tê-la conhecido, mas nada prova que se houvesse filiado a ela, sendo, pois, hipotético tudo quanto se escreveu a esse respeito.[104]

TERAPEUTAS

(Do grego *therapeutés*, formado de *therapeuein*, servir, cuidar, isto é: servidores de Deus ou curadores) – Eram sectários judeus contemporâneos do Cristo, estabelecidos principalmente em Alexandria, no Egito. Tinham muita relação com os essênios, cujos princípios adotavam, aplicando-se, como esses últimos, à prática de todas as virtudes. Sua alimentação era extremamente frugal. Devotados ao celibato, à contemplação e à vida solitária, constituíam uma verdadeira ordem religiosa. Fílon, filósofo judeu platônico, de Alexandria, foi o primeiro a falar dos terapeutas; considerou-a uma seita do Judaísmo. Eusébio, São Jerônimo e outros pais da Igreja pensam que eles eram cristãos. Fossem judeus ou cristãos, o que é evidente é que, do mesmo modo que os essênios, eles representam o traço de união entre o Judaísmo e o Cristianismo.[105]

3.4 INTRODUÇÃO IV: SÓCRATES E PLATÃO, PRECURSORES DA IDEIA CRISTÃ E ESPÍRITA

Iniciamos neste estudo a análise da Introdução IV *de O evangelho segundo o espiritismo*, que faz referências a citações de Sócrates, por intermédio de

Platão, ambos considerados precursores das ideias cristãs e espíritas. Como se trata de um item que nem sempre é estudado com a devida atenção, o estamos dividindo em quatro partes, assim especificadas:

I Tópicos I a VI;

II Tópicos VII a XI;

III Tópicos XII a XVI;

IV Tópicos XVII a XXI.

Allan Kardec afirma que "[...] as grandes ideias jamais irrompem de súbito. As que se baseiam na verdade sempre têm precursores que lhes preparam parcialmente os caminhos. Depois, quando é chegado o tempo, Deus envia um homem com missão de resumir, coordenar e complementar os elementos esparsos e, com eles, formar um corpo de doutrina".[106]

A maior de todas as revelações que nosso planeta já presenciou teve a necessidade de arar a terra das mentes e dos corações humanos durante séculos para que a árvore do Cristianismo pudesse dar seus frutos. Neste raciocínio, Kardec afirma: "Assim aconteceu com a ideia cristã, que foi pressentida muitos séculos antes de Jesus e dos essênios, e da qual Sócrates e Platão foram os principais precursores".[107]

O Espiritismo não poderia fugir a essa regra. Não há, na Doutrina Espírita, a pretensão de provocar mudanças abruptas na Humanidade ou a aceitação imediata das luzes que traz, visto que o progresso requer, sempre, a colaboração do tempo para cimentar-se.

> Seria conhecer bem pouco os homens imaginar que uma causa qualquer pudesse transformá-los como que por encanto. As ideias se modificam pouco a pouco, conforme os indivíduos, e é preciso que passem algumas gerações para que se apaguem completamente os vestígios dos velhos hábitos. A transformação, portanto, só poderá operar-se com o tempo, gradualmente e de modo progressivo. A cada geração, uma parte do véu se dissipa.[108]

A revelação das Leis Divinas se faz, portanto, de modo contínuo, desde os primórdios da civilização, sob a égide de Jesus Cristo. Assim também acontece com as revelações de cunho filosófico e científico: "Deste ponto de vista, todas as ciências que nos fazem conhecer os mistérios da Natureza são revelações e se pode dizer que há para a Humanidade uma revelação incessante [...]".[109] Entretanto, devido às características especiais da elevação moral, Kardec separa essa revelação contínua em três: "[...] O Cristo e Moisés foram os dois grandes reveladores que mudaram a face do mundo e nisso está a prova da sua missão divina. Uma obra puramente humana não teria tal poder".[110] O terceiro é a própria Doutrina Espírita.

Além dessas três principais revelações divinas ao mundo, de tempos em tempos, Jesus envia *homens de gênio* para impulsionar o progresso humano em todas as áreas do saber. O Codificador relata:

> Os homens progridem incontestavelmente por si mesmos e pelos esforços da sua inteligência. Mas, entregues às próprias forças, só muito lentamente progrediriam, se não fossem auxiliados por outros mais adiantados, como o estudante o é pelos professores. Todos os povos tiveram homens de gênio, que surgiram em diversas épocas para impulsioná-los e tirá-los da inércia.[111]

Entre esses *homens de gênio* podemos facilmente destacar, pela essência cristã dos seus ensinos, a figura iluminada de Sócrates.

> A moral que os Espíritos ensinam é a do Cristo, em virtude de não haver outra melhor. Mas, então, de que serve o ensino deles, se apenas repetem o que já sabemos? Outro tanto se poderia dizer da moral do Cristo, ensinada quinhentos anos antes por Sócrates e Platão em termos quase idênticos.[112]

Sócrates esteve encarnado entre os anos 500 e 400 antes da era cristã. Nascido em Atenas, na Grécia, pouco se sabe sobre ele. O que sabemos veio por intermédio de seus discípulos, notoriamente Platão, visto que Sócrates nada escreveu. O filósofo é um dos maiores pensadores de todos os tempos e sua filosofia até hoje demonstra profundidade ímpar. Muito à frente da sua época, foi acusado de corromper a juventude com suas ideias, sendo condenado à morte por envenenamento, obrigado a ingerir cicuta, extraída de uma planta venenosa.

O Espírito que conhecemos pelo nome de Sócrates veio ao mundo enviado pelo Senhor, a fim de preparar a Humanidade para as ideias cristãs, que o Cristo anunciaria mais tarde.

> É por isso que, de todas as grandes figuras daqueles tempos longínquos, somos compelidos a destacar a grandiosa figura de Sócrates, na Atenas antiga.
>
> Superior a Anaxágoras, seu mestre, como também imperfeitamente interpretado pelos seus três discípulos mais famosos, o grande filósofo está aureolado pelas mais divinas claridades espirituais, no curso de todos os séculos planetários. Sua existência, em algumas circunstâncias, aproxima-se da exemplificação do próprio Cristo. Sua palavra confunde todos os Espíritos mesquinhos da época e faz desabrochar florações novas de sentimento e cultura na alma sedenta da mocidade. Nas praças públicas, ensina à infância e à juventude o famoso ideal da fraternidade e da prática do bem, lançando as sementes generosas da solidariedade dos pósteros.[113]

Se olharmos a imensa estrada do tempo, vemos que, cinco séculos antes de Jesus, o grande filósofo renasceu no planeta. Jesus encaminhou até nós o seu enviado, que nos revelou ideias divinas preparando a Humanidade para o Cristianismo o qual, como se percebe, não surgiu de maneira inesperada ou de improviso. Foi planejado secularmente, aguardando o caminhar do progresso humano para manifestar-se no tempo e momento adequados, sedimentado pelo maior exemplo moral que poderíamos ter: Jesus Cristo.

3.4.1 SÓCRATES E PLATÃO, PRECURSORES DA IDEIA CRISTÃ E ESPÍRITA (TÓPICOS I A VI)[114]

O presente tema do programa *O Evangelho Redivivo* propõe-se a estudar além do prefácio, a introdução da obra *O evangelho segundo o espiritismo*, parte que nem sempre recebe leitura mais atenta pelos espíritas, razão pela qual procuraremos reproduzir as ideias de Allan Kardec, que constam neste livro, ainda que, ocasionalmente, apresentemos alguma correlação com outras obras da Codificação.

> I. O homem é uma *alma encarnada*. Antes da sua encarnação, existia unida aos tipos primordiais, às ideias do verdadeiro, do bem e do belo; separa-se deles, encarnando e, *recordando o seu passado*, é mais ou menos atormentada pelo desejo de voltar a ele.[115]

Comentário de Allan Kardec:

> Não se pode enunciar mais claramente a distinção e a independência entre o princípio inteligente e o princípio material. É, além disso, a doutrina da preexistência da alma; da vaga intuição que ela guarda de um outro mundo, a que aspira; da sua sobrevivência ao corpo; da sua saída do mundo espiritual, para encarnar, e da sua volta a esse mesmo mundo, após a morte. É, finalmente, o germe da doutrina dos anjos decaídos.[116]

Duas ideias principais se destacam no texto de Sócrates, registrado por Platão: a) somos Espíritos imortais que temporariamente envergamos um corpo físico (*alma encarnada*); b) antes da encarnação vivíamos como Espíritos em outro plano de vida: o mundo espiritual. Essas ideias se encontram registradas em *O livro dos espíritos,* assim:

> Os seres materiais constituem o mundo visível ou corpóreo, e os seres imateriais, o mundo invisível ou espiritual, isto é, dos Espíritos.
>
> O mundo espiritual é o mundo normal, primitivo, eterno, preexistente e sobrevivente a tudo.

> O mundo corporal é secundário; poderia deixar de existir, ou não ter existido jamais, sem alterar a essência do mundo espiritual.
>
> Os Espíritos revestem temporariamente um envoltório material perecível, cuja destruição pela morte lhes restitui a liberdade.
>
> [...]
>
> A alma é um Espírito encarnado, sendo o corpo apenas o seu envoltório.[117]
>
> II. A alma se transvia e se perturba, quando se serve do corpo para considerar qualquer objeto; tem vertigem, como se estivesse ébria, porque se prende a coisas que estão, por sua natureza, sujeitas a mudanças; ao passo que, quando contempla a sua própria essência, dirige-se para o que é puro, eterno, imortal, e, sendo ela da mesma natureza, permanece aí ligada, por tanto tempo quanto possa. Cessam então os seus transviamentos, pois que está unida ao que é imutável e a esse estado da alma é que se chama *sabedoria*."[118]

Comentário de Kardec:

> Assim, o homem que considera as coisas de baixo, terra a terra, do ponto de vista material, vive iludido. Para as apreciar com justeza, é preciso vê-las do alto, isto é, do ponto de vista espiritual. A verdadeira sabedoria deve, portanto, de algum modo, isolar a alma do corpo, para ver com os olhos do Espírito. É o que ensina o Espiritismo (cap. 2, it. 5).[119]

Os materialistas e todas as demais pessoas que não admitem a preexistência e sobrevivência do Espírito têm muita dificuldade em entender esse conceito milenar. Condição que os fazem apegar às coisas materiais, por si mesmas transitórias, nem sempre impondo limites às paixões e sentimentos inferiores. O homem começa a melhorar-se, moral e intelectualmente, quando passa a compreender que a vida continua, plena e intensa, após a morte do corpo físico, e que no futuro retornará a novas existências corporais, sempre que necessárias.

> A ideia clara e precisa que se faça da vida futura dá uma fé inabalável no porvir, e essa fé tem consequências enormes sobre a moralização dos homens, porque muda completamente o ponto de vista sob o qual eles encaram a vida terrena. Para quem se coloca, pelo pensamento, na vida espiritual, que é indefinida, a vida corpórea se torna simples passagem, breve estação num país ingrato. As vicissitudes e tribulações dessa vida não passam de incidentes que ele suporta com paciência, pois sabe que são de curta duração e devem ser seguidas por um estado mais feliz. A morte nada mais terá de assustador; deixa de ser a porta que se abre para o nada para ser a porta da libertação que faculta ao exilado a entrada numa morada de felicidade e de paz. Sabendo que está num lugar temporário, e não definitivo, o homem encara as preocupações da vida com mais indiferença, resultando-lhe daí uma calma de espírito que abranda as suas amarguras.

Pelo simples fato de duvidar da vida futura, o homem dirige todos os seus pensamentos para a vida terrestre. Incerto quanto ao futuro, dá tudo ao presente. Não entrevendo bens mais preciosos que os da Terra, porta-se qual criança que nada mais vê além de seus brinquedos e tudo faz para os obter. A perda do menor deles causa-lhe pungente mágoa; um engano, uma decepção, uma ambição insatisfeita, uma injustiça de que seja vítima, o orgulho ou a vaidade feridos são outros tantos tormentos que transformam sua existência numa angústia perpétua, *infligindo-se a si próprio verdadeira tortura de todos os instantes* [...].[120]

III. Enquanto tivermos o nosso corpo e a alma se achar mergulhada nessa corrupção, nunca possuiremos o objeto dos nossos desejos: a verdade. Com efeito, o corpo nos suscita mil obstáculos pela necessidade em que nos achamos de cuidar dele. Além disso, ele nos enche de desejos, de apetites, de temores, de mil quimeras e de mil tolices, de maneira que, com ele, é impossível sermos sábios, ainda que por um instante. Mas se não nos é possível conhecer puramente coisa alguma, enquanto a alma nos está ligada ao corpo, de duas uma: ou jamais conheceremos a verdade ou só a conheceremos após a morte. Libertos da loucura do corpo, conversaremos então, é lícito esperar, com homens igualmente libertos e conheceremos, por nós mesmos, a essência das coisas. Essa a razão por que os verdadeiros filósofos se exercitam em morrer, e a morte não lhes parece terrível de modo algum.[121]

Kardec comenta: "Está aí o princípio das faculdades da alma obscurecidas em razão dos órgãos corpóreos, e o da expansão dessas faculdades depois da morte. Mas não se trata aqui senão de almas de escol, já depuradas; o mesmo não se dá com as almas impuras".[122]

Não restam dúvidas de que o corpo físico exerce poderosa influência nas ações do Espírito, quando se considera as necessidades orgânicas básicas, fundamentais para a sobrevivência: fome, sede e perpetuação da espécie (reprodução), entre outras. A ação hormonal e dos nutrientes impõem condições ao funcionamento do corpo que, na sua ausência ou excesso, refletem diretamente na mente do Espírito, alterando o teor das ideias e do comportamento humano. Vemos, então, que se por um lado o temor da morte é instintivo, existente na natureza humana para que esta se perpetue como espécie, por outro lado, o excessivo apego às necessidades da matéria representa uma prisão para o Espírito que evolui pouco nos aspectos intelectuais e morais, como explica Allan Kardec:

> O temor da morte é um efeito da sabedoria da Providência e uma consequência do instinto de conservação comum a todos os seres vivos. Ele é necessário enquanto o homem não estiver suficientemente esclarecido sobre as condições da vida futura, como contrapeso ao arrastamento que, sem esse freio, o levaria

a deixar prematuramente a vida terrena e a negligenciar o trabalho que deve servir ao seu próprio adiantamento."[123]

[...] À medida que o homem compreende melhor a vida futura, o temor da morte diminui; compreendendo melhor a sua missão terrena, aguarda-lhe o fim com mais calma, resignação e serenidade. A certeza da vida futura dá-lhe outro curso às ideias, outro objetivo aos seus trabalhos; antes de ter essa certeza ele só cuida da vida atual; depois de adquiri-la, trabalha com vistas ao futuro sem negligenciar o presente, porque sabe que o porvir depende da boa ou da má direção que der à vida atual. A certeza de reencontrar os amigos depois da morte, de reatar as relações que tivera na Terra, *de não perder um só fruto do seu trabalho*, de engrandecer-se incessantemente em inteligência e perfeição, dá-lhe paciência para esperar e coragem para suportar as fadigas momentâneas da vida terrena. [...].[124]

IV. A alma impura, nesse estado, encontra-se oprimida e se vê de novo arrastada para o mundo visível, pelo horror do que é invisível e imaterial. Erra, então, em torno dos monumentos e dos túmulos, junto aos quais já se têm visto tenebrosos fantasmas, como devem ser as imagens das almas que deixaram o corpo sem estarem ainda inteiramente puras, que ainda conservam alguma coisa da forma material, o que faz com que a vista humana possa percebê-las. Não são as almas dos bons, mas as dos maus, que se veem forçadas a vagar nesses lugares, onde arrastam consigo a pena da primeira vida que tiveram e onde continuam a vagar até que os apetites inerentes à forma material de que se revestiram as reconduzam a um corpo. Então, sem dúvida, retomam os mesmos costumes que durante a primeira vida constituíam o objeto de suas predileções.[125]

Comentário do Codificador:

Não somente o princípio da reencarnação se acha aí claramente expresso, mas também o estado das almas que ainda se mantêm sob o jugo da matéria é descrito tal qual o mostra o Espiritismo nas evocações. Mais ainda: é dito que a reencarnação num corpo material é consequência da impureza da alma, enquanto as almas purificadas se encontram isentas de reencarnar. O Espiritismo não diz outra coisa, acrescentando apenas que a alma, que tomou boas resoluções na erraticidade e que possui conhecimentos adquiridos, traz, ao renascer, menos defeitos, mais virtudes e ideias intuitivas do que tinha na sua existência precedente. Assim, cada existência marca para ela um progresso intelectual e moral.[126]

A encarnação e as sucessivas reencarnações são uma necessidade evolutiva do Espírito. É princípio básico ensinado pelo Espiritismo. No mundo extrafísico onde o Espírito passa a viver, após a desencarnação, ele é categorizado como *Espírito errante*, isto é, aquele que ainda precisa reencarnar. Quando o Espírito alcança o estágio de *Espírito puro*,[127] ele não é mais obrigado a reencarnar, pois atingiu o estado de perfeição espiritual. Ele só reencarna se quiser, mas não é obrigado. A obrigatoriedade da reencarnação é somente para o Espírito errante. Eis como nos ensinam os Espíritos orientadores:

> Deixando o corpo, a alma volta ao mundo dos Espíritos, de onde havia saído, para recomeçar uma nova existência material, após um lapso de tempo mais ou menos longo, durante o qual permanece no estado de Espírito errante.
>
> Tendo o Espírito que passar por muitas encarnações, conclui-se que todos nós tivemos muitas existências e que teremos ainda outras, mais ou menos aperfeiçoadas, quer na Terra, quer em outros mundos.
>
> A encarnação dos Espíritos ocorre sempre na espécie humana; seria erro acreditar-se que a alma ou Espírito possa encarnar no corpo de um animal.
>
> As diferentes existências corpóreas do Espírito são sempre progressivas e jamais retrógradas, mas a rapidez do seu progresso depende dos esforços que faça para chegar à perfeição.[128]

Outro importante ensinamento de Sócrates, inserido no tópico IV, diz respeito ao estado de felicidade e infelicidade do Espírito quando ele regressa ao mundo espiritual. Tudo está relacionado às ações que executou quando se encontrava encarnado. Os Espíritos desencarnados

> [...] Sofrem por efeito das paixões cujo princípio conservaram, ou são felizes segundo sejam mais ou menos desmaterializados. No estado errante, o Espírito entrevê o que lhe falta para ser mais feliz, e então procura os meios de alcançá-lo. Mas nem sempre lhe é permitido reencarnar conforme sua vontade, o que constitui, para ele, uma punição.[129]

Há, contudo, desencarnados que retardam a sua evolução, porque não conseguem se libertar, de imediato, das pessoas e dos interesses deixados na vida corpórea. Muitas vezes estabelecem relações de mágoas ou de amor doentio, de ligações viciosas, apegando-se às sensações materiais. Tudo isto resulta em sofrimento para si mesmos e para outros Espíritos, encarnados ou desencarnados, com os quais se acham vinculados.

> V. Após a nossa morte, o gênio (*daïmon*, demônio) que nos fora designado durante a vida, leva-nos a um lugar onde se reúnem todos os que têm de ser conduzidos ao *Hades*, para serem julgados. As almas, depois de haverem estado no *Hades* o tempo necessário, são reconduzidas a esta vida em múltiplos e longos períodos.[130]

Comenta Kardec: "É a doutrina dos anjos da guarda ou Espíritos protetores, e das reencarnações sucessivas, após intervalos mais ou menos longos de erraticidade".[131]

Sócrates refere-se a um julgamento para onde seremos conduzidos pelo Espírito guardião, ou outro Espírito protetor. O Espiritismo esclarece que o julgamento que acontece não é na forma de tribunais de justiça, onde há acusadores e defensores do nosso comportamento. As palavras de Sócrates devem ser entendidas no sentido simbólico, alegórico, pois o julgamento que ocorre é sempre em nível da nossa consciência, que nos aponta faltas ou ações no bem. Os orientadores espirituais nos esclarecem a respeito em *O livro dos espíritos*:

> Questão 159: *Que sensação experimenta a alma no momento em que se reconhece no mundo dos Espíritos?*
>
> Resposta: Depende. Se praticaste o mal com o desejo de o fazer, no primeiro momento te sentirás envergonhado de o haveres praticado. Para o justo, é bem diferente: a alma se sente como que aliviada de grande peso, pois não teme nenhum olhar investigador.[132]
>
> VI. Os demônios ocupam o espaço que separa o céu da Terra; constituem o laço que une o Grande Todo a si mesmo. Não entrando nunca a Divindade em comunicação direta com o homem, é por intermédio dos demônios que os deuses se relacionam e conversam com ele, quer durante a vigília, quer durante o sono.[133]

Novamente, o Codificador do Espiritismo comenta:

> A palavra *daïmon*, da qual fizeram o termo demônio, não era, na Antiguidade, tomada em mau sentido, como nos tempos modernos. Não designava exclusivamente seres malfazejos, mas todos os Espíritos em geral, dentre os quais se destacavam os Espíritos superiores, chamados *deuses*, e os menos elevados ou demônios propriamente ditos, que se comunicavam diretamente com os homens. O Espiritismo também afirma que os Espíritos povoam o Espaço; que Deus só se comunica com os homens por intermédio dos Espíritos puros, encarregados de transmitir suas vontades; que os Espíritos se comunicam com eles durante a vigília e durante o sono. Substituí a palavra *demônio* pela palavra *Espírito* e tereis a Doutrina Espírita; ponde a palavra *anjo* e tereis a Doutrina Cristã.[134]

Demônio é palavra grega que significa, simplesmente, Espírito. Não tem nenhuma relação com a figura teológica criada pela Igreja Católica, a de que o demônio seria um ser criado (não por Deus, obviamente) e destinado ao mal.

Outro ponto da mensagem de Sócrates é sobre a impossibilidade de comunicação direta de Deus com o ser humano. Entendemos essa impossibilidade, em razão de sermos ainda Espíritos demasiadamente imperfeitos para conseguir fazer uma ligação direta com Deus. Isso só é possível com

Espíritos Crísticos, messias divinos, os que já se encontram libertos de todas as impurezas e imperfeições espirituais.

Em *O livro dos espíritos* há uma síntese do assunto.

> Os Espíritos encarnados habitam os diferentes globos do Universo.
>
> Os Espíritos não encarnados, ou errantes, não ocupam uma região determinada e circunscrita; estão por toda parte no Espaço e ao nosso lado, vendo-nos e acotovelando-nos sem cessar. É toda uma população invisível que se agita em torno de nós.
>
> Os Espíritos exercem sobre o mundo moral, e mesmo sobre o mundo físico, uma ação incessante. Agem sobre a matéria e sobre o pensamento e constituem uma das potências da Natureza, causa eficiente de uma multidão de fenômenos até agora não explicados ou mal explicados e que não encontram solução racional senão no Espiritismo.
>
> As relações dos Espíritos com os homens são constantes. Os Espíritos bons nos incitam ao bem, nos sustentam nas provas da vida e nos ajudam a suportá-las com coragem e resignação. Os maus nos impelem para o mal: é para eles um prazer ver-nos sucumbir e nos identificar com eles.
>
> As comunicações dos Espíritos com os homens são ocultas ou ostensivas. As ocultas ocorrem pela influência boa ou má que exercem sobre nós, à nossa revelia. Cabe ao nosso julgamento discernir as boas das más inspirações. As comunicações ostensivas se dão por meio da escrita, da palavra ou de outras manifestações materiais, na maioria das vezes pelos médiuns que lhes servem de instrumento.
>
> Os Espíritos se manifestam espontaneamente ou mediante evocação. Podemos evocar todos os Espíritos: os que animaram homens obscuros, como os das personagens mais ilustres, seja qual for a época em que tenham vivido; os de nossos parentes, de nossos amigos ou inimigos, e deles obter, por meio de comunicações escritas ou verbais, conselhos, informações sobre a sua situação no Além-Túmulo, seus pensamentos a nosso respeito, assim como as revelações que lhes sejam permitidas fazer-nos.[135]

3.4.2 SÓCRATES E PLATÃO, PRECURSORES DA IDEIA CRISTÃ E ESPÍRITA (TÓPICOS VII A XI)

Os tópicos VII a XI da Introdução IV de *O evangelho segundo o espiritismo* abrangem diferentes ideias expressas por Sócrates, famoso filósofo grego da Antiguidade e que encontram ressonância nos princípios espíritas.

> VII. A preocupação constante do filósofo (tal como o compreendiam Sócrates e Platão) é a de tomar o maior cuidado com a alma, menos pelo que respeita

a esta vida, que não dura mais que um instante, do que tendo em vista a eternidade. Se a alma é imortal, não será prudente viver visando à eternidade?[136]

Ante tais ensinamentos, Allan Kardec faz apenas essa consideração: "O Cristianismo e o Espiritismo ensinam a mesma coisa."[137] E ensinam, efetivamente, esses mesmos temas que foram objeto da análise de Sócrates: a brevidade da vida no plano físico, o conceito de imortalidade da alma e a existência do Espírito na eternidade (que denominamos plano espiritual).

Em *O livro dos espíritos* temos essas orientações:

Pergunta 959: "De onde vem para o homem o sentimento instintivo da vida futura?"[138]

Resposta: "Já o dissemos: antes de encarnar, o Espírito conhecia todas essas coisas e a alma guarda vaga lembrança do que sabe e do que viu no estado espiritual".

Comentários de Allan Kardec:[139]

> Em todos os tempos, o homem se preocupou com o seu futuro de além-túmulo, e isso é muito natural. Seja qual for a importância que ele ligue à vida presente, não pode deixar de considerar quanto essa vida é curta e, sobretudo, precária, pois pode ser interrompida a qualquer instante, nunca se achando ele seguro quanto ao dia seguinte. Que será dele após o instante fatal? A questão é grave, pois não se trata de alguns anos apenas, mas da eternidade. Aquele que deve passar longos anos num país estrangeiro, se preocupa com a situação em que lá se achará. Como, então, não haveríamos de nos preocupar com a que teremos ao deixar este mundo, uma vez que é para sempre? A ideia do nada tem qualquer coisa que repugna à razão. Por mais despreocupado que seja o homem nesta vida, chegado o momento supremo, pergunta a si mesmo o que vai ser dele e, involuntariamente, espera. Crer em Deus sem admitir a vida futura seria um contrassenso. O sentimento de uma existência melhor reside no foro íntimo de todos os homens e não é possível que Deus o tenha posto ali em vão. A vida futura implica a conservação da nossa individualidade após a morte. Com efeito, de que nos adiantaria sobreviver ao corpo, se a nossa essência moral devesse perder-se no oceano do infinito? As consequências para nós seriam as mesmas dos que defendem o nada.
>
> VIII. Se a alma é imaterial, ela deve passar, após esta vida, para um mundo igualmente invisível e imaterial, do mesmo modo que o corpo, decompondo-se, volta à matéria. Importa somente distinguir bem a alma pura, verdadeiramente imaterial, que se alimente, como Deus, de ciência e pensamentos, da alma *mais ou menos* maculada de impurezas materiais, que a impedem de elevar-se para o divino e a retêm nos lugares de sua passagem pela Terra.[140]

E Kardec comenta:

> Como se vê, Sócrates e Platão compreendiam perfeitamente os diferentes graus de desmaterialização da alma. Insistem na diversidade de situação que resulta para elas da sua *maior* ou *menor* pureza. O que eles diziam, por intuição, o Espiritismo o prova com os inúmeros exemplos que nos põe sob as vistas [...].[141]

Os principais fundamentos espíritas indicados no tópico VIII encontram-se descritos nas obras da Codificação, entre elas, *O livro dos espíritos*: existência do plano espiritual, a transitoriedade da reencarnação e os diferentes níveis evolutivos dos Espíritos.

Existência do Plano espiritual e a Transitoriedade da reencarnação:

> Pergunta 84: *Os Espíritos constituem um mundo à parte, fora aquele que vemos?*[142]
>
> Resposta: Sim, o mundo dos Espíritos, ou das inteligências incorpóreas.
>
> Pergunta 85: *Qual dos dois, o mundo espiritual ou o mundo corpóreo, é o principal na ordem das coisas?*[143]
>
> Resposta: O mundo espiritual, que preexiste e sobrevive a tudo.
>
> Pergunta 86: *O mundo corpóreo poderia deixar de existir, ou nunca ter existido, sem que isso alterasse a essência do mundo espiritual?*[144]
>
> Resposta: Sim; eles são independentes e, não obstante, a correlação entre ambos é incessante, porque reagem incessantemente um sobre o outro.
>
> Pergunta 153: *Em que sentido se deve entender a vida eterna?* [145]
>
> Resposta: A vida do Espírito é que é eterna; a do corpo é transitória e passageira. Quando o corpo morre, a alma retorna à vida eterna.

Diferentes níveis evolutivos dos Espíritos:

Em *O livro dos espíritos*, questões 96 a 113, Allan Kardec propõe uma *escala espírita* de classificação dos Espíritos por ordens, conforme o seu nível evolutivo, didaticamente construída para se ter visão panorâmica do progresso intelectual e moral dos Espíritos. A *escala espírita* é muito útil, entretanto, o Codificador destaca não haver limites definidos entre as diversas ordens e as respectivas classes que a compõe.

O ensinamento espírita que faz referência aos diferentes graus de adiantamento, qualidades e imperfeições dos Espíritos corresponde a este pensamento de Sócrates: "Importa somente distinguir bem a alma pura, verdadeiramente imaterial, que se alimente, como Deus, de ciência e pensamentos, da alma mais ou menos maculada de impurezas materiais, que a impedem de elevar-se para o divino e a retêm nos lugares de sua passagem pela Terra."[146]

Vejamos, em seguida, algumas correlações com o pensamento espírita.

> Pergunta 96: *Os Espíritos são iguais ou existe entre eles uma hierarquia qualquer?*[147]
>
> Resposta: São de diferentes ordens, conforme o grau de perfeição a que chegaram.
>
> Pergunta 97: *Há um número determinado de ordens ou de graus de perfeição entre os Espíritos?*[148]
>
> Resposta: Seu número é ilimitado, porque não há entre essas ordens uma linha de demarcação traçada como uma barreira, de modo que se podem multiplicar ou restringir as divisões à vontade. No entanto, considerando-se as características gerais dos Espíritos, pode-se reduzi-las a três ordens principais. Na primeira ordem colocar-se-ão os que atingiram a perfeição: os Espíritos puros. Na segunda ordem encontram-se os que chegaram ao meio da escala: o desejo do bem é a sua preocupação. Na terceira, os que ainda se acham na parte inferior da escala: os Espíritos imperfeitos, que se caracterizam pela ignorância, pelo desejo do mal e por todas as paixões más que retardam o seu progresso.
>
> IX. Se a morte fosse a dissolução completa do homem, seria muito vantajosa para os maus, pois se veriam livres, ao mesmo tempo, do corpo, da alma e dos vícios. Aquele que adornou sua alma, não de ornatos estranhos, mas com os que lhe são próprios, só esse poderá aguardar tranquilamente a hora da sua partida para o outro mundo.[149]

Comenta Kardec:

> Em outros termos, equivale a dizer que o materialismo, que proclama o nada para depois da morte, anula toda responsabilidade moral posterior e, por conseguinte, é um estímulo ao mal; que o mau tem tudo a ganhar do nada. Somente o homem que se despojou dos vícios e se enriqueceu de virtudes pode esperar com tranquilidade o despertar na outra vida. O Espiritismo nos mostra, por meio de exemplos que diariamente nos põe sob os olhos, quanto é penoso para o mau o passar desta à outra vida, a entrada na vida futura.[150]

Destacamos duas ideias de Sócrates que encontram correlação nas obras da Codificação: sobrevivência do Espírito à morte do corpo e as condições morais do Espírito após a sua desencarnação. Movidos pela necessidade de síntese, consideraremos apenas algumas citações de *O céu e o inferno*.

Sobrevivência do Espírito à morte do corpo

> A extinção da vida orgânica resulta na separação da alma em consequência da ruptura do laço fluídico que a une ao corpo. Essa separação, contudo, nunca é brusca; o fluido perispirítico só pouco a pouco se desprende de todos os órgãos, de sorte que a separação só é completa e absoluta quando não reste mais nem um átomo do perispírito ligado à molécula do corpo.[151]

A vida futura é uma realidade que se desdobra incessantemente a seus olhos, realidade que ele toca e vê, por assim dizer, a cada passo, de modo que a dúvida não tem guarida na sua alma. A vida corpórea, tão limitada, se apaga diante da vida espiritual, que é a verdadeira vida.[152]

Condições morais do Espírito após a sua desencarnação

O estado moral da alma é a causa principal da maior ou menor facilidade de desprendimento. A afinidade entre o corpo e o perispírito é proporcional ao apego à matéria, atingindo o seu máximo no homem cujas preocupações se concentram exclusivamente na vida terrena e nos gozos materiais. Tal afinidade é quase nula naqueles cujas almas, já depuradas, identificam-se por antecipação com a vida espiritual.[153]

> X. O corpo conserva bem impressos os vestígios dos cuidados de que foi objeto e dos acidentes que sofreu. Dá-se o mesmo com a alma. Quando despojada do corpo traz evidentes os traços do seu caráter, de suas afeições e as marcas que lhe deixaram todos os atos de sua vida. Assim, a maior desgraça que pode acontecer ao homem é ir para o outro mundo com a alma carregada de crimes. Vês, Cálicles,[4] que nem tu, nem Pólux,[5] nem Górgias podereis provar que devamos levar outra vida que nos seja útil quando estivermos do outro lado. De tantas opiniões diversas, a única que permanece inabalável é a de que *mais vale receber do que cometer uma injustiça* e que, acima de tudo, devemos cuidar, não de parecer, mas de ser homem de bem (Colóquios de Sócrates com seus discípulos, na prisão).[154]

> Encontramos aqui outro ponto capital confirmado hoje pela experiência: o de que a alma não depurada conserva as ideias, as tendências, o caráter e as paixões que teve na Terra. Esta máxima: *mais vale receber do que cometer uma injustiça*, não é inteiramente cristã? Jesus exprimiu o mesmo pensamento, por meio desta figura: Se alguém vos bater numa face, apresentai-lhe a outra.[155]

Em *O livro dos espíritos*, Allan Kardec esclarece:

> O homem que se acha bem compenetrado de seu destino futuro não vê na vida corpórea mais do que uma estação temporária; é como uma parada momentânea numa hospedaria precária. Consola-se facilmente de alguns aborrecimentos passageiros de uma viagem que deve conduzi-lo a uma posição tanto melhor, quanto melhor tenha cuidado dos preparativos para realizá-la.[156]

Sócrates destaca a importância de agirmos como homem de bem. Posição que Jesus irá enfatizar como norma para alcançar o Reino de Deus, pregando a importância de amar a Deus sobre todas as coisas e ao próximo

---

4 **Cálicles**: Nome de um ateniense, estudante do filósofo sofista Górgias.
5 **Pólux**: Irmão gêmeo de Castor, que deu origem ao nome da constelação de gêmeos.

como a si mesmo (*Mateus*, 22:34 a 40). E mais: amar os inimigos (*Mateus*, 5:38 a 48). Kardec pondera a respeito:

> Os preconceitos do mundo sobre o que se convencionou chamar "ponto de honra" produzem essa suscetibilidade sombria, nascida do orgulho e da exaltação da personalidade, que leva o homem a retribuir uma injúria com outra injúria, uma ofensa com outra, o que é tido como justiça por aquele cujo senso moral não se eleva acima das paixões terrenas. É por isso que a lei mosaica prescrevia: olho por olho, dente por dente, lei em harmonia com a época em que Moisés vivia. Veio o Cristo e disse: "Retribuí o mal com o bem". E disse ainda: "Não resistais ao mal que vos queiram fazer; *se alguém vos bater numa face, apresentai-lhe a outra*". Ao orgulhoso, este preceito parecerá uma covardia, pois ele não compreende que haja mais coragem em suportar um insulto do que em se vingar, em virtude de sua visão ser incapaz de ultrapassar o presente.[157]

Nesse contexto, mesmo perante as mais graves ofensas, o homem deve esforçar-se para perdoar, para não guardar mágoas. Somente assim, ele se espiritualiza, tornando-se cada vez mais feliz, em ambos os planos da vida. Aprende a ser caridoso, agindo segundo este critério, ensinado pelos Espíritos orientadores: "Benevolência para com todos, indulgência para as imperfeições dos outros, perdão das ofensas".[158]

> XI. De duas uma: ou a morte é uma destruição absoluta ou é a passagem da alma para outro lugar. Se tudo deve extinguir-se, a morte será como uma dessas raras noites que passamos sem sonhar e sem nenhuma consciência de nós mesmos. Todavia, se a morte é apenas uma mudança de morada, a passagem para um lugar onde os mortos devem reunir-se, que felicidade a de lá encontrarmos aqueles a quem conhecemos! O meu maior prazer seria examinar de perto os habitantes dessa outra morada e de distinguir lá, como aqui, os que são dignos dos que se julgam como tais e não o são. Mas é tempo de nos separarmos, eu para morrer, vós para viverdes. (Sócrates aos seus juízes.)[159]

Comentário do Codificador espírita:

> Segundo Sócrates, os homens que viveram na Terra se encontram após a morte e se reconhecem. Mostra o Espiritismo que continuam as relações que se estabeleceram entre eles, de sorte que a morte não é nem uma interrupção nem a cessação da vida, mas uma transformação, sem solução de continuidade.
>
> Se Sócrates e Platão tivessem conhecido os ensinos que o Cristo daria quinhentos anos mais tarde e os que agora dão os Espíritos, não teriam falado de outro modo. Não há nisto nada que deva surpreender, se considerarmos que as grandes verdades são eternas e que os Espíritos adiantados devem tê-las conhecido antes de virem à Terra para onde as trouxeram; que Sócrates, Platão e os grandes filósofos daqueles tempos bem podem, depois, ter sido dos que secundaram o Cristo na sua missão divina, e que foram escolhidos para esse

fim precisamente por se acharem, mais do que outros, em condições de lhe compreenderem as sublimes lições; que, finalmente, podem hoje fazer parte da plêiade dos Espíritos encarregados de ensinar aos homens as mesmas verdades.[160]

Para os espíritas esclarecidos, a continuidade da vida em outra dimensão e o reencontro com Espíritos afins é ensinamento básico, aceito tranquilamente:

> Sim, os Espíritos vão ao encontro da alma a que se afeiçoaram. Felicitam-na, como se regressasse de uma viagem, por haver escapado aos perigos da estrada, e *ajudam-na a desprender-se dos laços corpóreos*. É uma graça concedida aos Espíritos bons quando os seres que os amam vêm ao seu encontro, ao passo que aquele que se acha maculado permanece no isolamento ou só tem a rodeá-lo os que lhe são semelhantes. É uma punição.[161]

3.4.3 SÓCRATES E PLATÃO, PRECURSORES DA IDEIA CRISTÃ E ESPÍRITA (TÓPICOS XII A XVI)

Em continuidade ao estudo do item IV da Introdução de *O Evangelho segundo o espiritismo*, no qual Allan Kardec destaca e analisa ideias expressas por Sócrates, registradas por Platão, damos prosseguimento a algumas correlações com os princípios espíritas: "XII. *Nunca se deve retribuir uma injustiça com outra injustiça, nem fazer mal a ninguém, seja qual for o mal que nos tenham causado*. Poucos, no entanto, admitirão esse princípio, e os que se desentenderem a tal respeito devem apenas desprezar-se mutuamente".[162]

Kardec emite o seguinte comentário na forma de indagação, no que diz respeito a esse tópico: "Não está aí o princípio da caridade que prescreve não se retribua o mal com o mal e se perdoe aos inimigos?"[163]

> Se o amor do próximo constitui o princípio da caridade, amar os inimigos é a mais sublime aplicação desse princípio, porque a posse dessa virtude é uma das maiores vitórias alcançadas contra o egoísmo e o orgulho.
>
> Entretanto, geralmente há equívoco quanto ao sentido da palavra *amar*, nesta circunstância. Jesus não pretendeu, por essas palavras, que se tenha para com o inimigo a ternura que se dispensa a um irmão ou amigo. A ternura pressupõe confiança; ora, ninguém pode ter confiança numa pessoa, sabendo que esta lhe quer mal; ninguém pode ter para com ela expansões de amizade, já que ela pode abusar dessa atitude. Entre pessoas que desconfiam umas das outras, não pode haver essas manifestações de simpatia que existem entre as que comungam das mesmas ideias. Enfim, ninguém pode sentir, em estar com um inimigo, prazer igual ao que sente na companhia de um amigo.
>
> [...]

Amar os inimigos não é, portanto, ter por eles uma afeição que não está na natureza, visto que o contato de um inimigo nos faz bater o coração de modo muito diverso do seu bater, ao contato de um amigo. Amar os inimigos é não lhes guardar ódio, nem rancor, nem desejo de vingança; é perdoar-lhes, *sem segundas intenções e incondicionalmente* o mal que nos causem; é não opor nenhum obstáculo à reconciliação; é desejar-lhes o bem, e não o mal; é regozijar-se, em vez de afligir-se, com o bem que lhes advenha; é estender-lhes a mão que socorre, em caso de necessidade; é abster-se, *quer por palavras, quer por atos*, de tudo que os possa prejudicar; é, finalmente, restituir-lhes todo o mal com o bem, *sem intenção de os humilhar* [...].[164]

"XIII. É pelos frutos que se conhece a árvore. É preciso qualificar toda ação segundo o que ela produz: qualificá-la de má, quando dela provenha o mal; de boa, quando dê origem ao bem."[165]

Kardec associa esses ensinamentos de Sócrates aos de Jesus e aos do Espiritismo. Esta máxima: "É pelos frutos que se conhece a árvore", encontra-se muitas vezes repetida textualmente no Evangelho.[166] O filósofo grego enfatiza a importância de avaliar os homens pelas suas obras, não pelo o que eles dizem ou pedem para fazer. Trata-se de medida de prudência para que não se caia nas armadilhas dos falsos profetas, ou falsos cristos, abundantes no passado e nos dias atuais. Todo cuidado é pouco.

> É assim, meus irmãos, que deveis julgar; são as obras que deveis examinar. Se os que se dizem investidos de poder divino se fazem acompanhar de todas as marcas de semelhante missão, isto é, se possuem no mais alto grau as virtudes cristãs e eternas: a caridade, o amor, a indulgência, a bondade que concilia todos os corações; se, em apoio das palavras, acrescentam os atos, podereis então dizer: "Estes são realmente os enviados de Deus".
>
> Desconfiai, porém, das palavras melífluas, desconfiai dos escribas e fariseus que oram nas praças públicas, vestidos de longas túnicas. Desconfiai dos que pretendem deter o monopólio exclusivo da verdade!
>
> Não, o Cristo não está entre esses, porquanto os que Ele envia para propagar a sua doutrina e regenerar o seu povo serão, acima de tudo, a exemplo do próprio Mestre, brandos e humildes de coração; os que hajam de salvar a Humanidade com seus exemplos e conselhos, a fim de que esta não corra para a perdição nem vagueie por caminhos tortuosos, serão essencialmente modestos e humildes. Fugi de tudo o que revele um átomo de orgulho, como se fugísseis de uma moléstia contagiosa, que corrompe tudo em que toca. Lembrai-vos de que *cada criatura traz na fronte, mas principalmente nos atos, a marca da sua grandeza ou da sua decadência*.[167]

"XIV. A riqueza é um grande perigo. Todo homem que ama a riqueza não ama a si mesmo nem ao que é seu; ama a uma coisa que lhe é ainda mais estranha do que o que lhe pertence."[168]

Para melhor compreender esse tópico, Kardec nos reporta ao capítulo 16 de *O evangelho segundo o espiritismo*, cujos assuntos fazem correlação entre as ideias de Sócrates e as do Espiritismo. O referido capítulo tem como título: *Não se pode servir a Deus e a Mamon*. Título que foi inspirado no *Evangelho segundo Lucas*: "Ninguém pode servir a dois senhores, porque ou odiará a um e amará a outro ou se prenderá a um e desprezará o outro. Não podeis servir simultaneamente a Deus e Mamon" (*Lucas*, 16:13).[169]

Mamon é simbolicamente representado como o deus da riqueza. Termo usado para descrever riqueza material ou cobiça, com ou sem personificação de divindade. A palavra é uma transliteração de um termo hebraico, cujo significado é, literalmente, "dinheiro". Há, portanto, incompatibilidade entre servir à causa de Deus e à causa materialista. As Leis de Deus orientam o indivíduo para o Bem, por meio do desenvolvimento de virtudes que, por sua vez, promovem-lhe a ascensão espiritual. Já o materialismo caminha em sentido oposto, incentivando as imperfeições humanas. Contudo, faz-se necessário compreender o verdadeiro sentido do ensinamento socrático: a riqueza só constitui perigo quando é utilizada para o mal, como ensinam os orientadores espirituais.

> Se a riqueza houvesse de constituir obstáculo absoluto à salvação dos que a possuem, conforme se poderia deduzir de certas palavras de Jesus, interpretadas segundo a letra, e não conforme o espírito, Deus, que a concede, teria posto nas mãos de alguns um instrumento de perdição, sem apelação nenhuma, ideia que repugna à razão. Sem dúvida, a riqueza é uma prova muito arriscada, mais perigosa do que a miséria, em virtude dos arrastamentos a que dá causa, pelas tentações que gera e pela fascinação que exerce. É o supremo excitante do orgulho, do egoísmo e da vida sensual. É o laço mais poderoso que prende o homem à Terra e lhe desvia do Céu o pensamento. Produz tal vertigem que, muitas vezes, aquele que passa da miséria à riqueza esquece depressa a sua primeira condição, os que com ele a partilharam, os que o ajudaram, e faz-se insensível, egoísta e vão. Mas, pelo fato de a riqueza tornar difícil a jornada, não significa que a torne impossível e não possa vir a ser um meio de salvação nas mãos daquele que sabe servir-se dela, como certos venenos podem restituir a saúde, se empregados a propósito e com discernimento.[170]
>
> XV. As mais belas preces e os mais belos sacrifícios agradam menos à Divindade do que uma alma virtuosa que faz esforços para se lhe assemelhar. Seria grave se os deuses dispensassem mais atenção a essas oferendas, do que à nossa alma.

Dessa maneira, os maiores culpados poderiam conquistar os seus favores. Mas não: só os verdadeiramente justos e retos, por suas palavras e atos, cumprem seus deveres para com os deuses e para com os homens.[171]

Da mesma forma que procedeu anteriormente, Kardec nos reporta ao capítulo 10 de *O evangelho segundo o espiritismo*, que trata de *bem-aventurados os que são misericordiosos* (*Mateus*, 5: 7)[172] para melhor compreensão desse tópico XV. Percebemos de imediato duas ordens de ideias na citação de Sócrates: o valor da alma virtuosa e os atos e palavras do homem justo. A segunda ideia é consequência da primeira. Pois ninguém consegue ser virtuoso sem ser justo.

A principal virtude do justo é ser misericordioso. Ele conhece a justiça e as formas de aplicá-la. Por ser pessoa virtuosa, sabe que todo fato ou acontecimento possui duas faces, assim como em uma moeda. Ouve e analisa as diferentes interpretações, não tomando partido, mas, valendo-se dessa posição, chega a um entendimento, pondo a justiça em prática. Mas esta, por ter sido analisada com lucidez, é aplicada sempre com misericórdia. E os misericordiosos entendem que o perdão é a medida divina que deve existir nos relacionamentos humanos, mesmo entre os mais conflituosos.

> A misericórdia é o complemento da brandura, porque aquele que não for misericordioso não poderá ser brando, nem pacífico. Ela consiste no esquecimento e no perdão das ofensas. O ódio e o rancor denotam alma sem elevação e sem grandeza. O esquecimento das ofensas é próprio da alma elevada, que paira acima dos golpes que lhe possam desferir. Uma é sempre ansiosa, de sombria suscetibilidade e cheia de fel; a outra é calma, plena de mansidão e caridade.
>
> Ai daquele que diz: nunca perdoarei. Esse, se não for condenado pelos homens, certamente o será por Deus. Com que direito reclamaria o perdão de suas próprias faltas, se ele mesmo não perdoa as dos outros? Jesus nos ensina que a misericórdia não deve ter limites, quando diz que cada um perdoe ao seu irmão, não sete vezes, mas setenta vezes sete vezes.
>
> Há, porém, duas maneiras bem diferentes de perdoar: uma é grande, nobre, verdadeiramente generosa, sem segunda intenção, que evita, com delicadeza, ferir o amor-próprio do adversário, ainda que a este caiba inteiramente a culpa; a segunda é quando o ofendido, ou aquele que assim se julga, impõe ao outro condições humilhantes e lhe faz sentir o peso de um perdão que irrita, em vez de acalmar; se estende a mão ao ofensor, não o faz com benevolência, mas com ostentação, a fim de poder dizer a todo mundo: vede como sou generoso! Em tais circunstâncias, é impossível uma reconciliação sincera de parte a parte. Não, não há aí generosidade, mas apenas uma forma de satisfazer ao orgulho. Em toda contenda, aquele que se mostra mais conciliador, que prova mais

desinteresse, caridade e verdadeira grandeza de alma conquistará sempre a simpatia das pessoas imparciais.[173]

XVI. Chamo homem vicioso a esse amante vulgar, que ama o corpo mais do que a alma. O amor está por toda parte na Natureza, convidando-nos ao exercício da nossa inteligência; nós o encontramos até mesmo no movimento dos astros. É o amor que enfeita a Natureza com os seus ricos tapetes; ele se orna e fixa morada onde encontra flores e perfumes. É ainda o amor que dá paz aos homens, calma ao mar, silêncio aos ventos e sono à dor.[174]

O amor, que há de unir os homens por um laço fraternal, é uma consequência dessa teoria de Platão sobre o amor universal, como Lei da Natureza. Tendo dito Sócrates que "o amor não é nem um deus, nem um mortal, mas um grande demônio", isto é, um grande Espírito que preside ao amor universal, essa proposição lhe foi imputada como crime.[175]

O amor como lei da vida foi identificado pelo grande filósofo e por Jesus que, em seu Evangelho, elevou esse sentimento à categoria divina, orientando-nos como devemos cultivá-lo. O Espírito Lázaro, em mensagem transmitida em Paris, no ano de 1862, ensina:

> O amor resume a doutrina de Jesus inteira, porque é o sentimento por excelência, e os sentimentos são os instintos elevados à altura do progresso feito. Em sua origem, o homem só tem instintos; quanto mais avançado e corrompido, só tem sensações; mais instruído e purificado, tem sentimentos. E o ponto delicado do sentimento é o amor, não o amor no sentido vulgar do termo, mas esse sol interior que condensa e reúne em seu ardente foco todas as aspirações e todas as revelações sobre-humanas. A lei de amor substitui a personalidade pela fusão dos seres; extingue as misérias sociais. Feliz aquele que, ultrapassando a sua humanidade, ama com amplo amor os seus irmãos em sofrimento! Feliz aquele que ama, porque não conhece a miséria da alma nem a do corpo; seus pés são ligeiros e vive como que transportado, fora de si mesmo. Quando Jesus pronunciou a divina palavra — amor, os povos estremeceram e os mártires, ébrios de esperança, desceram ao circo.
>
> O Espiritismo, por sua vez, vem pronunciar uma segunda palavra do alfabeto divino. Ficai atentos, pois essa palavra ergue a lápide dos túmulos vazios, e a *reencarnação*, triunfando da morte, revela às criaturas deslumbradas o seu patrimônio intelectual. Já não é ao suplício que ela conduz os homens, mas à conquista do seu ser, elevado e transfigurado. O sangue resgatou o Espírito, e hoje o Espírito tem que resgatar o homem da matéria.
>
> [...]
>
> O Espírito precisa ser cultivado, como um campo. Toda a riqueza futura depende do labor atual que, muito mais que os bens terrenos, vos fará conquistar a elevação gloriosa. É então que, compreendendo a Lei de Amor que

liga todos os seres, nela buscareis os suaves gozos da alma, que são o prelúdio das alegrias celestes. [...].[176]

Outra belíssima mensagem, transmitida na cidade francesa de Bordeaux, em 1861, pelo Espírito Fénelon, também tem muito a nos ensinar.

> O amor é de essência divina e todos vós, do primeiro ao último, tendes no fundo do coração a centelha desse fogo sagrado. É um fato que muitas vezes pudestes constatar: por mais abjeto, vil e criminoso que possa ser, o homem dispensa, a um ser ou a um objeto qualquer, uma afeição viva e ardente, à prova de tudo quanto tendesse a diminuí-la, alcançando, muitas vezes, sublimes proporções.
>
> [...]
>
> Pois bem! Para praticardes a lei de amor, tal como Deus o entende, é preciso que chegueis passo a passo a amar a todos os vossos irmãos indistintamente. A tarefa é longa e difícil, mas será realizada: Deus o quer e a lei de amor constitui o primeiro e o mais importante preceito da vossa nova doutrina, porque é ela que um dia matará o egoísmo, seja qual for a forma sob a qual ele se apresente, visto que, além do egoísmo pessoal, há também o egoísmo de família, de casta, de nacionalidade. Disse Jesus: "Amai o vosso próximo como a vós mesmos".
>
> [...]
>
> Os efeitos da lei de amor são o melhoramento moral da raça humana e a felicidade durante a vida terrestre. Os mais rebeldes e os mais viciosos se reformarão, quando observarem os benefícios resultantes da prática desta sentença: Não façais aos outros o que não gostaríeis que os outros vos fizessem; fazei, ao contrário, todo o bem que puderdes fazer-lhes.
>
> Não acrediteis na esterilidade e no endurecimento do coração humano; ele cederá, a despeito de si mesmo, ao amor verdadeiro. É um ímã a que não lhe é possível resistir. [...].[177]

3.4.4 SÓCRATES E PLATÃO, PRECURSORES DA IDEIA CRISTÃ E ESPÍRITA (TÓPICOS XVII A XXI)

Com a análise desses tópicos chegamos ao final do estudo da Introdução de *O evangelho segundo o espiritismo*, e também do seu item IV, que trata da correlação de algumas ideias de Sócrates, com as orientações do Cristianismo e da Doutrina Espírita, visto que ambos, Sócrates e Platão, são considerados seus precursores. Entretanto, nem tudo, na doutrina desses filósofos, é coerente com a Doutrina Espírita, como informa Kardec sobre este item: "XVII. A virtude não pode ser ensinada; vem por dom de Deus aos que a possuem".[178]

É quase a doutrina cristã sobre a graça, mas, se a virtude é um dom de Deus, é um favor e, então, pode perguntar-se por que não é concedida a todos. Por outro lado, se é um dom, não há mérito para aquele que a possui. O Espiritismo é mais explícito, dizendo que aquele que possui virtude a adquiriu por seus esforços, em existências sucessivas, despojando-se pouco a pouco de suas imperfeições. A graça é a força que Deus concede a todo homem de boa vontade para se livrar do mal e fazer o bem.[179]

Allan Kardec faz correlação entre o ensinamento de Sócrates do tópico XVII e a doutrina da graça, pregada pelas igrejas cristãs, esclarecendo, igualmente, que essa não foi a orientação transmitida pelo Cristo. O significado da palavra *graça* "[...] é o de bênção imerecida, livremente concedida ao homem por Deus – conceito este que está no âmago não somente da teologia cristã como também de toda a experiência genuinamente cristã [...]."[180]

Para os teólogos cristãos, há dois tipos de graças, concedidas por Deus: a *graça comum* e a *graça especial*. A primeira beneficia toda a Humanidade, sem qualquer tipo de discriminação. É considerada benefício ou bênção divina, inserida na consciência humana desde o momento da Criação do homem por Deus. Por meio da graça comum os homens aprendem a distinguir o bem e o mal, o certo e o errado, o justo e o injusto, a verdade e a mentira, etc.[181] A *graça especial* "[...] é a graça pela qual Deus redime, santifica e glorifica o Seu povo. Ao contrário da graça comum, que é dada universalmente, a graça especial é outorgada somente àqueles que Deus elege à vida eterna, mediante a fé em Seu Filho, nosso Salvador Jesus Cristo [...]."[182] Por esse preceito teológico Deus estabeleceria na Humanidade terrestre divisão de classes: a dos privilegiados e a dos não privilegiados para a concessão de suas bênçãos. Então, Deus não amaria igualmente os seus filhos!

São pensamentos diametralmente opostos aos princípios cristãos, ensinados por Jesus e pela Doutrina Espírita e que, sem dúvida, tanto Jesus quanto o Espiritismo reconhecem as bênçãos da Providência Divina (*graça comum*), concedidas por Deus a todos os seres da Criação. Mas, obviamente, não há nas lições de Jesus nem nas do Espiritismo referências à predileção Divina por qualquer um dos seus filhos. A *graça especial* é uma interpretação teológica que contraria o Evangelho de Jesus. "XVIII. Há uma disposição natural em todos nós: a de nos apercebermos muito menos dos nossos defeitos, do que dos alheios".[183]

Kardec faz lúcida correlação com esse breve registo: "Diz o Evangelho: Vedes o cisco no olho do vosso vizinho, e não vedes a trave que está no vosso"[184] (cap. 10, it. 9 e 10).

Uma das imperfeições da Humanidade consiste em vermos o mal de outrem, antes de vermos o mal que está em nós. Para julgar-se a si mesmo, seria preciso que o homem pudesse ver seu interior num espelho e, de certo modo, pudesse transportar-se para fora de si próprio, considerar-se como outra pessoa e perguntar: "Que pensaria eu, se visse alguém fazer o que faço? " Incontestavelmente, é o orgulho que leva o homem a disfarçar para si os seus próprios defeitos, tanto morais, quanto físicos. Essa imperfeição é essencialmente contrária à caridade, porque a verdadeira caridade é modesta, simples e indulgente. Caridade orgulhosa é um contrassenso, visto que esses dois sentimentos se neutralizam um ao outro. Com efeito, como poderá um homem, bastante presunçoso para acreditar na importância da sua personalidade e na supremacia das suas qualidades, ter ao mesmo tempo abnegação bastante para fazer ressaltar em outrem o bem que o eclipsaria, em vez do mal que o exaltaria? Se o orgulho é a fonte de muitos vícios, é também a negação de muitas virtudes. Ele se encontra na base e como causa geradora de quase todas as ações humanas. Foi por isso que Jesus se empenhou tanto em combatê-lo, como principal obstáculo ao progresso.[185]

Por outro lado, devemos sempre ser cautelosos em emitir juízos de valor aos comportamentos alheios, tendo em vista esse outro ensinamento de Jesus: "Não julgueis, a fim de não serdes julgados; porque sereis julgados conforme houverdes julgado os outros; empregar-se-á convosco a mesma medida de que vos tenhais servido para com os outros" (*Mateus*, 7:1 e 2).[186]

Atire-lhe a primeira pedra aquele que estiver sem pecado", disse Jesus. Esta sentença faz da indulgência um dever, pois não há quem dela não necessite para si mesmo. Ela nos ensina que não devemos julgar os outros com mais severidade do que nos julgamos a nós mesmos nem condenar nos outros aquilo de que nos absolvemos. Antes de censurarmos uma falta a alguém, vejamos se a mesma censura não nos pode ser feita.

A censura que se faz à conduta alheia pode ter dois motivos: reprimir o mal ou desacreditar a pessoa cujos atos se criticam. Este último propósito nunca encontra desculpa, porque, no caso, só há maledicência e maldade. O primeiro pode ser louvável e constitui mesmo, em certas ocasiões, um dever, porque daí pode resultar um bem e porque, a não ser assim, jamais o mal seria reprimido na sociedade. Aliás, não compete ao homem auxiliar progresso do seu semelhante? Não deve, pois, ser tomado em sentido absoluto este princípio: "Não julgueis, se não quiserdes ser julgado", porquanto a letra mata e o espírito vivifica.

Jesus não podia proibir que se censurasse o mal, uma vez que Ele próprio nos deu o exemplo, tendo-o feito em termos enérgicos. Quis, porém, dizer que a autoridade para censurar está na razão direta da autoridade moral daquele que censura [...].[187]

XIX. Se os médicos são malsucedidos na maior parte das doenças, é que tratam do corpo, sem tratarem da alma. Ora, não se achando o todo em bom estado, é impossível que uma parte dele passe bem.[188]

O Espiritismo fornece a chave das relações existentes entre a alma e o corpo e prova que um reage incessantemente sobre o outro. Abre, assim, um novo caminho à Ciência; ao lhe mostrar a verdadeira causa de certas afecções, faculta-lhe os meios de as combater. Quando levar em conta a ação do elemento espiritual na economia, a Ciência fracassará menos.[189]

O Espiritismo ensina que todas as enfermidades, físicas ou morais, têm origem nas ações do Espírito imortal, nesta e em outras existências passadas: "[...] Os sofrimentos deste mundo independem, algumas vezes, de nós, mas muitos deles são consequência da nossa vontade. Remontando à origem de cada um, ver-se-á que a maior parte de tais sofrimentos são efeitos de causas que poderíamos ter evitado. [...]".[190] Há outro ensinamento espírita que não devemos esquecer: "[...] As vicissitudes da vida têm, pois, uma causa e, visto que Deus é justo, essa causa há de ser justa [...]".[191]

> As vicissitudes da vida são de duas espécies, ou se quisermos, têm duas fontes bem diferentes que importa distinguir. Umas têm sua causa na vida presente; outras, fora desta vida.
>
> Remontando-se à origem dos males terrestres, reconhecer-se-á que muitos são consequência natural do caráter e da conduta dos que os suportam.
>
> Quantos homens caem por sua própria culpa! Quantos são vítimas de sua imprevidência, de seu orgulho e de sua ambição!
>
> Quantos se arruínam por falta de ordem, de perseverança, pelo mau proceder ou por não terem sabido limitar seus desejos!
>
> Quantas uniões infelizes, porque resultaram de um cálculo de interesse ou de vaidade, e nas quais o coração não tomou parte alguma!
>
> Quantas dissensões e disputas funestas se teriam evitado com mais moderação e menos suscetibilidade!
>
> Quantas doenças e enfermidades decorrem da intemperança e dos excessos de todo gênero!
>
> Quantos pais são infelizes com seus filhos, porque não lhes combateram as más tendências desde o princípio! Por fraqueza ou indiferença deixaram que neles se desenvolvessem os germes do orgulho, do egoísmo e da tola vaidade que produzem a secura do coração; depois, mais tarde, quando colhem o que semearam, admiram-se e se afligem com a sua falta de respeito e a sua ingratidão.
>
> Que todos os que são feridos no coração pelas vicissitudes e decepções da vida interroguem friamente suas consciências; que remontem passo a passo

à origem dos males que os afligem e verifiquem se, na maior parte das vezes, não poderão dizer: *Se eu tivesse feito, ou deixado de fazer tal coisa, não estaria em semelhante situação.* [192]

"XX. Todos os homens, a partir da infância, fazem muito mais mal do que bem."[193] Comenta Kardec: "Essa sentença de Sócrates toca na grave questão da predominância do mal na Terra, questão insolúvel sem o conhecimento da pluralidade dos mundos e da destinação da Terra, habitada apenas por uma fração mínima da Humanidade. Somente o Espiritismo lhe dá solução" [...]. [194]

O discernimento entre o bem e o mal está na relação direta da evolução moral e intelectual do Espírito. A imperfeição é, pois, um obstáculo à compreensão do que é bom e do que é ruim: "[...] O Espiritismo veio completar, nesse ponto, como em vários outros, o ensino do Cristo, quando os homens se mostraram bastante maduros para compreender a verdade. [...]."[195]

> A situação dos Espíritos e sua maneira de ver as coisas variam ao infinito, de acordo com o grau de seu desenvolvimento moral e intelectual. Geralmente, os Espíritos de ordem elevada só fazem na Terra estações de curta duração. Tudo o que aí se faz é tão mesquinho em comparação com as grandezas do infinito; as coisas a que os homens atribuem mais importância são tão pueris aos seus olhos que quase não encontram atrativos em nosso mundo, a menos que para aqui sejam chamados com vistas a concorrerem para o progresso da Humanidade. Os Espíritos de ordem intermédia são os que mais amiúde permanecem em nosso planeta, embora considerem as coisas de um ponto de vista mais alto do que quando encarnados. Os Espíritos vulgares são, de certa forma, sedentários e constituem a massa da população ambiente do mundo invisível. Conservam, com pouca diferença, as mesmas ideias, os mesmos gostos e as mesmas inclinações que tinham sob o seu envoltório corpóreo. Intrometem-se em nossas reuniões, nos nossos negócios, nas nossas diversões, nos quais tomam parte mais ou menos ativa, segundo seus caracteres. Não podendo satisfazer às suas paixões, gozam na companhia dos que a elas se entregam, incitando-os a cultivá-las. Entre eles, existem alguns mais sérios, que veem e observam para se instruírem e aperfeiçoarem.[196]

"XXI. Há sabedoria em não acreditares que sabes o que ignoras."[197]

> Isso vai endereçado às pessoas que criticam aquilo de que desconhecem até mesmo os primeiros termos. Platão completa esse pensamento de Sócrates, dizendo: "Tentemos, primeiro, torná-las, se for possível, mais honestas nas palavras; se não o forem, *não nos preocupemos com elas* e não procuremos senão a verdade. Tratemos de instruir-nos, mas *não nos injuriemos*". É assim que devem proceder os espíritas com relação aos seus contraditores de boa ou má-fé. Se Platão revivesse hoje, encontraria as coisas mais ou menos como no

seu tempo e poderia usar da mesma linguagem. Sócrates também se depararia com pessoas que zombariam da sua crença nos Espíritos e que o qualificariam de louco, assim como ao seu discípulo Platão.

Foi por haver professado esses princípios que Sócrates se viu ridicularizado, depois acusado de impiedade e condenado a beber cicuta.

Tanto é certo que, as grandes verdades novas, ao levantarem contra si os interesses e os preconceitos que ferem, não podem estabelecer-se sem luta e sem fazer mártires.[198]

A vaidade, o orgulho e a arrogância humanos são obstáculos à nossa marcha evolutiva. A humildade, ao contrário, é elemento impulsionador do progresso espiritual. Os "pobres de espírito", isto é, "os humildes e simples", na afirmação de Jesus, são bem-aventurados porque alcançarão mais rápido o Reino de Deus:

> [...] A vaidade de certos homens, que julgam saber tudo e tudo querem explicar a seu modo, dará origem a opiniões dissidentes. Mas todos os que tiverem em vista o grande princípio de Jesus se confundirão no mesmo sentimento de amor ao bem e se unirão por um laço fraterno, que abarcará o mundo inteiro; deixarão de lado as miseráveis disputas de palavras, para só se ocuparem com o que é essencial.[199]

> [...] Os homens de saber e de espírito, conforme o mundo, fazem geralmente tão alta opinião de si mesmos e da sua superioridade, que consideram as coisas divinas como indignas de sua atenção. Concentrando sobre si próprios os seus olhares, eles não os podem elevar até Deus. Essa tendência de se acreditarem superiores a tudo, com muita frequência, os leva a negar aquilo que, estando acima deles, poderia rebaixá-los, a negar até mesmo a Divindade.

> [...]

> Entretanto, digam o que disserem, terão que entrar, como os outros, nesse mundo invisível de que tanto escarnecem. É lá que seus olhos serão abertos e que reconhecerão seus erros.

> [...]

> Dizendo que o Reino dos céus é dos simples, Jesus deu a entender que ninguém é admitido nesse Reino sem a *simplicidade do coração e a humildade de espírito*; que o ignorante, que possui essas qualidades, será preferido ao sábio que mais crê em si do que em Deus. Em todas as circunstâncias, Jesus põe a humildade na categoria das virtudes que aproximam de Deus e o orgulho entre os vícios que dele afastam a criatura, e isso por uma razão muito natural: a de ser a humildade um ato de submissão a Deus, ao passo que o orgulho é a revolta contra Ele. Mais vale, portanto, para a felicidade futura, que o homem seja *pobre em espírito,* no sentido mundano, e rico em qualidades morais.[200]

TEMA 4

O EVANGELHO DE JESUS E A DOUTRINA ESPÍRITA

4.1 JESUS, GUIA E MODELO DA HUMANIDADE TERRESTRE

Em *O livro dos espíritos* consta que Jesus é o Espírito mais perfeito que Deus destinou como Guia e Modelo da nossa Humanidade.[201] Allan Kardec acrescenta o seguinte comentário a esta informação transmitida pelos Espíritos Superiores:

> Para o homem, Jesus representa o tipo da perfeição moral a que a Humanidade pode aspirar na Terra. Deus no-lo oferece como o mais perfeito modelo, e a doutrina que ensinou é a mais pura expressão de sua lei, porque, sendo Jesus o ser mais puro que já apareceu na Terra, o Espírito Divino o animava.
>
> Se alguns dos que pretenderam instruir o homem na Lei de Deus algumas vezes o transviaram por meio de falsos princípios, foi porque se deixaram dominar por sentimentos demasiado terrenos e porque confundiram as leis que regulam as condições da vida da alma com as que regem a vida do corpo. Muitos deles apresentaram como Leis Divinas o que eram simples leis humanas, criadas para servir às paixões e para dominar os homens.[202]

Faz-se necessário, pois, discernir se as nossas ideias, palavras e ações não estariam, de fato, refletindo as leis humanas, ainda demasiadamente imperfeitas. As leis divinas, pregadas e exemplificadas pelo Cristo, são o roteiro seguro que devemos seguir. Elas estão escritas na consciência humana[203] desde a criação do homem por Deus. É por esse motivo que tais leis são denominadas Lei de Deus ou Lei Natural. Se as Leis Divinas são inerentes à consciência humana, elas são instintivamente manifestadas no ser humano como "a voz da razão" ou "voz da consciência" sempre que se fizer necessário orientá-lo na vida.

O conhecimento e prática das Leis de Deus exige esforço intelecto-moral por parte de cada indivíduo, condição necessária para melhor compreendê-la e exercitá-la: "Todos podem conhecê-la, mas nem todos a compreendem. Os homens de bem e os que desejam pesquisá-la são os que melhor a compreendem. Todos, entretanto, a compreenderão um dia, pois é preciso que o progresso se realize".[204] Kardec, por sua vez, pondera de que forma pode o homem, ser ainda imperfeito, vir a conhecer e vivenciar a Lei de Deus.

> A justiça das diversas encarnações do homem é uma consequência deste princípio, pois a cada nova existência sua inteligência se acha mais desenvolvida e ele compreende melhor o que é bem e o que é mal. Se, para ele, tudo tivesse que se realizar numa única existência, qual seria a sorte de tantos milhões de seres que morrem todos os dias no embrutecimento da selvageria ou nas trevas da ignorância, sem que deles tenha dependido o próprio esclarecimento?[205]

Nesse sentido, a aquisição do conhecimento associado à prática do bem, oferece condições para que se entenda as Leis Divinas ensinadas por Jesus: "Compreende-a [a alma] de acordo com o grau de perfeição a que tenha chegado e dela guarda a intuição quando unida ao corpo. Mas os maus instintos do homem fazem frequentemente que ele esqueça a Lei de Deus".[206]

Jesus, manifestado entre nós na categoria de Missionário de Deus, O Cristo ou Messias Divino, é o Guia e Modelo da Humanidade terrestre. O Espírito Emmanuel presta-nos importantes esclarecimentos a respeito, em seguida apresentados na forma de itens para facilitar o estudo.

1) **A Comunidade de Espíritos Puros:**

> Rezam as tradições do mundo espiritual que, na direção de todos os fenômenos do nosso sistema, existe uma Comunidade de Espíritos puros e eleitos pelo Senhor Supremo do Universo, em cujas mãos se conservam as rédeas diretoras da vida de todas as coletividades planetárias.
>
> Essa Comunidade de seres angélicos e perfeitos, da qual é Jesus um dos membros divinos [...].[207]

2) **Ações para a Terra provenientes da comunidade dos Espíritos Puros**

> Ao [...] que nos foi dado saber, apenas já se reuniu, nas proximidades da Terra, para a solução de problemas decisivos da organização e da direção do nosso planeta, por duas vezes, no curso dos milênios conhecidos.
>
> A primeira, verificou-se quando o orbe terrestre se desprendia da nebulosa solar, a fim de que se lançassem, no Tempo e no Espaço, as balizas do nosso sistema cosmogônico e os pródromos da vida na matéria em ignição, do planeta, e a segunda, quando se decidia a vinda do Senhor à face da Terra, trazendo à família humana a lição imortal do seu Evangelho de amor e redenção.[208]

3) A formação da Terra

> Jesus [...] com as suas legiões de trabalhadores divinos, lançou o escopro da sua misericórdia sobre o bloco de matéria informe, que a Sabedoria do Pai deslocara do Sol para as suas mãos augustas e compassivas. Operou a escultura geológica do orbe terreno, talhando a escola abençoada e grandiosa, na qual o seu coração haveria de expandir-se em amor, claridade e justiça. Com os seus exércitos de trabalhadores devotados, estatuiu os regulamentos dos fenômenos físicos da Terra, organizando-lhe o equilíbrio futuro na base dos corpos simples de matéria, cuja unidade substancial os espectroscópios terrenos puderam identificar por toda a parte no universo galáxico. Organizou o cenário da vida, criando, sob as vistas de Deus, o indispensável à existência dos seres do porvir. Fez a pressão atmosférica adequada ao homem, antecipando-se ao seu nascimento no mundo, no curso dos milênios; estabeleceu os grandes centros de força da ionosfera e da estratosfera, onde se harmonizam os fenômenos elétricos da existência planetária [...].[209]

Em síntese, Jesus definiu, em conjunto com os seus cooperadores diretos "[...] todas as linhas de progresso da Humanidade futura, engendrando a harmonia de todas as forças físicas que presidem ao ciclo das atividades planetárias".[210]

4) O programa espiritual para a Humanidade terrestre

A comunidade de Espíritos puros, também denominados Espíritos crísticos, traçou, desde os tempos imemoriais, muito antes da organização física do planeta, qual seria a destinação espiritual da Terra.

> Na sua condição de operários do progresso universal, foram portadores de revelações gradativas, no domínio dos conhecimentos superiores da Humanidade. Inspirados de Deus nos penosos esforços da verdadeira civilização, as suas ideias e trabalhos merecem o respeito de todas as gerações da Terra, ainda que as novas expressões evolutivas do plano cultural das sociedades mundanas tenham sido obrigadas a proscrever as suas teorias e antigas fórmulas.[211]

4.1.1 JESUS CRISTO, GUIA E MODELO DA HUMANIDADE TERRESTRE

É de fundamental importância para todos nós cristãos adquirirmos maiores esclarecimentos a respeito do governador espiritual da Terra, a fim de que se possa compreender, em espírito e verdade, a sua gloriosa mensagem de amor. O primeiro passo é libertar-nos de certas figuras teológicas, impostas por interpretações equivocadas, entre as quais destacamos a que, talvez, seja a mais grave: a de que Jesus seria o próprio Deus.

Trata-se de interpretação que não tem nenhum embasamento no Evangelho, que foi imposta por decisão de um concílio da Igreja Católica, o

Quarto *Concílio de Latrão* (ou 12º Concílio Ecumênico da Igreja), realizado em Roma, na igreja São João de Latrão, em 1215. Por meio de proclamações desse concílio foi definido que Deus está consubstanciado em três pessoas, expressões ou hipóstases: o Pai, o Filho (Jesus Cristo) e o Espírito Santo. Ou seja, o Criador Supremo não é uno, mas *um Deus formado de três pessoas*. Segundo esse concílio, as três pessoas que integram a Divindade são distintas, mas compõem uma mesma substância, essência ou natureza.[212]

O simples fato de personificar Deus já revela entendimento deturpado e antropomórfico, porque Deus seria visto como um homem em tamanho maior. Mas supô-lo subdividido em três pessoas, sendo que uma delas seria o próprio Cristo, foge à análise mais banal. Daí a sabedoria de Allan Kardec ao indagar aos Espíritos na primeira questão de *O livro dos espíritos*: *Que é Deus?* Para essa sábia indagação não faltou uma resposta à altura: "Deus é a inteligência suprema, causa primeira de todas as coisas"[213]

Os concílios ecumênicos idealizados e convocados pela Igreja Católica Apostólica Romana priorizaram ao longo dos séculos a consolidação da monarquia papal, pela edição de sucessivas normas teológicas e ações voltadas para a política da Igreja. Tal fato afastou a Igreja do cumprimento da missão espiritual que lhe cabia pela vivência do Evangelho de Jesus. Salvo honradas exceções, praticadas por alguns integrantes da religião católica e do protestantismo, a História registra graves equívocos cometidos, muitos dos quais pautados pelo derramamento de sangue e perseguições a indivíduos e povos, e que, hoje, são catalogados como crimes contra a Humanidade.

Em consequência, a construção da mentalidade cristã sofreu sério agravo ante a imposição de dogmas, rituais e manifestações de culto externo, deixando para planos secundários o esforço de melhoria moral ensinado pelo Cristo, ainda que, enfatizamos, em todas as épocas a Humanidade tenha sido amparada por valorosos cristãos, renascidos com a missão de restaurar o Evangelho de Jesus. Um exemplo notável foi Francisco de Assis (Giovanni di Pietro di Bernardone, nascido em Assis, Itália, em 5 de julho de 1182 e falecido em 3 de outubro de 1226, também em Assis) o qual, segundo Dante Alighieri (Florença, 21/05/1265–Ravena, 13 ou 14/09/1321), foi "uma *luz que brilhou sobre o mundo*."[214]

Contudo, a despeito do caráter renovador da mensagem cristã,

> Jesus não veio destruir a Lei, isto é, a Lei de Deus; veio cumpri-la, ou seja, desenvolvê-la, dar-lhe o verdadeiro sentido e adaptá-la ao grau de adiantamento dos homens. É por isso que se encontra, nessa lei, o princípio dos deveres para

com Deus e para com o próximo, que constitui a base da sua doutrina. [...] Combatendo constantemente o abuso das práticas exteriores e as falsas interpretações, não podia fazê-las passar por uma reforma mais radical, do que as reduzindo a esta única prescrição: "Amar a Deus acima de todas as coisas e ao próximo como a si mesmo", e acrescentando: *aí estão toda a lei e os profetas*".[215]

A mensagem cristã promove uma profunda renovação nos costumes sociais e religiosos: "[...] O Antigo Testamento é o alicerce da Revelação Divina. O Evangelho é o edifício da redenção das almas. Como tal, devia ser procurada a lição de Jesus, não mais para qualquer exposição teórica, mas visando cada discípulo o aperfeiçoamento de si mesmo, desdobrando as edificações do Divino Mestre no terreno definitivo do Espírito".[216]

Em termos objetivos, podemos afirmar que Jesus é considerado pelos diferentes representantes do Cristianismo como sendo o Messias Divino, portador de missão específica junto à Humanidade terrestre, por designação de Deus.

> Jesus, cuja perfeição se perde na noite imperscrutável das eras, personificando a sabedoria e o amor, tem orientado todo o desenvolvimento da Humanidade terrena, enviando os seus iluminados mensageiros, em todos os tempos, aos agrupamentos humanos, e assim como presidiu a formação do orbe, dirigindo, como Divino Inspirador, a quantos colaboraram na tarefa da elaboração geológica do planeta e da disseminação da vida em todos os laboratórios da natureza, desde que o homem conquistou a racionalidade, vem-lhe fornecendo a ideia da sua divina origem, o tesouro das concepções de Deus e da imortalidade do Espírito, revelando-lhe, em cada época, aquilo que a sua compreensão pode abranger.[217]

A vinda do Cristo há mais de dois mil anos, mostra que a Humanidade já oferecia, desde aquela época, condições para começar a entender ensinamentos superiores, ainda que o processo para os vivenciar fosse lento, porém sempre gradual. A chegada de Jesus ao planeta como o Emissário Divino, previsto pelos profetas do Antigo Testamento, entre eles *Isaías* (9:1 a 6), indica: "A manjedoura assinalava o ponto inicial da lição salvadora do Cristo, como a dizer que a humildade representava a chave de todas as virtudes. Começava a era definitiva da maioridade espiritual da Humanidade terrestre, uma vez que Jesus, com a sua exemplificação divina, entregaria o código da fraternidade e do amor a todos os corações".[218]

> [...] Cristo vinha trazer ao mundo os fundamentos eternos da verdade e do amor. Sua palavra, mansa e generosa, reunia todos os infortunados e todos os pecadores. Escolheu os ambientes mais pobres e mais desataviados para viver a intensidade de suas lições sublimes, mostrando aos homens que a verdade

dispensava o cenário suntuoso dos areópagos, dos fóruns e dos templos, para fazer-se ouvir na sua misteriosa beleza. Suas pregações, na praça pública, verificam-se a propósito dos seres mais desprotegidos e desclassificados, como a demonstrar que a sua palavra vinha reunir todas as criaturas na mesma vibração de fraternidade e na mesma estrada luminosa do amor. Combateu pacificamente todas as violências oficiais do Judaísmo, renovando a Lei Antiga com a doutrina do esclarecimento, da tolerância e do perdão. Espalhou as mais claras visões da vida imortal, ensinando às criaturas terrestres que existe algo superior às pátrias, às bandeiras, ao sangue e às leis humanas. Sua palavra profunda, enérgica e misericordiosa, refundiu todas as filosofias, aclarou o caminho das ciências e já teria irmanado todas as religiões da Terra, se a impiedade dos homens não fizesse valer o peso da iniquidade na balança da redenção.[219]

Os tempos atuais, da grande transição planetária, são período que também se caracteriza pela definição de valores morais. Mais do nunca, precisamos do Cristo em nossa vida, a fim de que possamos superar os desafios existenciais e, ao mesmo tempo, impulsionarmos a própria evolução espiritual. Surge, então, a urgente necessidade de atendermos com decisão ao apelo de Alcíone, citado por Emmanuel, no livro *Renúncia*: "A mensagem do Cristo precisa ser conhecida, meditada, sentida e vivida".[220] Porque, acrescenta: "Nesta ordem de aquisições, não basta estar informado. Um preceptor do mundo nos ensinará a ler; o Mestre, porém, nos ensina a proceder, tornando-se-nos, portanto, indispensável a cada passo da existência [...]."[221]

Faz parte do nosso aprendizado espiritual conhecer e meditar a respeito dos ensinamentos de Jesus. Todavia, este conhecimento do Evangelho deve caracterizar impulso evolutivo, um meio de transformação para melhor. Somente assim, adquiriremos a necessária força moral para superar as próprias limitações e, pelo uso adequado do livre-arbítrio, vivenciar cada preceito evangélico no dia a dia da existência. Com certeza, a vivência da Boa-Nova nos conduzirá aos planos superiores da vida. Faz-se necessário, porém, esforço para superarmos as imperfeições, sacrificando anseios egocêntricos que nos fazem supor melhores do que na realidade somos, como pondera Humberto de Campos (Irmão X): "[...] é muito fácil cantar hosanas a Deus, mas muito difícil cumprir-lhe a Divina Vontade, com o sacrifício de nós mesmos."[222]

Os princípios orientadores do Evangelho de Jesus direcionam-nos para a aplicação da Lei de Amor a Deus e ao próximo. São princípios desafiantes da mensagem cristã para todos nós, Espíritos imperfeitos que, para superarmos esta dificuldade, precisamos nos empenhar muito, fazendo uso adequado da vontade, a fim de entendermos a simplicidade da qual a mensagem cristã se reveste, a limpidez e a lógica de suas ideias, livres de fórmulas iniciáticas ou de manifestações de culto externo. Estejamos convictos de que somente a vivência plena do amor nos conduzirá à condição de cristãos verdadeiros, como lembra o Espírito Lázaro, em mensagem transmitida em Paris, no ano de 1862: "O amor resume a Doutrina de Jesus inteira, porque é o sentimento por excelência, e os sentimentos são os instintos elevados à altura do progresso feito. [...] A Lei de Amor substitui a personalidade pela fusão dos seres; extingue as misérias sociais [...]."[223]

> Não se reveste o ensinamento de Jesus de quaisquer fórmulas complicadas.
>
> Guardando embora o devido respeito a todas as escolas de revelação da fé com os seus colégios iniciáticos, notamos que o Senhor desce da Altura, a fim de libertar o templo do coração humano para a sublimidade do amor e da luz, através da fraternidade, do amor e do conhecimento.
>
> Para isso, o Mestre não exige que os homens se façam heróis ou santos de um dia para outro. Não pede que os seguidores pratiquem milagres, nem lhes reclama o impossível. Dirige-se a palavra dele à vida comum, aos campos mais simples do sentimento, à luta vulgar e às experiências de cada dia [...].[224]

Para vivenciarmos a mensagem do Cristo, em espírito e verdade, é necessário absorver integralmente os seus princípios divinos. Não há outra saída.

> Que Jesus é o Divino Governador do planeta não podemos duvidar. O que fará Ele do mundo redimido ainda não sabemos, porque ao soldado humílimo são defesos os planos do General.
>
> A Boa-Nova, todavia, é muito clara, quanto à primeira plataforma do Mestre dos mestres. Ele não apresentava títulos de reformador dos hábitos políticos, viciados pelas más inclinações de governadores e governados de todos os tempos.
>
> Anunciou-nos a celeste revelação que Ele viria salvar-nos de nossos próprios pecados, libertar-nos da cadeia de nossos próprios erros, afastando-nos do egoísmo e do orgulho que ainda legislam para o nosso mundo consciencial.
>
> Achamo-nos, até hoje, em simples fase de começo do apostolado evangélico — Cristo libertando o homem das chagas de si mesmo, para que o homem limpo consiga purificar o mundo.
>
> O reino individual que puder aceitar o serviço liberatório do Salvador encontrará a vida nova.[225]

4.2 A MISSÃO DE JESUS

Em *O livro dos espíritos* os orientadores espirituais informam que Jesus é o Espírito mais perfeito que Deus enviou à Terra para servir de guia e modelo à Humanidade.²²⁶ Informação que é enriquecida por esses comentários de Allan Kardec: "Para o homem, Jesus constitui o tipo da perfeição moral a que a Humanidade pode aspirar na Terra. Deus no-lo oferece como o mais perfeito modelo e a doutrina que ensinou é a expressão mais pura da Lei do Senhor, porque, sendo Ele o mais puro de quantos têm aparecido na Terra, o Espírito Divino o animava".²²⁷

Passados mais de dois milênios da vinda do Cristo, percebemos que a sua mensagem foi muito adulterada por religiosos representantes das diferentes igrejas cristãs que, atendendo aos interesses das políticas da igreja, mesclaram os ensinamentos evangélicos com preceitos teológicos, dogmas e rituais, de forma que os textos do Evangelho e os demais dos livros neotestamentais passaram a ser interpretados literalmente, acumulando-se equívocos ao longo da história. Kardec destaca este estado de coisas e nos apresenta análise lúcida que deve merecer a nossa atenção e cuidados:

> Por ser única, a verdade não pode achar-se contida em afirmações contrárias e não há razão para que Jesus imprimisse duplo sentido às suas palavras. Se, pois, as diferentes seitas se contradizem; se umas consideram verdadeiro o que outras condenam como heresias, é impossível que todas estejam com a verdade. Se todas houvessem apreendido o sentido verdadeiro do ensino evangélico, todas se teriam encontrado no mesmo terreno e não existiriam seitas.
>
> O que *não passará* é o verdadeiro sentido das palavras de Jesus; o que *passará* é o que os homens construíram sobre o sentido falso que deram a essas mesmas palavras.²²⁸

O trabalho do espírita, do cristão sincero é, portanto, o de resgatar o verdadeiro sentido dos ensinamentos do Cristo, que, obviamente, extrapolam símbolos, teologias e opiniões pessoais. Devemos estar atentos para não representarmos aquela planta que será arrancada porque não foi plantada pelo Pai Celestial (*Mateus*, 15:13). Ante tal compreensão, o espírita, em particular, deve procurar entender o Evangelho segundo os postulados da Doutrina Espírita, uma vez que esta representa o cumprimento da promessa do Cristo, assim registrada por João: "Se me amais, observareis os meus mandamentos, e eu rogarei ao Pai, e ele vos dará outro Paráclito para que convosco permaneça para sempre; o Espírito da Verdade, que o mundo não pode acolher, porque não vê nem o conhece" (*João*, 14:15 a 17). "Mas o Paráclito, o Espírito Santo, que o Pai enviará em meu nome, vos ensinará tudo, e vos recordará tudo o que vos disse" (*João*, 14:26).

A missão de Jesus, objeto desse estudo, pode ser resumida nas seguintes palavras do Codificador: "Tendo por missão transmitir aos homens o pensamento de Deus, somente a Sua Doutrina em toda a pureza pode exprimir esse pensamento".[229] E o Espírito Emmanuel acrescenta, por sua vez: "Jesus, cuja perfeição se perde na noite imperscrutável das eras, personificando a sabedoria e o amor, tem orientado todo o desenvolvimento da Humanidade terrena [...]."[230]

Jesus disponibiliza à Humanidade terrestre a Lei de Justiça transmitida por Moisés nos Dez Mandamentos (Decálogo). O Mestre Nazareno traz a Lei de Amor e todas as orientações espirituais necessárias à melhoria moral do homem. A Lei de Amor é roteiro seguro do homem de bem, e está resumida nestes dois ensinos: "Amarás o Senhor, teu Deus, de todo o teu coração, e de toda a tua alma, e de todo o teu pensamento. Este é o primeiro e grande mandamento. E o segundo, semelhante a este, é: Amarás o teu próximo como a ti mesmo. Desses dois mandamentos dependem toda a Lei e os profetas" (*Mateus*, 22: 37 a 40).[231]

> Amar o próximo como a si mesmo; fazer pelos outros o que gostaríamos que os outros fizessem por nós é a expressão mais completa da caridade, porque resume todos os deveres do homem para com o próximo. Não podemos encontrar guia mais seguro, a tal respeito, do que tomar, como medida do que devemos fazer aos outros, aquilo que desejamos para nós mesmos. Com que direito exigiríamos dos nossos semelhantes melhor proceder, mais indulgência, mais benevolência e devotamento, do que os temos para com eles? A prática dessas máximas tende à destruição do egoísmo. Quando os homens as adotarem como regra de conduta e como base de suas instituições, compreenderão a verdadeira fraternidade e farão que entre eles reinem a paz e a justiça. Não mais haverá ódios nem dissensões, mas apenas união, concórdia e benevolência mútua.[232]

Para que a missão de Jesus fosse cumprida, foi necessário que ele atualizasse a Lei Antiga, que se encontra descrita no Antigo Testamento. Jesus não revogou a Lei de Deus (Decálogo) nem os ensinamentos essenciais dos demais profetas, o que seria um contrassenso, mas extraiu deles o espírito, ou seja, o sentido verdadeiro, libertando-os das limitações dos aspectos externos, literais. Adequou a legislação antiga aos preceitos do amor e da verdadeira Justiça Divina. Justiça que difere da praticada pelo judaísmo e, mais tarde, pelos pressupostos das igrejas cristãs. A Justiça pregada pelo Cristo é plena de misericórdia e bondade e transmite a ideia de *Pai* quando se refere ao Criador Supremo. Um Pai que vela pelos seus filhos; um Criador infinitamente bondoso, misericordioso e justo, o Pai Celestial. São condições completamente diversas do terrível *Jahweh*, o Deus vingador e dos exércitos, que o Antigo Testamento simboliza.

Jesus não veio destruir a Lei, isto é, a Lei de Deus; veio cumpri-la, ou seja, desenvolvê-la, dar-lhe o verdadeiro sentido e adaptá-la ao grau de adiantamento dos homens. É por isso que se encontra, nessa lei, o princípio dos deveres para com Deus e para com o próximo, que constitui a base da sua doutrina. Quanto às Leis de Moisés propriamente ditas, Ele, ao contrário, as modificou profundamente, quer na substância quer na forma. Combatendo constantemente o abuso das práticas exteriores e as falsas interpretações, não podia fazê-las passar por uma reforma mais radical, do que as reduzindo a esta única prescrição: "Amar a Deus acima de todas as coisas e ao próximo como a si mesmo", e acrescentando: "aí estão toda a Lei e os profetas".[233]

Assim, a prática do bem não é apenas um critério para o homem alcançar o reino de Deus. É o único critério. O exercício da Lei de Amor é, pois, condição evolutiva, como ensina o Espírito Lázaro, em mensagem transmitida em Paris, no ano de 1862.

> O amor resume a doutrina de Jesus inteira, porque é o sentimento por excelência, e os sentimentos são os instintos elevados à altura do progresso feito. Em sua origem, o homem só tem instintos; quando mais avançado e corrompido, só tem sensações; mais instruído e purificado, tem sentimentos. E o ponto delicado do sentimento é o amor, não o amor no sentido vulgar do termo, mas esse sol interior que condensa e reúne em seu ardente foco todas as aspirações e todas as revelações sobre-humanas. A Lei de Amor substitui a personalidade pela fusão dos seres; extingue as misérias sociais. Feliz aquele que, ultrapassando a sua Humanidade, ama com amplo amor os seus irmãos em sofrimento! Feliz aquele que ama, porque não conhece a miséria da alma nem a do corpo; seus pés são ligeiros e vive como que transportado, fora de si mesmo. Quando Jesus pronunciou a divina palavra — amor —, os povos estremeceram e os mártires, ébrios de esperança, desceram ao circo.
>
> [...]
>
> Eu disse que o homem, em sua origem, só tem instintos. Aquele, pois, em quem predominam os instintos, ainda se acha mais próximo do ponto de partida, do que da meta. A fim de avançar para a meta, é preciso vencer os instintos, em proveito dos sentimentos, isto é, aperfeiçoar estes últimos, sufocando os germes latentes da matéria. Os instintos são a germinação e os embriões do sentimento [...].
>
> O Espírito precisa ser cultivado, como um campo. Toda a riqueza futura depende do labor atual que, muito mais que os bens terrenos, vos fará conquistar a elevação gloriosa. É então que, compreendendo a lei de amor que liga todos os seres, nela buscareis os suaves gozos da alma, que são o prelúdio das alegrias celestes.[234]

Para Fénelon, outro Espírito orientador da Codificação, a condição de amar a Deus é, primeiramente, amar ao próximo. Em outras palavras, o próximo é, efetivamente, o instrumento da nossa evolução, a fim de que possamos ter acesso ao Reino dos Céus. Eis um resumo dos esclarecimentos de Fénelon, transmitidos em Bordeaux, ano 1861:[235]

> O amor é de essência divina e todos vós, do primeiro ao último, tendes no fundo do coração a centelha desse fogo sagrado.
>
> [...] Esse germe se desenvolve e cresce com a moralidade e a inteligência e, embora oprimido muitas vezes pelo egoísmo, torna-se a fonte de santas e doces virtudes que constituem as afeições sinceras e duráveis e vos ajudam a transpor o caminho escarpado e árido da existência humana.
>
> [...] Pois bem! para praticardes a Lei de Amor, tal como Deus o entende, é preciso que chegueis passo a passo a amar a todos os vossos irmãos indistintamente. A tarefa é longa e difícil, mas será realizada: Deus o quer e a Lei de Amor constitui o primeiro e o mais importante preceito da vossa nova Doutrina, porque é ela que um dia matará o egoísmo, seja qual for a forma sob a qual ele se apresente [...].
>
> [...] Disse Jesus: "Amai o vosso próximo como a vós mesmos". Ora, qual é o limite com relação ao próximo? Será a família, a seita, a nação? Não; é a Humanidade inteira [...].
>
> Os efeitos da lei de amor são o melhoramento moral da raça humana e a felicidade durante a vida terrestre. Os mais rebeldes e os mais viciosos se reformarão, quando observarem os benefícios resultantes da prática desta sentença: Não façais aos outros o que não gostaríeis que os outros vos fizessem; fazei, ao contrário, todo o bem que puderdes fazer-lhes.
>
> Não acrediteis na esterilidade e no endurecimento do coração humano; ele cederá, a despeito de si mesmo, ao amor verdadeiro [...].
>
> [...] A Terra, morada de exílio e de provas, será então purificada por esse fogo sagrado e nela se praticarão a caridade, a humildade, a paciência, o devotamento, a abnegação, a resignação e o sacrifício, isto é, todas as virtudes que são filhas do amor [...].

A Lei de Amor resume, pois, a Doutrina de Jesus. Essa foi a sua sublime missão junto à Humanidade terrestre, como também consta o Espírito Sanson, que fora, quando reencarnado, membro da Sociedade Espírita de Paris, em mensagem transmitida em 1863.

> Amar, no sentido profundo do termo, é ser leal, probo, consciencioso, para fazer aos outros aquilo que se desejaria para si mesmo; é procurar em torno de si o sentido íntimo de todas as dores que acabrunham os vossos irmãos, para suavizá-las; é considerar como sua a grande família humana, porque essa família todos a encontrareis, dentro de certo período, em mundos mais adiantados, já que os Espíritos que a compõem são, como vós, filhos de Deus,

marcados na fronte para se elevarem ao infinito. É por isso que não podeis recusar aos vossos irmãos o que Deus vos dá com tanta prodigalidade, porque, de vossa parte, muito vos alegraria que vossos irmãos vos dessem aquilo de que necessitais. Para todos os sofrimentos, tende, pois, sempre uma palavra de esperança e de amparo, a fim de que sejais todo amor, todo justiça.[236]

Por último, importa considerar que os ensinamentos de Jesus são de fácil aplicação, desde que o ser humano se esforce em desenvolver virtudes, como ensina Emmanuel.

Não se reveste o ensinamento de Jesus de quaisquer fórmulas complicadas.

Guardando embora o devido respeito a todas as escolas de revelação da fé com os seus colégios iniciáticos, notamos que o Senhor desce da Altura, a fim de libertar o templo do coração humano para a sublimidade do amor e da luz, através da fraternidade, do amor e do conhecimento.

Para isso, o Mestre não exige que os homens se façam heróis ou santos de um dia para outro. Não pede que os seguidores pratiquem milagres, nem lhes reclama o impossível. Dirige-se a palavra dele à vida comum, aos campos mais simples do sentimento, à luta vulgar e às experiências de cada dia.[237]

4.3 JESUS É O CAMINHO, A VERDADE E A VIDA

Na última reunião realizada com os apóstolos, imortalizada pela História como a Última Ceia, pouco antes da crucificação, Jesus anuncia: "Eu sou o Caminho, a Verdade e a Vida. Ninguém vem ao Pai a não ser por mim. Se me conheceis, também conhecereis meu Pai. Desde agora o conheceis e o vistes." (*João*, 14:6 e 7)[238] São palavras que confirmam ser Jesus o Messias aguardado, o exemplo a ser seguido. E, como espíritas, devemos dobrar a vigilância, procurando identificar a que senhor, realmente, estamos servindo. Se seguimos o Mestre Nazareno, é necessário manter a perseverança do propósito de segui-lo, visto que ele é o Guia e Modelo da Humanidade.

Espiritismo sem Evangelho é apenas sistematização de ideias para transposição da atividade mental, sem maior eficiência na construção do porvir humano.

Trabalhemos, porém, quanto estiver ao nosso alcance, a fim de que o Cristianismo Redivivo prevaleça entre nós, para que a experiência terrestre não vos constitua patrimônio indesejável e inútil e para que, unidos fraternamente, sejamos colaboradores sinceros do Mestre, sem esquecer-lhe as sublimes palavras: "Eu sou o Caminho, a Verdade e a Vida. Ninguém vai ao Pai senão por Mim.[239]

Segundo a *Bíblia de Jerusalém*, o enunciado de Jesus apresenta o seguinte significado: "Estes três títulos são ditos de Cristo em referência aos bens que obtemos graças a Ele. Porque nos ensina a verdade concernente à nossa vida moral, é a Verdade (8:32). Porque nos ensina como caminhar no caminho que leva ao Pai (8:12; 11:9 e 10; 12:35), dando-nos ele próprio o exemplo (*I João*, 2:6; *João*, 13:15), é o Caminho. Porque, seguindo esse Caminho, obteremos a Vida (12:50). Ele é a Vida."[240] Cabe-nos, por nossa vez, aceitar o jugo de Jesus:

> [...] Abraçar o Cristianismo é avançar para a vida melhor.
>
> Aceitar a tutela de Jesus e marchar, em companhia d'Ele, é aprender sempre e servir diariamente, com renovação incessante para o bem infinito, porque o trabalho construtivo, em todos os momentos da vida, é a jornada sublime da alma, no rumo do conhecimento e da virtude, da experiência e da elevação.
>
> Zonas sem estradas que lhes intensifiquem o serviço e o transporte são regiões de economia paralítica.
>
> Cristãos que não aproveitam o caminho do Senhor para alcançarem a legítima prosperidade espiritual são criaturas voluntariamente condenadas à estagnação.[241]

Importa considerar, igualmente: "Sem o *Caminho* não pode haver avanço; sem a *Verdade* não pode haver conhecimento; sem a *Vida*, não pode haver vida. Eu sou o Caminho, que deveis procurar; a Verdade na qual deveis crer; e Eu sou a Vida, na qual deveis pôr as vossas esperanças [...]."[242] Neste sentido, inserimos, em seguida, alguns esclarecimentos do respeitável teólogo, professor acadêmico e estudioso do Antigo e Novo Testamentos, Russel Norman Champlin, a respeito da afirmação de Jesus: *Eu sou o Caminho, a Verdade e a Vida*.

4.3.1 EU SOU O CAMINHO

> 1) Jesus é o caminho para Deus, o qual é o destino final da Humanidade redimida.
>
> 2) Portanto, Jesus é o caminho para os lugares celestiais [...].
>
> 3) Jesus é o caminho para a transformação espiritual, a fim de que os homens venham a participar da forma de vida divina, a vida necessária e independente do próprio Pai [...], a plenitude de Deus, isto é, sua natureza e seus atributos [...].
>
> 4) Jesus é o Pioneiro desse caminho, e mostra aos homens como se devem desenvolver espiritualmente, pois sempre palmilhou pela vereda que os homens devem seguir. Ele é o Homem ideal a ser seguido, o Homem divino a ser duplicado [...].[243]

Em relação à expressão, o Espírito Amélia Rodrigues nos faz refletir a respeito da responsabilidade e consequências do uso do livre-arbítrio:

> Para todas as direções existem caminhos. Há curtos caminhos [...] Também os há largos e longos [...]. A vida, em si mesma, é um caminho que cada criatura

percorre na experiência existencial com êxito ou fracasso, conforme a opção feita. Todos seguimos por caminhos variados, muitas vezes, ignorando o ponto a que nos levam.[244]

Todo cuidado é pouco ao traçarmos o caminho que iremos seguir na vida, recordando sempre:

> Os lidadores do bem seguem os caminhos da esperança e se iluminam.
>
> Os servidores da caridade movimentam-se nas trilhas do sacrifício e chegam aos portos da paz. Os apóstolos do amor elegem os roteiros da ação dignificante e repousam nos climas da ventura que alcançam.
>
> Na diversidade de caminhos, os homens perturbam-se ou libertam-se...[245]

4.3.2 EU SOU A VERDADE

> 1) A Verdade que mostra que o Senhor Jesus não é somente o alvo, mas igualmente o caminho para esse alvo, é verdade importantíssima [...].
>
> 2) Apesar de o seguirmos no caminho, palmilhando pelo caminho que ele nos aponta, sendo ele mesmo o alvo para onde conduz a vereda, podemos descobrir que se trata de uma jornada rigorosa; e o próprio Senhor Jesus assegurou-nos que os discípulos não devem esperar que a nossa peregrinação não tenha durezas, tal como a dele mesmo foi dificílima [...].[246]

A verdade que Jesus corporifica é a Verdade Divina, sem mácula, a que conduz o homem à felicidade plena:

> O progresso marcha, lenta ou aceleradamente, e ninguém o pode deter. É o processo natural da vida, que evolui sistematicamente sem nunca parar.
>
> [...]
>
> O mesmo ocorre com a verdade. Não pode ser impedida, porque o seu fluxo, o seu curso, é inestancável.
>
> Quanto mais lúcida a civilização, mais claro se lhe desvela o conhecimento da verdade, ultrapassando o chavão comum, que fala a respeito daquela que é de *cada um*. Expande-se e, mesmo quando sombreada pelos cúmulos dos preconceitos e dos comportamentos arbitrários, rompe o aparente impedimento e brilha com todo o esplendor.
>
> A verdade é única, embora sejam conhecidas apenas algumas de suas faces - particularmente aquelas que podem ser aceitas sem muitas discussões ou querelas.
>
> As palavras, que pretendem apresentá-la ao mundo e às pessoas, não poucas vezes alteram-na, confundem quem a busca, dividem-na em ideologias e interpretações, causando dificuldades e problemas.
>
> [...]

Imbatível, termina por impregnar as mentes e acolher-se nos corações.

A verdade é transparente como a luz diáfana do amanhecer; é vida que nutre e pão que alimenta.

A verdade procede de Deus e a Ele conduz o pensamento, as realizações e os seres.

[...]

Jesus afirmou que a verdade liberta, porque desalgema, dignifica, impondo responsabilidade e dever, que são as suas primeiras consequências.[247]

4.3.3 EU SOU A VIDA

1) Jesus é vida porque, na qualidade de *Logos* [do grego, a palavra, o verbo] divino e eterno, ele compartilha da mais elevada forma de toda espécie de vida, a vida do próprio Deus. Por conseguinte, ele é verdadeiramente divino.

2) Essa vida divina, porém, Jesus transmite aos homens regenerados, tal como a mesma lhe foi transmitida, quando de sua encarnação humana.

3) Em sua encarnação, o Senhor Jesus veio ensinar aos homens como devem compartilhar dessa vida, porque lhes demonstrou como a recebeu, mediante uma transformação moral e metafísica [...].

4) Jesus transmite a vida real, não como símbolo, e sim, como um fato, em contraste com o judaísmo que não passava de um símbolo, segundo os ensinamentos dos profetas, na lei de Moisés e nos ritos cerimoniais [...].

5) Jesus Cristo é a vida, tanto a vida futura como o princípio e a fonte originária de toda a vida, pelo que também aquele que não se achega a Deus, por intermédio dele, está sujeito à condenação, à morte espiritual [...].[248]

Jesus é vida e ele nos dá a vida, em nome do Pai Celestial, e dá-nos vida em abundância.

Se a paz da criatura não consiste na abundância do que possui na Terra, depende da abundância de valores definitivos de que a alma é possuída.

Em razão disso, o Divino Mestre veio até nós para que sejamos portadores de vida transbordante, repleta de luz, amor e eternidade.

Em favor de nós mesmos, jamais deveríamos esquecer os dons substanciais a serem amealhados em nosso próprio espírito.

[...]

É imprescindível construir o castelo interior, de onde possamos erguer sentimentos aos campos mais altos da vida.

Encheu-nos Jesus de sua presença sublime, não para que possuamos facilidades efêmeras, mas para sermos possuídos pelas riquezas imperecíveis; não para que nos cerquemos de favores externos, e sim para concentrarmos em nós as aquisições definitivas.

Sejamos portadores da vida imortal.

Não nos visitou o Cristo, como doador de benefícios vulgares. Veio ligar-nos a lâmpada do coração à usina do Amor de Deus, convertendo-nos em luzes inextinguíveis.[249]

Em outras palavras, podemos repetir, como se fora Jesus, o significado dado por Vinícius à afirmativa do Cristo: "Eu sou o Caminho, a Verdade e a Vida; ninguém vem ao Pai, a não ser por mim. Se me conheceis, também conhecereis meu Pai. Desde agora o conheceis e o vistes" (*João*, 14: 6,7):

> Sou o *Caminho*, porque já fiz o percurso que ainda não fizestes; posso, portanto, ser, como de fato sou, vosso guia, vosso roteiro, vosso cicerone. Ninguém vos poderá conduzir e orientar senão Eu mesmo, porque nenhum outro, de todos que baixaram à Terra, jamais fez o trajeto que conduz ao Pai. Por isso vos digo: ninguém realiza os eternos destinos, senão acompanhando-me, seguindo as minhas pegadas.
>
> Sou a *Verdade*, porque não falo de mim mesmo, não fantasio como fazem os homens que buscam seus próprios interesses e sua própria glória; só falo o que ouvi e aprendi do Pai, agindo como seu oráculo, como seu mesmo Verbo encarnado.
>
> Sou a *Vida*, porque sou ressurgido, dominei a matéria, sou imortal, tenho vida em mim mesmo. Não sou como os homens cuja existência efêmera e instável depende, em absoluto, de circunstâncias externas.[250]

Jesus veio ao mundo para nos revelar como alcançar o Reino de Deus. Manifestou-se como o enviado celestial não apenas por palavras e curas realizadas, mas, sobretudo, pelo exemplo. Precisamos, então, em cada minuto que passa, estarmos atentos às lições deixadas pelo Messias Divino, procurando nos transformar para o bem. Procuremos, acima de tudo, como orienta Emmanuel, irmanar-nos em Jesus:

> Ante o mundo moderno, em doloroso e acelerado processo de transição, procuremos em Cristo Jesus o clima de nossa reconstrução espiritual para a Vida Eterna.
>
> [...]
>
> Profundas transformações políticas assinalam o caminho das nações, asfixiantes dificuldades pesam sobre os interesses coletivos, em toda a comunidade planetária, e, acima de tudo, lavra a discórdia, em toda parte, desintegrando o idealismo santificante.
>
> [...]

O momento, por isto mesmo, é de luz para as trevas, amor para o ódio, esclarecimento para a ignorância, bom ânimo para o desalento.

Não bastará, portanto, a movimentação verbalística.

Não prevalece a plataforma doutrinária tão somente.

Imprescindível renovar o coração, convertendo-o em vaso de graças divinas para a extensão das dádivas recebidas.

[...].

Transformemo-nos, assim, naquelas "cartas vivas" do Mestre a que o Apóstolo Paulo se refere em suas advertências imortais.

Indaguemos, estudemos, movimentemo-nos na esfera científica e filosófica, todavia, não nos esqueçamos do "amemo-nos uns aos outros" como o Senhor nos amou.

Sem amor, os mais alucinantes oráculos são igualmente aquele "sino que tange" sem resultados práticos para as nossas necessidades espirituais.

[...]

Reveste-se a hora atual de nuvens ameaçadoras.

Não nos iludamos. O amor ilumina a justiça, mas a justiça é a base da Lei Misericordiosa.

O mundo em luta atravessa angustioso período de aferição.

Irmanemo-nos, desse modo, em Jesus, para que a tormenta não nos colha, de surpresa, o coração. [...].[251]

4.4 OS APÓSTOLOS DE JESUS. A MISSÃO DOS APÓSTOLOS

Traçaremos, neste estudo, em linhas gerais, a vida e obra dos apóstolos, acrescentando que são escassos os registros históricos existentes. Mesmo assim, é possível identificar características da personalidade dos membros do Colégio Apostolar do Cristo.

Como é importante distinguir o significado de *apóstolo* e de *discípulo*, palavras usuais nos textos bíblicos, do Antigo e do Novo Testamento, apresentamos em seguida os conceitos básicos.

4.4.1 APÓSTOLO

Palavra grega, originária do verbo *apostello*, que significa "pessoa enviada", "mensageiro". No Novo Testamento, quando aplicada a Jesus indica "o enviado de Deus".²⁵² Pode referir-se ao "enviado às igrejas", como aconteceu a Pedro, João e a Paulo, entre outros. De qualquer forma, a palavra "[...] é aplicada de modo absoluto ao grupo de homens que mantinham a dignidade suprema na igreja primitiva. Visto que *apostello* parece significar frequentemente *enviar com um propósito particular*.[...]",²⁵³ apóstolo pode ter alguma relação com a palavra judaica *shaliah*, "um representante reconhecido de uma autoridade religiosa incumbida de levar mensagem e guardar dinheiro dotada de poder para agir em lugar daquela autoridade."²⁵⁴

4.4.2 DISCÍPULO

Vocábulo que tem origem no hebraico *limud*, traduzido para o grego como *mathenes* e para o latim como *discipulus*, traz o significando de "pupilo", "aprendiz". A palavra hebraica (*limud*) pode também significar "erudito".

> No Velho Testamento o vocábulo aparece com frequência, indicando que a "[...] relação entre o mestre e o discípulo era uma característica comum no mundo antigo, onde os filósofos gregos e os rabinos judeus reuniam em torno de si grupos de aprendizes e discípulos. Nos tempos do NT, uma prática semelhante tinha prosseguimento, e a palavra significava em geral aqueles que aceitavam os ensinamentos de outro – exemplo, de João Batista (*Mateus*, 9:14; *João*, 1:35) dos fariseus (*Marcos*, 2:18; *Lucas*, 5:33) e de Moisés (*João*, 9:28) [...].²⁵⁵

De forma genérica, é comum nos dias atuais empregar as palavras *discípulo* e *apóstolo* como sinônimas, sobretudo em palestras ou outras exposições verbais. Contudo, discípulo mantém sentido original de aprendiz, enquanto apóstolo refere-se a alguém que já possui maior conhecimento, investido ou não de alguma missão.

4.4.3 OS APÓSTOLOS DE JESUS

Jesus organizou um colégio apostolar formado de 12 apóstolos para a execução de sua missão, com apoio usual de discípulos, familiares ou amigos dos apóstolos. Concluído o aprendizado essencial, Jesus envia os apóstolos a diversos lugares para que anunciem o Evangelho do Reino e a vinda do Reino de Deus.

> Jesus chamou a equipe dos apóstolos que lhe asseguraram cobertura à obra redentora, não para incensar-se e nem para encerrá-los em torre de marfim, mas para erguê-los à condição de amigos fiéis, capazes de abençoar, confortar, instruir e servir ao povo que, em todas as latitudes da Terra, lhe constitui a amorosa família do coração.²⁵⁶

No *Evangelho segundo Marcos*, consta que Jesus

> Depois subiu à montanha, e chamou a si os que ele queria, e eles foram até ele. E constituiu Doze para que ficassem com ele, para enviá-los a pregar, e terem autoridade para expulsar os demônios. Ele constituiu, pois, os Doze, e impôs a Simão o nome de Pedro; a Tiago, o filho de Zebedeu, e a João, o irmão de Tiago, impôs o nome de Boanerges, isto é, filhos do trovão, depois André, Filipe, Bartolomeu, Mateus, Tomé, Tiago, o filho de Alfeu, Tadeu, Simão o zelota, e Judas Iscariot, aquele que o entregou (*Marcos*, 3:13 a 19).[257]

O Espírito Humberto de Campos (ou Irmão X) nos apresenta características gerais dos apóstolos no texto que se segue.

> [...] Depois de uma das suas pregações do novo reino, chamou os doze companheiros que, desde então, seriam os intérpretes de suas ações e de seus ensinos. Eram eles os homens mais humildes e simples do lago de Genesaré.
>
> Pedro, André e Filipe eram filhos de Betsaida, de onde vinham igualmente Tiago e João, descendentes de Zebedeu. Levi, Tadeu e Tiago, filhos de Alfeu e sua esposa Cleofas, parenta de Maria, eram nazarenos e amavam a Jesus desde a infância, sendo muitas vezes chamados "os irmãos do Senhor", à vista de suas profundas afinidades afetivas. Tomé descendia de um antigo pescador de Dalmanuta, e Bartolomeu nascera de uma família laboriosa de Caná da Galileia. Simão, mais tarde denominado "o Zelote", deixara a sua terra de Canaã para dedicar-se à pescaria, e somente um deles, Judas, destoava um pouco desse concerto, pois nascera em Iscariotes e se consagrara ao pequeno comércio em Cafarnaum, no qual vendia peixes e quinquilharias.
>
> O reduzido grupo de companheiros do Messias experimentou, a princípio, certas dificuldades para harmonizar-se. Pequeninas contendas geravam a separatividade entre eles. De vez em quando, o Mestre os surpreendia em discussões inúteis sobre qual deles seria o maior no Reino de Deus; de outras vezes, desejavam saber qual, dentre todos, revelava sabedoria maior, no campo do Evangelho.
>
> Levi continuava nos seus trabalhos da coletoria local, enquanto Judas prosseguia nos seus pequenos negócios, embora se reunissem diariamente aos demais companheiros. Os dez outros viviam quase que constantemente com Jesus, junto às águas transparentes do Tiberíades, como se participassem de uma festa incessante de luz.[258]

4.4.4 DADOS BIOGRÁFICOS DOS APÓSTOLOS

4.4.4.1 André

É mencionado em *Mateus*, 4:18; 10:2; *Marcos*, 3:8; *Lucas*, 6:14; *João*, 1:40; *Atos dos apóstolos*, 1:13.

> Como Pedro ou Simão Barjona era filho de Jona, também seria André, a menos que ocorra uma das hipóteses: parente ou irmão por parte de mãe. Investigações de filiação materna carecem de apoio, pois nem sempre textos bíblicos retiram

a mulher da penumbra, conservando anônimas a sogra de Pedro, a mãe dos filhos de Zebedeu, a mãe dos Macabeus etc. Pescador; integrante do grupo inicialmente convocado, isto é, um dos primeiros, entre os doze.[259]

André era irmão de Pedro e não há dúvidas a respeito:

» [...] A sua atitude, durante toda a vida de Jesus, foi de ouvir o Mestre, observar os seus atos, estudar os seus preceitos, seguindo-O sempre por toda a parte. A não ser certa vez que saiu com mais outro companheiro a pregar a Boa-Nova ao mundo, segundo ordem que o Mestre deu aos doze, nenhuma outra ação aparece de André, enquanto Jesus se achava na Terra.[260]

» Embora menos proeminente que seu irmão (Pedro), André está presente no denominado milagre da multiplicação dos pães de Jesus e à fala apocalíptica do monte das Oliveiras. [...] De acordo com a tradição medieval tardia, André foi martirizado pela crucificação numa cruz em forma de xis, que mais tarde aparece na bandeira da Grã-Bretanha representando a Escócia, de que André é o padroeiro.[261]

Celebrado pela tradição ortodoxa grega como *Protocletos* (o primeiro a ser chamado) dentre os doze (*João*,1:40), André, cujo nome significa *varonil*, nasceu em Betsaida Julias, às margens do Mar da Galileia.[262] Antes de seguir o Mestre, era discípulo de João Batista. Aparentemente André ocupava-se mais dos assuntos da alma do que propriamente de suas pescarias, tanto que abandonou suas redes para seguir os passos de João Batista. Segundo o historiador Eusébio (*História eclesiástica III*), André teria desenvolvido extenso apostolado na Palestina, Ásia Menor, Macedônia, Grécia e regiões próximas do Cáucaso. As antigas narrativas indicam que, supostamente, se encontram em *Patras*, cidade grega, os restos mortais do apóstolo, guardados numa igreja ortodoxa grega.[263]

4.4.4.2 Bartolomeu/Natanael

O apóstolo é citado por *Mateus*, 10:3; *Marcos*, 3:18; *Lucas*, 6:14; e em *Atos dos apóstolos*, 1:13. O nome de Natanael, usualmente conhecido como Bartolomeu, aparece em João sem indicações de suas origens (*João*, 1:45 a 51) e como discípulo que "[...] nascera de uma família laboriosa de Caná da Galileia. [...]".[264]

> [...] Além do seu nome aramaico, que significa *filho de Tomai*, nada é registrado sobre ele no Novo Testamento. Como Natanael não é mencionado nos Evangelhos sinóticos e Bartolomeu não ocorre no *Evangelho de João*, mas ambos estão associados a Filipe, sugeriu-se que são a mesma pessoa, caso em que

Bartolomeu seria o patronímico [apelido de família] de Natanael. Mais tarde a tradição atribuiu um Evangelho apócrifo a Bartolomeu e descreveu suas atividades missionárias no Egito, na Pérsia, na Índia e na Armênia, onde consta que teria sido martirizado, sendo esfolado vivo. Por isto é patrono dos curtidores.[265]

O notável testemunho de Jesus a seu respeito (*João*, 1:47) deixa transparecer o perfil de alguém que serviu a Lei e aos profetas não apenas para orientar suas esperanças na glória de Israel, mas também para desenvolver em seu íntimo uma espiritualidade frutífera, determinada pelas diretrizes da sabedoria divina, sobre o qual comenta o Apóstolo Tiago (*Tiago*, 3:7). João informa que Filipe teria falado sobre Jesus a Bartolomeu (ou Natanael), apresentando-o, posteriormente, ao Mestre. Eis o diálogo que ocorreu entre Filipe e Bartolomeu:

> [...] Temos achado aquele, de quem escreveu Moisés na Lei, e de quem falaram os profetas, Jesus de Nazaré, filho de José. Perguntou-lhe Natanael: De Nazaré pode sair coisa que seja boa? Respondeu Filipe: Vem e vê. Jesus, vendo aproximar-se Natanael, disse: [...] Antes de Filipe chamar-te, eu te vi, quando estavas debaixo da figueira. Replicou-lhe Natanael: Mestre, Tu és o Filho de Deus, Tu és o Rei de Israel. Disse-lhe Jesus: Por eu te dizer que te vi debaixo da figueira, crês? Maiores coisas do que esta verás. E acrescentou: Em verdade, em verdade vos digo que vereis o Céu aberto e os anjos de Deus subindo e descendo sobre o Filho do Homem.
>
> Natanael, após esse encontro com o Mestre, O seguia, tornando-se um dos seus discípulos.[266]

Há indicações de que o apóstolo teria pregado o Evangelho na Arábia, na Pérsia (atual Iraque), na Etiópia e depois na Índia, donde regressou para Liacônia [ou Lacônia, Grécia], passando depois a outros países.[267] Conta-se que, ao desenvolver o trabalho apostolar na Armênia, junto do Mar Negro, teria sido esfolado vivo, antes de morrer.

4.4.4.3 Filipe

Referências evangélicas sobre o apóstolo: *Mateus*, 10:3; *Marcos*, 3:18; *Lucas*, 6:14; *João*, 1:40; *Atos dos apóstolos*, 1:13. É citado também nos *Atos dos apóstolos*, 21:1 a 9, quando Paulo e Lucas o encontram na cidade de Cesarea, juntamente com quatro filhas, todas possuidoras da mediunidade de profecia.

Nasceu em Betsaida, Galileia. Era pescador. Jesus o convidou para ser seu apóstolo quando o encontrou em Betânia, no além Jordão, onde João Batista batizava. O seu nome aparece entre os apóstolos que estavam reunidos em um quarto após a ressureição de Jesus.[268] [...] "Depois do desencarne [da desencarnação] do Mestre ficou em Jerusalém até a dispersão dos apóstolos, indo, segundo a tradição, pregar o Evangelho na Frígia, recanto da Ásia Menor, ao sul de Bitínia [...]".[269] Parece que evangelizou na Itureia [nome grego para uma região montanhosa de Israel], reunindo-se a André, no Mar Negro, sendo morto, já muito idoso, na Frígia [região Centro-Oeste na antiga Ásia Menor chamada Anatólia, hoje Turquia].

Há uma lenda que vincula o Apóstolo Filipe à França. Alguns escritores cristãos do passado falam da presença de Filipe na Gália (antigo nome da França). Um deles é Isidoro, bispo de Sevilha, que, entre os anos 600 e 636 d.C., escreveu, em seu livro *De Ortu et Orbitu Patrum*, cap. 73:

> Filipe, de Betsaida, de onde também provinha Pedro, apregoou Cristo nas Gálias e nas nações vizinhas, trazendo seus bárbaros, que estavam em trevas, à luz do entendimento e ao porto da fé. Mais tarde, foi apedrejado, crucificado e morto em Hierápolis, uma cidade da Frígia, onde foi sepultado de cabeça para baixo, ao lado de suas filhas.[270]

Filipe era amigo pessoal de Bartolomeu, João, Pedro e Tiago Maior (os três últimos apóstolos formavam uma espécie de estado-maior do colégio apostolar). É importante não confundir Filipe, um dos doze apóstolos, com Filipe, companheiro de Paulo de Tarso, um judeu-cristão de origem grega.[271] Filipe, assim como Estêvão e mais cinco judeus da Dispersão (Diáspora) ficaram responsáveis pelas tarefas administrativas da congregação na Casa do Caminho (*Atos dos apóstolos*, 6:5; 8:5 a 40 e 21:8 a 9).

4.4.4.4 João, Filho de Zebedeu ou João Evangelista

São referências evangélicas sobre o apóstolo: *Mateus,* 4:21, 10:3; *Marcos,* 3:17; *Lucas,* 6:14; *Atos dos apóstolos,* 1:13. Era filho de Zebedeu e irmão de Tiago, o maior. Sua mãe, Salomé, é citada duas vezes, uma em *Marcos* (15:40 e 16:1) e uma vez em *Mateus* (20:20 e 27:56).

Alguns estudiosos suspeitam que Salomé tenha sido irmã de Maria Santíssima (*João*, 19:25). Dessa forma, Jesus seria primo dos filhos de Zebedeu, explicando, em parte, a fraterna intimidade existente entre eles. Nasceu em Betsaida, na Galileia. É autor do quarto *Evangelho*, de três cartas/epístolas destinadas aos cristãos e do livro *Apocalipse*. O seu *Evangelho* difere dos outros três, chamados sinópticos ou semelhantes, porque a narrativa de João enfoca mais o aspecto espiritual da mensagem de Jesus. João considerava-se o *discípulo amado* (*João*, 13:23; 20:2 e 26; 21:7 e 20), afirmação admissível, se generalizada.

Era muito jovem à época do Mestre, e, na crucificação, foi designado por Jesus para tomar conta de Maria. João viveu o final de sua existência em Éfeso, onde teria escrito o seu Evangelho e as suas epístolas. Durante o reinado do imperador romano Domiciano, foi exilado na Ilha de Patmos, escrevendo aí o *Apocalipse*. Morreu idoso, tomando conta da igreja que ali existia, possivelmente no ano 100 da Era Cristã. João e seu irmão Tiago Maior foram chamados por Jesus de *Boanerges* (filhos do trovão). Integrava o núcleo inicialmente convocado por Jesus, participando destacadamente, junto a Tiago Maior e a Pedro, do principal grupo do colégio apostolar.[272]

4.4.4.5 Judas Iscariote ou Iscariotes

As referências evangélicas sobre o apóstolo são: *Mateus*, 10:4; *Marcos*, 3:19; *Lucas*, 6:16; *João*, 12:22; *Atos dos apóstolos*, 1:16.

Judas era originário de *Kerioth* (ou *Carioth*), localidade da Judeia, sendo filho de Simão Iscariote (*João*, 13:2). Era comerciante de pequeno negócio, em Cafarnaum. Segundo as tradições, este apóstolo foi designado para cuidar do dinheiro comum (espécie de tesoureiro) do colégio apostolar, "[...] cujos escassos recursos se destinavam a esmolas. Transportava o saco alongado (bolsa), que habitualmente israelitas atavam à cinta, para recolher pecúnia."[273] (*João*, 12:6; 13:29). Judas foi, efetivamente, um discípulo iludido, que cometeu grave equívoco, a despeito de muito amar Jesus. Conviveu próximo ao Mestre Nazareno, mas, ou não teve capacidade para perceber os valores espirituais aos quais o Evangelho se reportava, ou não teve a necessária força moral para se libertar do poder e das vantagens transitórias do mundo. "A julgar pelo seu caráter, acompanhava Jesus dominado pelo interesse que ele tinha sonhado do Reino do Cristo."[274]

> Judas deixou-se conduzir pela [...] embriaguez de seus sonhos ilusórios. Entregaria o Mestre aos homens do poder, em troca de sua nomeação oficial para dirigir a atividade dos companheiros. Teria autoridade e privilégios políticos. Satisfaria às suas ambições, aparentemente justas, a fim de organizar a vitória cristã no seio de seu povo. Depois de atingir o alto cargo com que contava, libertaria Jesus e lhe dirigiria os dons espirituais, de modo a utilizá-los para a conversão de seus amigos e protetores prestigiosos...

O Mestre, a seu ver, era demasiadamente humilde e generoso para vencer sozinho, por entre a maldade e a violência.[275]

Em outra oportunidade, o Espírito Irmão X (Humberto de Campos) assinala algumas características da personalidade de Judas que, possivelmente, justificam a forma como agiu em relação a Jesus:

> Não obstante amoroso, Judas era, muita vez, estouvado e inquieto. Apaixonara-se pelos ideais do Messias, e, embora esposasse os novos princípios, em muitas ocasiões surpreendia-se em choque contra ele. Sentia-se dono da Boa-Nova e, pelo desvairado apego a Jesus, quase sempre lhe tomava a dianteira nas deliberações

importantes. Foi assim que organizou a primeira bolsa de fundos da comunhão apostólica e, obediente aos mesmos impulsos, julgou servir à grande causa que abraçara, aceitando a perigosa cilada que redundou na prisão do Mestre.

Apesar dos estudos renovadores a que sinceramente se entregara, preso aos conflitos íntimos que lhe caracterizavam o modo de ser, ignorava o processo de conquistar simpatias.

Trazia constantemente nos lábios uma referência amarga, um conceito infeliz [...].[276]

Ao presenciar o sofrimento de Jesus durante a prisão e a sua posterior crucificação, o apóstolo entendeu, tardiamente, o seu lamentável equívoco.

Desse momento em diante é que Judas começou a compreender o caráter essencialmente espiritual da missão de Jesus. E, sinceramente arrependido, confessa publicamente o seu crime.

Mas era tarde. O Mestre já estava nas mãos de seus algozes, os quais eram inflexíveis. O suicídio de Judas (acontecido em seguida à condenação de Jesus) lhe custou séculos de sofrimentos nas zonas inferiores do mundo espiritual, porque tentou corrigir um erro com outro erro. Todavia, ajudado espiritualmente por Jesus e seus companheiros de apostolado, depois de inúmeras reencarnações na Terra, dedicadas ao trabalho de fazer triunfar o Evangelho, Judas conseguiu reabilitar-se; e hoje está irmanado com Jesus em sua esfera esplendorosa.[277]

Entregue a profundo remorso, Judas Iscariotes suicida-se quando percebe que a crucificação de Jesus seria irreversível (*Atos*, 1:18). Matias foi o substituto de Judas no apostolado.

Nada sabemos nos primeiros tempos sobre Matias, senão que ele foi um dos setenta e dois discípulos que o Senhor designou e enviou, dois a dois, adiante de si a todas as cidades e lugares que pretendia visitar.[278]

4.4.4.6 Judas Tadeu, Tadeu ou Lebeu

As referências evangélicas sobre o apóstolo são: *Mateus*, 10:3; *Marcos*, 3:18; *João*, 14:22; *Lucas*, 6:16; *Atos dos apóstolos*, 1:13. Os nomes Tadeu ou Lebeu têm o mesmo significado: "[...] Lebeu vem do hebreu, e do aramaico *leb*, coração, e Tadeu se deriva do aramaico *thad*, que quer dizer seio de mãe, significando, ambos, filho amado [...]."[279]

Judas Tadeu é identificado pela tradição antiga como o autor da *Epístola de Judas*, na qual refere a si mesmo como "irmão de Tiago" [Tiago filho de Alfeu], "[...] que foi escrita a uma igreja ou grupo de igrejas desconhecidas para combater o perigo representado por certos mestres carismáticos que estavam pregando e praticando libertinagem moral. O autor procura denunciar esses mestres como pessoas ímpias cuja condenação foi profetizada, e insta seus leitores a preservar o Evangelho apostólico vivendo segundo as suas exigências morais".[280]

4.4.4.7 Mateus ou Levi

São referências evangélicas a respeito do apóstolo: *Mateus*, 10:3; *Marcos*, 2:14; *Lucas*, 5:27 e 6:15; *Atos dos apóstolos*, 1:13. Mateus ou Levi era filho de Alfeu e de Cléofas, tendo como irmão Tiago Menor. Nasceu na Galileia e era publicano (cobrador de impostos), estabelecido em Cafarnaum. É um dos apóstolos presentes à ressurreição. A tradição diz que Mateus pregou o Evangelho aos judeus, não se afastando da região onde nasceu e viveu. Daí ser o seu Evangelho repleto de hebraísmos.[281]

> *Publicanos* – Assim eram chamados, na antiga Roma, os cavalheiros arrendatários das taxas públicas, encarregados da cobrança dos impostos e das rendas de toda natureza, quer na própria Roma, quer nas outras partes do Império.
>
> [...]
>
> O nome *publicano* se estendeu mais tarde a todos os que administravam o dinheiro público e aos agentes subalternos. Hoje esse termo se emprega em sentido pejorativo para designar os financistas e os agentes pouco escrupulosos de negócios.
>
> [...]. Os judeus tinham, portanto, horror ao imposto e, em consequência, a todos os que se encarregavam de arrecadá-lo. Daí a aversão que votavam aos publicanos de todas as categorias, entre os quais podiam encontrar-se pessoas muito estimáveis, mas que, em virtude de suas funções, eram desprezadas, assim como as pessoas de suas relações e confundidos na mesma reprovação. Os judeus de destaque consideravam um comprometimento ter intimidade com eles.[282]

4.4.4.8 Pedro, Simão, Simão Pedro ou Cefas

São referências evangélicas sobre o apóstolo: *Mateus*, 4:18 e 10:2; *Marcos*, 1:16 e 3:16; *Lucas*, 6:14 e 9:20; *João*, 1:40; *Atos dos apóstolos*, 1:13.

Pescador em Cafarnaum, na Galileia, era irmão do apóstolo André. "Pedro é forma grega da palavra aramaica *Cefas* (*João*, 1:42; *I Coríntios*, 1:12; 3:22; 9:5; 15:5; *Gálatas*, 1:18; 2:9,11,14) que quer dizer rocha, nome que Jesus deu a Simão, *Atos dos apóstolos*, 15:14; *II Pedro* 1:1, quando este compareceu pela primeira vez a sua presença (*João*, 1:42)."[283] É também conhecido como Simão Bar-Jonas, que significa Simão, filho de Jonas (*Mateus*, 16:18). Em suas epístolas, Pedro apenas se autointitula apóstolo ou servo. Pedro, Tiago e João Evangelista faziam parte do círculo íntimo de Jesus, participando dos mais importantes atos do Mestre.[284]

Nascido em Betsaida (*João*, 1:44), mudou-se para Cafarnaum onde, com a família, fixou residência. Pedro recebeu três chamamentos de Jesus: o primeiro para ser seu discípulo (*João*, 1:40 e seguintes); o segundo para acompanhá-lo em sua missão de pregar o Evangelho (*Mateus*, 4:19; *Marcos*, 1:17; *Lucas*, 5:10); o terceiro chamado de Jesus a Pedro é para ser o seu apóstolo (*Mateus*, 10:2; *Marcos*, 3:14,16; *Lucas*, 6:13,14). O apóstolo se destaca dos demais membros do Colégio apostolar pela sua dedicação, ardor à causa, vigor físico, coragem e impetuosidade de ânimo.[285] Com certeza, era a "rocha", como denominou Cristo.

Pedro é muito lembrado pelo episódio, anunciado por Jesus, de que ele o negaria por três vezes (*Mateus*, 26:69 a 75). Não deixa de ser uma injustiça ficar citando tal acontecimento, considerando o intenso labor do apóstolo, a capacidade de renúncia e a imensa fidelidade ao Cristo. Emmanuel pondera a respeito, convidando-nos a reflexão mais profunda.

> O fracasso de Pedro, como qualquer êxito, tem suas causas positivas.
>
> A negação de Pedro sempre constitui assunto de palpitante interesse nas comunidades do Cristianismo.
>
> Enquadrar-se-ia a queda moral do generoso amigo do Mestre num plano de fatalidade? Por que se negaria Simão a cooperar com o Senhor em minutos tão difíceis?
>
> Útil, nesse particular, é o exame de sua invigilância.
>
> O fracasso do amoroso pescador reside aí dentro, na desatenção para com as advertências recebidas.
>
> Grande número de discípulos modernos participam das mesmas negações, em razão de continuarem desatendendo.
>
> Informa o Evangelho que, naquela hora de trabalhos supremos, Simão Pedro seguia o Mestre "de longe", ficou no "pátio do sumo sacerdote", e "assentou-se entre os criados" deste, para "ver o fim".
>
> Leitura cuidadosa do texto esclarece-nos o entendimento e reconhecemos que, ainda hoje, muitos amigos do Evangelho prosseguem caindo em suas aspirações e esperanças, por acompanharem o Cristo a distância, receosos de perderem gratificações imediatistas; quando chamados a testemunho importante, demoram-se nas vizinhanças da arena de lutas redentoras, entre os servos das convenções utilitaristas, assentando binóculos de exame, a fim de observarem como será o fim dos serviços alheios.

Todos os aprendizes, nessas condições, naturalmente fracassarão e chorarão amargamente. [286]

Há três etapas distintas na vida de Pedro que tiveram o poder de moldar-lhe o caráter, a lealdade, o amor irrestrito ao Cristo e o exemplo de discípulo e apóstolo.

> A primeira é o período de aprendizagem de que o Evangelho nos dá conta. Durante os anos de convivência pessoal com o Cristo, aprendeu a conhecer a si e a seu Mestre [...]. A segunda feição é o período em que ele toma a dianteira dos demais apóstolos para regular os negócios da Igreja [de Jerusalém] como se observa nos primeiros capítulos de *Atos dos apóstolos*. A sua mão forte guiou-o em todos os seus passos. Foi ele quem propôs eleição para o lugar vago pela morte de Judas (*Atos*, 1:15); foi ele quem explicou às multidões o que significava a difusão do Espírito Santo no dia de Pentecostes, (*Atos*, 2:14); foi ele quem tomou a dianteira na cura do homem paralítico [...]. A terceira fase compreende o período de trabalho humilde no Reino do Cristo revelado nas epístolas do Novo Testamento. Depois de lançados os fundamentos da Igreja, Pedro toma lugar humilde, entrega-se ao trabalho de ampliar os limites do reino de Deus [...]. Na Igreja de Jerusalém, é Tiago [filho de Alfeu] quem toma a direção dos trabalhos [...].[287]

Pedro escreveu duas epístolas que refletem seu caráter e amor ao Cristo. Outras informações a respeito do venerável apóstolo são encontradas em *Atos dos apóstolos*, escrito por Lucas.

Pedro foi morto em Roma, crucificado de cabeça para baixo, no ano de 64 d.C., durante a perseguição de Nero aos cristãos. A forma de crucificação do apóstolo foi, segundo a tradição, escolhida por ele mesmo, que não se julgava digno de morrer como Jesus morreu. Supõe-se que o seu túmulo se encontra sob a catedral de São Pedro, no Vaticano.

4.4.4.9 Tiago, Filho de Zebedeu ou Tiago Maior

Referências evangélicas sobre o apóstolo: *Mateus*, 4:21 e 10:3; *Marcos*, 3:17; *Lucas*, 6:17; *Atos dos apóstolos*, 1:13. Tiago era pescador de profissão, nascido em Betsaida (Galileia), irmão de João Evangelista, filhos de Zebedeu. Fazia parte do círculo mais íntimo de Jesus.[288]

> Quatro pessoas no Novo Testamento têm o nome Tiago (grego *Iakobos*), que é uma de duas formas gregas do nome hebraico Jacó (a outra sendo a simples transliteração *Iakob*). Como Jacó era um ancestral referenciado em Israel, Tiago foi um nome comum entre os judeus no período romano. Tiago, filho de Zebedeu, era um pescador galileu na área de Cafarnaum no mar da Galileia, um sócio (juntamente com seu irmão João) de Simão Pedro. Estava trabalhando no negócio encabeçado por seu pai quando foi chamado por Jesus

para ser seu discípulo. Tiago e João formaram, ao lado de Pedro, o núcleo mais estreito de três entre os Doze apóstolos: eles testemunharam a ressureição da filha de Jairo, estiveram presentes à transfiguração e observaram (e em parte dormiram enquanto ela ocorria) a agonia de Jesus em Getsemâni. Ao que parece, Tiago e João expressavam-se explosivamente, ou esperavam que Deus lançasse um súbito julgamento sobre os inimigos de Jesus, porque foram apelidados Boanerges (sons de trovões) [...]. Fora dos *Evangelhos* sinóticos, Tiago, filho de Zebedeu, aparece somente em *Atos*. Estava presente na sala superior com o grupo que esperava Pentecostes. A única outra referência a ele no Novo Testamento é a notícia enigmática de que Herodes (Agripa I) o havia matado. Ele foi, assim, o segundo mártir registrado da igreja (depois de Estêvão) e o primeiro do grupo apostólico a morrer (com exceção de Judas Iscariotes, que havia sido substituído como apóstolo).[289]

4.4.4.10 Tiago, Filho de Alfeu ou Tiago Menor

Referências evangélicas sobre o apóstolo: *Mateus*, 10:3; *Lucas*, 6:15; *Marcos*, 3:18; *Atos dos apóstolos*, 1:13. Era filho de Alfeu e de Cleofas (parenta de Maria Santíssima), portanto, irmão de Levi (Mateus).

Quase nada se sabe sobre Tiago Menor, do ponto de vista das Escrituras, além do simples registro do seu nome no rol dos apóstolos e do fato de ser filho de Alfeu e ser irmão de um certo José (*Mateus*, 10:3 e *Marcos*, 15:40). O sobrenome "menor", talvez por ser ele de baixa estatura. Há indicações que ele teria permanecido sempre em Jerusalém, dirigindo a Igreja, até o final da sua existência.

> A sua posição na igreja serviu muito para facilitar a mudança dos judeus para o Cristianismo. Os fundamentos de sua fé aliavam-se perfeitamente com as ideias do Apóstolo Paulo, como se evidencia pela leitura de *Gálatas*, 2:9; *Atos*, 15:13, 21:20 [...]. Como Paulo fazia-se tudo para todos, era judeu com os judeus para ganhar os judeus. [Havia] admiração por ele entre os judeus, a ponto de o apelidarem de "justo" [...]. A última vez que o Novo Testamento se refere a ele, é em *Atos*, 21:18, onde se diz que o Apóstolo Paulo havia ido à sua casa, em Jerusalém, 58 d.C. [290]

A tradição informa que Tiago, filho de Alfeu, morreu em Jerusalém, após martírio "por ocasião do motim dos judeus, no ano 62 d.C."[291]

4.4.4.11 Simão ou Simeão, O Zelote

Referências evangélicas sobre o apóstolo: *Mateus*, 10:9; *Marcos*, 3:18; *Lucas*, 6:15 e *Atos dos apóstolos*, 1:13. Era chamado de *o zelote* porque, possivelmente, pertencia à seita ou movimento revolucionário, cujos membros se auto denominavam zelotes, zelosos, ou zeladores, que permaneceu ativo durante todo o século I d.C., na Palestina romana e, portanto, durante o tempo do ministério de Jesus. Essa seita ultranacionalista lutava para libertar Israel do jugo romano.[292] Possivelmente vivia da profissão de pescador.

Parece que o apóstolo nasceu ou habitou Canaã, daí ser também chamado Simão, o Cananeu (*Mateus*, 10:4; *Marcos*, 3:18). Se Simão "[...] era um zelote no sentido político ou no sentido religioso é questão de algum debate [...]."[293]

4.4.4.12 Tomé ou Dídimo

As referências evangélicas sobre o apóstolo são: *Mateus*, 10:3; *Marcos*, 3:18; *Lucas*, 6:15 e *Atos dos apóstolos*, 1:13. Tomé, ou Thomas no grego, era chamado Dídimo, o Gêmeo, embora se desconheça registros do seu irmão (ou irmã) gêmeo. Descendente de antigo pescador de Dalmanuta, não seguiu, no entanto, essa profissão.[294] "Ficou famoso por duvidar da ressurreição de Jesus, afirmando que só vendo, acreditaria. Jesus, então, apareceu-lhe, oito dias depois, mostrando-lhe as cicatrizes dos pés e das mãos e a chaga do lado. Julga-se que Tomé foi pregar, após a dispersão, o Evangelho aos persas, hindus e árabes" [...].[295]

4.4.5 A MISSÃO DOS APÓSTOLOS

> É importante estarmos informados a respeito das instruções que Jesus transmitiu aos apóstolos em relação à missão que lhes cabia executar. Neste aspecto, Humberto de Campos nos transmite informações valiosas em mensagem que faz parte do excelente livro *Boa nova*, de sua autoria, e psicografia de Chico Xavier:

> Iniciando-se, entretanto, o período de trabalhos ativos pela difusão da nova doutrina, o Mestre reuniu os doze em casa de Simão Pedro e lhes ministrou as primeiras instruções referentes ao grande apostolado. De conformidade com a narrativa de Mateus, as recomendações iniciais do Messias aclaravam as normas de ação que os discípulos deviam seguir para as realizações que lhes competiam concretizar.[296]

As informações que constam da mensagem de Humberto de Campos que trata das orientações de Jesus aos apóstolos são apresentadas, em seguida, na forma de tópicos para didaticamente favorecer o aprendizado.[297]

1) NÃO BUSCAR FACILIDADES OU COMODIDADES: "Amados — entrou Jesus a dizer-lhes, com mansidão extrema —, não tomareis o caminho largo por onde anda tanta gente, levada pelos interesses fáceis e inferiores; buscareis a estrada escabrosa e estreita dos sacrifícios pelo bem de todos".

2) EVITAR DISCUSSÕES E DESENTENDIMENTOS: "Também não penetrareis nos centros das discussões estéreis, à moda dos samaritanos, nos das contendas que nada aproveitam às edificações do verdadeiro reino nos corações com sincero esforço".

3) PÚBLICO ALVO DA PREGAÇÃO: "Ide antes em busca das ovelhas perdidas da casa de nosso Pai que se encontram em aflição e voluntariamente desterradas de seu Divino Amor. Reuni convosco todos os que se encontram de coração angustiado e dizei-lhes, de minha parte, que é chegado o Reino de Deus".

4) AUXILIAR A CURA DE ENFERMIDADES, DA ALMA E DO ESPÍRITO: "Trabalhai em curar os enfermos. Limpai os leprosos, ressuscitai os que estão mortos nas sombras do crime ou das desilusões ingratas do mundo, esclarecei todos os Espíritos que se encontram em trevas, dando de graça o que de graça vos é concedido".

5) AGIR SEMPRE COM SIMPLICIDADE, SEM PRIVILÉGIOS: "Não exibais ouro ou prata em vossas vestimentas porque o Reino dos céus reserva os mais belos tesouros para os simples. Não ajunteis o supérfluo em alforjes [...] porque digno é o operário do seu sustento".

6) NÃO FAZER PROSELITISMO: "Em qualquer cidade ou aldeia onde entrardes, buscai saber quem deseja aí os bens do Céu [...]. Quando penetrardes nalguma casa, saudai-a com amor [...]. Se ninguém vos receber, nem desejar ouvir as vossas instruções, retirai-vos [...], sem conservardes nenhum rancor e sem vos contaminardes da alheia iniquidade. [...]. É por essa razão que vos envio como ovelhas ao antro dos lobos, recomendando-vos a simplicidade das pombas e a prudência das serpentes".

7) TOMAR A PRUDÊNCIA COMO GUIA SEGURO: "Acautelai-vos, pois, dos homens, nossos irmãos, porque sereis entregues aos seus tribunais e sereis açoitados nos seus templos suntuosos, no qual está exilada a ideia de Deus [...]. No entanto, nos dias dolorosos da humilhação, não vos dê cuidado como haveis de falar, porque minha palavra estará convosco e sereis inspirados quanto ao que houverdes de dizer. Porque não somos nós que falamos; o Espírito amoroso de nosso Pai é que fala em todos nós [...]".

8) NÃO TEMER PERSEGUIÇÕES E SOFRIMENTOS: "Quando, pois, fordes perseguidos numa cidade, transportai-vos para outra, porque em

verdade vos afirmo que jamais estareis nos caminhos humanos sem que vos acompanhe o meu pensamento. Se tendes de sofrer, considerai que também eu vim à Terra para dar o testemunho e não é o discípulo mais do que o mestre, nem o servo mais que o seu senhor".

9) MANTER IRRESTRITA CONFIANÇA EM DEUS: "Todavia, sabeis que acima de tudo está o Nosso Pai e que, portanto, é preciso não temer, pois um dia toda a verdade será revelada e todo o bem triunfará. O que vos ensino em particular, difundi-o publicamente; porque o que agora escutais aos ouvidos será o objeto de vossas pregações de cima dos telhados. Trabalhai pelo Reino de Deus e não temais os que matam o corpo, mas não podem aniquilar a alma; temei antes os sentimentos malignos que mergulham o corpo e a alma no inferno da consciência [...]."

10) SER FIEL SERVIDOR DO EVANGELHO: "Empregai-vos no amor do Evangelho e qualquer de vós que me confessar, diante dos homens, eu o confessarei igualmente diante de meu Pai que está nos Céus".

4.5 OS EVANGELISTAS. A ESCRITURA DOS TEXTOS EVANGÉLICOS

Os evangelistas são quatro, como sabemos: Mateus, Marcos, Lucas e João, sendo que o primeiro (Mateus) e o último (João) foram membros do colégio apostolar do Cristo. Talvez Marcos tenha tido algum contato com Jesus, mas Lucas nem o conheceu. Sabe-se, igualmente, que os registros dos ensinamentos do Cristo foram escritos em diferentes períodos, caracterizando-se não apenas os quatro Evangelhos, propriamente ditos, mas todos os demais livros do Novo Testamento. Há grande similitude entre os textos neotestamentais, formando um conjunto sólido, mas há diferenças quanto aos detalhes, lembranças dos autores e suas percepções relativas à mensagem do Cristo. A respeito, Emmanuel esclarece:

> Nesse tempo, [...] os mensageiros do Cristo presidem à redação dos textos definitivos [do Evangelho], com vistas ao futuro, não somente junto aos apóstolos e seus discípulos, mas igualmente junto aos núcleos das tradições. Os cristãos mais destacados trocam, entre si, cartas de alto valor doutrinário para as diversas igrejas. São mensagens de fraternidade e de amor, que a posteridade muita vez não pôde ou não quis compreender.
>
> [...]

> A grandeza da Doutrina [cristã] não reside na circunstância de o Evangelho ser de Marcos ou de Mateus, de Lucas ou de João; está na beleza imortal que se irradia de suas lições divinas, atravessando as idades e atraindo os corações. Não há vantagem nas longas discussões quanto à autenticidade de uma carta de Inácio de Antioquia ou de Paulo de Tarso, quando o raciocínio absoluto não possui elementos para a prova concludente e necessária. A opinião geral rodopiará em torno do crítico mais eminente, segundo as convenções. Todavia, a autoridade literária não poderá apresentar a equação matemática do assunto. É que, portas a dentro do coração, só a essência deve prevalecer para as almas e, em se tratando das conquistas sublimadas da fé, a intuição tem de marchar à frente da razão, preludiando generosos e definitivos conhecimentos.[298]

Antes de analisarmos aspectos da escritura dos textos evangélicos, é importante fornecer alguns dados biográficos de Marcos e de Lucas, uma vez que informações a respeito de Mateus e João foram transmitidas no estudo anterior, item 4.4 (Os apóstolos de Jesus. A missão dos apóstolos).

João Marcos (do latim *Marcus*, "martelo grande")[299]

> O nome do evangelista a quem se atribui o segundo Evangelho, Marcos, é sobrenome, *Atos*, 12:12, 25; 15:37. O seu primeiro nome é João, pelo qual é designado em Atos, 13:5 e 13). Sua mãe Maria parece ter sido senhora de grandes recursos; tinha casa em Jerusalém, onde reuniam os cristãos, *Atos*, 12:12 a 17 [...]. Marcos era primo de Barnabé, *Colossenses*, 4:10; acompanhou Barnabé e Paulo, desde Jerusalém a Antioquia da Síria, *Atos*, 12:25, e depois, foi com ele na sua segunda viagem missionária, 13.5, mas, por motivos ignorados, o deixou em Perge, v.13, e voltou para Jerusalém. Qualquer que fosse o motivo, Paulo o desaprovou, recusando-se a tê-lo consigo, quando se projetou uma segunda viagem, 15.38. A divergência entre ambos deu em resultado que eles se separaram; Barnabé e Marcos navegaram para Chipre, continuando a sua obra de evangelização. Passado esse incidente, o nome de Marcos desaparece da história por cerca de dez anos. Depois o encontramos em Roma com o Apóstolo Paulo [...]. Nota-se, pois, que tinham desaparecido os motivos de sua separação.[300]

A última referência que temos do evangelista

> [...] dá a entender que Marcos havia estado no Oriente, talvez na Ásia Menor, ou no Extremo Oriente. Com isto combina a passagem da segunda epístola de Pedro, II Pedro, 5:13, na qual se observa que ele esteve com Pedro na Babilônia [...].[301]

> A tradição não é de acorde em dizer se Marcos havia sido companheiro de Jesus. Muitos pensam que o moço que esteve presente à prisão de Jesus, *Marcos*, 14:51 e 52, coberto com um lençol, era o próprio Marcos. Este incidente não está mencionado por nenhum outro evangelista [...].[302]

> A tradição antiga diz que ele [Marcos] é o intérprete de Pedro. [...] Esta referência a Marcos, como sendo ele o intérprete de Pedro, deixa ver que foi seu

companheiro nos últimos anos de sua vida apostólica, nas viagens missionárias, e que por sua autoridade falava nas audiências dos gentios, ou ainda pode apenas indicar que a obra de Marcos se limitou a escrever a pregação de Pedro, no Evangelho que traz o seu nome [...]. Diz também a tradição de que ele fundou a igreja de Alexandria [...]. O ponto essencial que se deve observar é que tanto a história quanto a companhia com o Apóstolo Pedro o habilitaram a escrever um Evangelho.[303]

LUCAS (grego *Loukas,* provavelmente abreviatura do nome latino Lucanus ou Lucilius).[304]

O médico Lucas era grego, natural de Antioquia (hoje Síria), fato que ele cita nos *Atos dos apóstolos.* Não foi discípulo direto do Cristo, ficando isso claro desde o início do seu texto, pois que se coloca fora das testemunhas oculares. Utilizou como fontes o *Evangelho segundo Marcos,* bem como outras referências particulares da região onde viveu e andou, incluindo-se, nessas últimas, documentos da época e testemunhos dos fatos ocorridos. Lucas também teria recebido esclarecimentos de Paulo, por ocasião de um encontro em Antioquia. Paulo fala sobre Lucas em suas epístolas (*Colossenses,* 4:14), (*Filipenses,* 24), (*II Timóteo,* 4:11).

Lucas era, portanto,

> [...] um dos amigos e companheiro do Apóstolo Paulo que a ele se associou nas saudações enviadas de Roma à igreja dos colossenses, e a Filêmon: *Colossenses,* 4:14; *Filêmon,* 1:24 [...]. Esteve em Roma com o grande Apóstolo dos Gentios, quando foi escrita a segunda epístola de Timóteo. Em *II Timóteo,* 4:11, ele aparece como o único companheiro de Paulo em Roma, como tocante tributo à sua fidelidade. [...] No segundo século existia uma tradição de que Lucas era o autor do terceiro Evangelho e de *Atos dos apóstolos,* ambos os escritos procedentes do mesmo autor [...].[305]

4.5.1 EVANGELHOS CANÔNICOS E EVANGELHOS APÓCRIFOS. A SEPTUAGINTA OU LXX

A História registra que, no primeiro século do Cristianismo, surgiram vários textos que tratavam do Cristo e de sua missão. Foi nesse contexto que os evangelistas Mateus, Marcos, Lucas e João registraram os ensinamentos de Jesus, resultando-se num conjunto de textos sagrados que passou a ser denominado, pela Igreja Católica Romana, de *Evangelhos canônicos,* considerados os únicos escritos inspirados verdadeiramente por Deus. Estes quatro Evangelhos fazem parte de todos os catálogos antigos das Escrituras gregas cristãs, não existindo a menor dúvida quanto à sua legitimidade ou canonicidade.[306]

Algumas explicações complementares a respeito do assunto parecem-nos válidas.

> O vocábulo canônico deriva da latina *canon*, que significa *linha de medir, regra, modelo*. O termo latino deriva do grego *kanon*, "regra" ou "vara". 1) O termo é usado frouxamente para indicar qualquer regra ou padrão. 2) Uma lista de obras de um autor qualquer, consideradas genuínas, como o cânon de Shakespeare, no pressuposto que nem todas obras a ele atribuídas são, realmente, de sua autoria. 3) Uma relação oficial da igreja, especialmente se houver, contendo o nome de santos reconhecidos ou de membros de alguns de seus capítulos. 4) Uma regra de fé ou de disciplina, especialmente se houver sido expedida por algum concílio eclesiástico (dentro da Igreja Católica Romana) e ratificada pelo papa. 5) Aquela porção da missa católica romana entre o *Sanctus* e a oração do *Pai-Nosso*. Consiste em um prefácio e uma oração de graças, e então vem a oração eucarística ou de consagração. 6) Na música, uma composição que tenha vozes ou partes, de acordo com a que cada voz ou parte, em sucessão, entoa a mesma melodia (chamada tema).[307]

Os cânones do Antigo e do Novo Testamento indicam os livros considerados de inspiração divina e que devem ser seguidos pelos cristãos. "[...] O cânon judaico ou hebreu consiste na Lei, Profetas e Escritos [Escrituras] – um total de trinta livros. O cânon do Novo Testamento consiste em 27 livros. Certos seguimentos da Igreja também aceitam os livros apócrifos do Antigo Testamento, que consistem em outros doze livros [...]."[308]

Em relação aos *Evangelhos apócrifos*, Léon Denis, após referir-se ao *Evangelho de Marcos*, aparecido entre os anos 60 a 80, de *Mateus* e *Lucas*, surgidos entre 80 e 98, e, finalmente, ao de *João*, surgido entre 98 e 110, em Éfeso, informa que "[...] Ao lado desses Evangelhos, únicos depois reconhecidos pela Igreja, grande número de outros vinha à luz. Desses, são conhecidos atualmente uns vinte; mas, no século III, Orígenes os citava em maior número. Lucas faz alusão a isso no primeiro versículo da obra que traz o seu nome."[309].

> O termo *apocrypha* (neutro plural do adjetivo grego *apokryphos*, "oculto") é um termo técnico concernente à relação de certos livros para o cânon do AT, no sentido que, apesar de não serem aprovados para o ensino público, não obstante têm valor para o estudo e a edificação particulares. O termo cobre certo número de adições aos livros canônicos [...] (p. ex. *Ester, Daniel, Jeremias, Crônicas*), bem como outros livros, lendários, históricos ou teológicos, muitos deles originalmente escritos em hebraico ou aramaico, mas preservados ou conhecidos até recentemente somente no grego [...]. O uso e a opinião cristãs acerca de sua posição eram um tanto ambíguas até o século XVI, quando doze obras foram inclusas no cânon da igreja romana, pelo Concílio de Trento;

mas o pensamento protestante (p. ex., Lutero e a igreja Anglicana em seus *39 Artigos de religião*) admite-os somente para fins de edificação particular. Outras obras, além das doze aqui sob discussão, são atualmente chamadas em geral pelo nome de "pseudoepígrafa" [...]. Essas, igualmente, eram livremente empregadas antes do século XVI pelas igrejas orientais livres, em cujos idiomas somente têm sido preservadas (p. ex., o etíope, o armênio e o eslavônio).[310]

Septuaginta significa "setenta", em grego. "O nome (muitas vezes abreviado com o número romano LXX) deriva da lenda do segundo século a.C. de que 72 anciãos de Israel traduziram a *Bíblia* hebraica para o grego em menos de 72 dias! Possivelmente este feito fantástico teria sido realizado em Alexandria, Egito. Pelo menos a substância da lenda, de que as versões mais antigas no grego do Antigo Testamento hebraico foram produzias no terceiro século, por judeus que falavam grego, é verdadeira. A LXX é, sem dúvida, a mais importante versão da *Bíblia* hebraica. Foi provavelmente preparada em Alexandria por vários tradutores que trabalharam entre os séculos III e I a.C. [...]."[311] A *Septuaginta* tem, pois, inegável valor histórico.

> [...] Na época de Jesus havia três cânones: o dos *saduceus*, que aceitavam apenas os primeiros cinco livros [de Moisés], a Torá; o Pentateuco dos *Judeus Palestinos*, incluindo aí os fariseus, que aceitavam apenas os 39 livros da [atual] *Bíblia* Protestante; e a dos *judeus da Diáspora*, que aceitavam os livros apócrifos e alguns outros que não fazem parte da *Bíblia* católica.[...]. É evidente, então, que o cânon dos judeus da Diáspora (o alexandrino) é o que a Igreja Católica Romana seguiu, em sua maioria, enquanto os protestantes adotaram o cânon palestino. [...].

> [...]

> O Novo Testamento faz várias citações do Antigo como seu principal livro texto, e quase todas delas vem da *Septuaginta*. [...] O Novo Testamento foi escrito no *Koine* (grego comum) da época, o idioma universal. Era natural, portanto que a versão da *Septuaginta* do Antigo Testamento fosse empregada para citações pelos autores do Novo Testamento [...].[312]

Em um esforço de síntese, pois o assunto é muito vasto, podemos apresentar as seguintes linhas gerais relativas ao assunto.

1) "Os Evangelhos, propriamente ditos, e todos os demais livros do *Novo Testamento* foram escritos na língua grega, que era a mais falada ou mais compreendida, à época, pelas pessoas cultas, do Oriente e do Ocidente do Império Romano. Decorre deste fato o Novo Testamento ser conhecido como escrituras gregas".[313]

2) A palavra *Evangelho* tem origem no vocábulo grego *ewanggélion*, que significa "boa-nova" ou "boas notícias".[314]

3) O Novo Testamento abrange quatro conjuntos de livros, assim discriminados: a) *Evangelhos*; b) *Atos dos apóstolos*; c) *Epístolas*; d) *Apocalipse*. Oportunamente estes livros serão estudados.

4) O Novo Testamento é um conjunto designado como a mensagem do Cristo confiada a seus apóstolos. Mensagem que tem as seguintes classificações: *Evangelho de Deus*: citado em *Romanos,* 1:1; *2 Tessalonicenses* 1:9; *I Timóteo,* 1:11; *Evangelho de Cristo*: citado em *Marcos,* 1:1; *Romanos,* 1:16; *I Coríntios,* 9:12 e 18; *Gálatas,* 1:7; *Evangelho da graça de Deus*: mencionado em *Atos,* 20:24; *Evangelho da paz*: citado em *Efésios,* 6:15; *Evangelho da vossa salvação*: mencionado em *Efésios,* 1:13; *Evangelho da glória de Cristo*: narrado em *II Coríntios,* 4:4.[315] Sendo assim, quando se fala da mensagem do Cristo refere-se ao bloco interpretativo que constitui o Novo Testamento, não apenas especificamente aos registros de Mateus, Marcos, Lucas e João, como querem algumas pessoas.

5) O Evangelho [Boa-Nova], cerne doutrinário do Cristianismo, contém aspectos da biografia terrena de Jesus Cristo e seus principais ensinamentos de caráter moral, coligidos segundo informações de Mateus, Marcos, Lucas e João. Mateus e João, discípulos diretos (apóstolos), de contato pessoal com o Mestre, escreveram respectivamente em hebraico e em grego; Marcos e Lucas redigiram seus textos em grego, o primeiro transmitindo reminiscências de Pedro, o segundo investigando e recolhendo informações por via indireta. Harmonizam-se os quatro textos num todo orgânico, composto sem acomodações, sob inspiração mediúnica.[316]

6) "Dos quatro livros canônicos que relatam a "Boa-Nova" (sentido do termo "Evangelho") trazida por Jesus Cristo, os três primeiros apresentam entre si tais semelhanças que podem ser catalogados em colunas paralelas e abarcados "com um só olhar", de onde seu nome de "Sinóticos". Mas eles oferecem entre si numerosas divergências [...]."[317]

7) Quanto ao quarto Evangelho, o de João, este permanece único, pois se distingue significativamente dos demais em conteúdo, estilo e forma. A hipótese mais aceita para justificar as similaridades existentes nos *Evangelhos* sinóticos é denominada "teoria das duas fontes". Nessa teoria, Marcos teria utilizado uma fonte (possivelmente originária de Pedro), a qual serviria de subsídio para os relatos de Mateus e Lucas. A outra fonte, utilizada por estes dois evangelistas,

é totalmente desconhecida e se chama Fonte Q (inicial da palavra alemã *Quelle* = fonte).[318]

8) Os textos evangélicos sofreram, ao longo dos tempos, três grandes modificações: a) no texto original, escrito pelos evangelistas; b) durante a elaboração da *Vulgata*, por Jerônimo; c) e na revisão desta, que é a que temos atualmente. Por entre essas fases, ocorreram influências em variados sentidos, levando a relações literárias, de semelhança ou de diferenças, que são observadas entre os *Evangelhos* no seu estado atual.

9) O ambiente histórico em que o Evangelho surgiu é o do Judaísmo, formado e alimentado pelas escrituras do Antigo Testamento.

10) Os textos evangélicos utilizados pelos povos não anglo-saxônicos originam-se da *Vulgata* (*divulgada*) Latina, fixada a partir do século IV, quando o erudito Jerônimo, secretário do papa Dâmaso I, verte do grego para o latim textos autenticáveis, e separa os considerados de autoria obscura ou apócrifa. Sabemos, no entanto, que existiu a chamada *Bíblia dos Setenta*, corpo doutrinário traduzido, ao que se diz, por setenta sábios de Alexandria, do qual se teria tirado setenta cópias (Veja item: *Septuaginta*).

11) Não obstante a existência de várias traduções inglesas da *Bíblia*, empreendidas durante a Idade Média, somente no século XVI a História registra a tradução definitiva da *Bíblia* inglesa, na forma que conhecemos atualmente. Na conferência de *Hampton Court*, em 1604, foi proposta uma nova tradução da *Bíblia*. Cinquenta e quatro tradutores foram convidados para o empreendimento dessa tarefa em Oxford, Cambridge e Westminster. Essa tradução, dedicada ao rei James I, foi publicada em 1611, em volumes grandes. Trata-se de uma tradução, também conhecida como a *Versão Autorizada*, que se enraizou de tal forma na história religiosa e literária dos povos de língua inglesa que as edições posteriores cuidavam apenas de simples revisões, e não de substituições.

12) Algumas dessas revisões foram: a revisão Inglesa de 1885 e a versão-padrão Americana (*American Standard Version*) de 1901. Esta última foi vigorosamente revisada pela *Revised Standard Version* de 1946-1952. Os textos bíblicos publicados em língua inglesa — que têm como base a tradução de William Tyndale, de 1525-1526 —, sobretudo o Novo Testamento, apresentam diferenças das edições

publicadas pelos demais povos. A tradução inglesa foi realizada diretamente do original grego e não do latim (*Vulgata*).

13) Nas traduções e publicações originais da *Bíblia* não havia pontuação nem separação de palavras na escrita. Os textos utilizavam apenas as letras maiúsculas do alfabeto grego. As palavras eram redigidas com letras minúsculas e sem espaçamentos. A colocação de espaços entre as palavras e as frases foi adotada a partir do século IX d.C. A pontuação surgiu com o aparecimento da imprensa no século XV. A organização dos textos bíblicos em capítulos foi introduzida no Ocidente pelo cardeal inglês Hugo, no século XIII. A subdivisão dos capítulos em versículos foi criação do tipógrafo parisiense Roberto Stefen, no século XVI.

14) As pregações do Cristo, genericamente denominadas o *Evangelho do Reino*, é marco evolutivo que divide a história humana em dois períodos distintos: Antes e depois do Cristo, respectivamente, a.C. e d.C.

4.5.2 OS *EVANGELHOS SEGUNDO MATEUS, MARCOS, LUCAS* E *JOÃO*

Relata Léon Denis:

> O Cristo nada escreveu. Suas palavras, disseminadas ao longo dos caminhos, foram transmitidas de boca em boca e, posteriormente, transcritas em diferentes épocas, muito tempo depois da sua morte. Uma tradição religiosa popular formou-se pouco a pouco, tradição que sofreu constante evolução até o século IV.
>
> Durante esse período de trezentos anos, a tradição cristã jamais permaneceu estacionária, nem a si mesmo semelhante. Afastando-se do seu ponto de partida, através dos tempos e lugares, ela se enriqueceu e diversificou.
>
> [...]
>
> Durante perto de meio século depois da morte de Jesus, a tradição cristã, oral e viva, é qual água corrente em que qualquer se pode saciar. Sua propaganda se fez por meio da prédica [sermão, discurso religioso], pelo ensino dos apóstolos, homens simples, iletrados, mas iluminados pelo pensamento do Mestre [...].[319]

Infelizmente, os diferentes segmentos da igreja cristã se afastaram, efetivamente, da mensagem do Cristo, conduzindo-se por políticas e normas clericais, definidas, sobretudo, nos concílios eclesiásticos. A deturpação imposta à mensagem de Jesus representa grave responsabilidade assumida perante as Leis de Deus.

> Não é senão do ano 60 ao 80 que aparecem as primeiras narrações escritas, a de Marcos a princípio, que é a mais antiga, depois as primeiras narrativas atribuídas a Mateus e Lucas, todas, escritos fragmentários e que se vão acrescentar de sucessivas adições, como todas as obras populares. Foi somente no fim do século I, de 80 a 98, que surgiu o *Evangelho de Lucas*, assim como o de *Mateus*, o primitivo, atualmente perdido; finalmente, de 98 e 110, apareceu, em Éfeso, o *Evangelho de João*.[320]

4.5.2.1 O Evangelho segundo Mateus

> [...] Seguramente depois de 70, após a destruição de Jerusalém, e posteriormente ao *Evangelho de Marcos*. O texto conhecido nos dias atuais surgiu na Palestina, escrito em grego, em bom estilo literário, para leitores da língua grega. Posteriormente foi traduzido para o latim *(Vulgata)*. Alguns estudiosos acreditam que o texto original de Mateus foi escrito em aramaico e, mais tarde, traduzido para o grego. Se, efetivamente, esse texto existiu, foi perdido.
>
> [...] No tempo em que foi escrito, a igreja cristã já ultrapassara os limites de Israel.[321]

4.5.2.1.1 Características gerais do Evangelho segundo Mateus[322]

1) "Na composição literária do seu Evangelho, o autor empregou como fontes o Evangelho de Marcos e outros escritos particulares. Fez um trabalho de compilação bastante pessoal" (é um texto rico de hebraísmos)."

2) "As linhas gerais da vida do Cristo, encontradas no Evangelho de Marcos, são reproduzidas no de Mateus, mas segundo um novo plano, porque os relatos e os discursos se alternam."

3) "Para Mateus, Jesus é o Filho de Deus e Emanuel, Deus conosco desde o início. No fim do Evangelho, Jesus enquanto Filho do homem é dotado de toda a autoridade divina sobre o Reino de Deus, tanto nos céus como na terra [...]."

4) "O título de Filho de Deus reaparece nos momentos decisivos do relato: o batismo (3:17); a confissão de Pedro (16,6); a transfiguração (17,5); o processo de Jesus e sua crucificação (26:6; 27:40 a 43 e 54)"

5) "Ligada a este título, encontra-se o de filho de Davi [indicando que Jesus era da linhagem real do Rei Davi] dez vezes, como em 9:27, em virtude da qual Jesus é o novo Salomão, curador e sábio. Com efeito, Jesus fala como a Sabedoria Encarnada (11:25 a 30 e 23:37 a 39)."

6) "O título de Filho do homem, que percorre o Evangelho, culminando na última cena majestosa (28:18 a 20) [...]."

7) "O anúncio da vinda do Reino acarreta uma conduta humana que em Mateus se exprime sobretudo pela busca pela justiça e pela obediência à Lei. A justiça é tema preferido de Mateus (3:15; 5:6, 10:20; 6: a 33; 21:32), é aqui a resposta humana de obediência à vontade do Pai, mais que o dom divino do perdão [...]."

8) "Entre os evangelistas, Mateus se distingue pelo seu interesse explícito pela Igreja (16:18; 18:16) [...]. Ele procura dar à comunidade dos fiéis princípios de conduta e chefes autorizados. Estes princípios são evocados nos grandes discursos, sobretudo no cap. 18 [...]."

4.5.2.2 *O Evangelho segundo Marcos*

Conforme a mais antiga tradição, esse *Evangelho* foi escrito por João Marcos, sobrinho de Pedro e primo de Barnabé. Ao que se sabe, vivia em Jerusalém com seus pais. Supõe-se que o texto de Marcos foi o que serviu de fonte para as escrituras de Mateus e Lucas, tendo ele próprio, por sua vez, utilizado outras fontes (Pedro, por exemplo). Esta referência a Marcos é denominada fonte protomarcos. Foi o primeiro *Evangelho* a ser escrito, num tempo não muito distante da destruição de Jerusalém (ocorrida no ano 70 d.C.), possivelmente entre os anos 60 e 70.[323]

O *Evangelho de Marcos* é "[...] registro sobre o ministério de nosso Senhor, que é o mais breve e mais simples de todos os *Evangelhos*, foi compilado, segundo a tradição, por João Marcos de Jerusalém, que em tempos diferentes foi companheiro mais jovem de Paulo, de Barnabé e de Pedro [...]."[324]

A influência de Pedro no *Evangelho segundo Marcos* é marcante, a ponto de "[...] algumas vezes ter sido popularmente chamado o Evangelho de Pedro [...], em vista do fato que, embora a mão seja de Marcos, a voz é de Pedro, a julgar pela natureza dos incidentes, pela escolha dos assuntos, e pela maneira do tratamento. Por conseguinte, não deve ser tradição vazia que o *Evangelho de Marcos* é o registro escrito da pregação de Pedro, originalmente proferida perante catecúmenos[6] cristãos, quer em Roma ou no Oriente grego [...]."[325]

---

6 **Catecúmeno:** Aquele que recebe instrução religiosa para ser admitido ao batismo. Pessoa que se inicia em um grupo: neófito.

4.5.2.2.1 Características gerais do *Evangelho segundo Marcos*

1) "Este Evangelho é o segundo dos quatro, mas não é o segundo na ordem de composição. É o mais curto dos quatro, que não se explica pela condensação do material. O que Marcos escreveu é muito minucioso e os fatos sucedem-se rapidamente com bastante força de imaginação, em uma série de cenas descritivas, em ordem cronológica do que Mateus e Lucas; ocupa-se mais em descrever as obras do Cristo, do que registrar os seus discursos, somente menciona quatro das suas parábolas, ao passo que registra 18 milagres [conceito teológico, destacamos] e apenas um dos seus longos discursos com alguma precisão, cap. 13. Fala de Jesus Cristo como sendo o singularmente amado em quem Deus havia colocado toda a sua complacência, o Filho de Deus altíssimo, 1:11; 5:7; 9:7; 14:61; também 8:38; 12:1 a 11; 13:32; 14:36, e o Salvador que vence." [326]

2) É um Evangelho que apresenta pouca evolução da doutrina cristã, e não conduz a maiores reflexões teológicas. Para escrever o seu Evangelho, Marcos deve ter recorrido a três fontes: às suas lembranças, às recordações de pessoas que conviveram com o Mestre e aos documentos que circulavam na jovem comunidade cristã da época. A tradição informa que Marcos teria sido discípulo de Pedro, de quem teria recebido os esclarecimentos evangélicos (I Pedro, 5:13; Atos dos apóstolos, 12:12).

3) "O *Evangelho de Marcos* se divide em duas partes complementares. Na primeira (1:2 a 9:10) ficamos sabendo que é Jesus de Nazaré: o Cristo, o Rei do novo povo de Deus, de onde a profissão de fé de Pedro em 8:29. Mas como Jesus pode ser este Rei, uma vez que foi morto por instigação dos chefes do povo judaico? É que ele era "filho de Deus", o que implicava uma proteção de Deus sobre ele para arrancá-lo da morte. A segunda (9:14 a16:8) nos orienta pouco a pouco para a morte de Jesus, mas culmina na profissão de fé do centurião: "Verdadeiramente este homem era filho de Deus"(15:39), confirmada pela descoberta do túmulo vazio, prova da ressureição de Jesus. Este plano é indicado desde a primeira frase escrita por Marcos: "Princípio do Evangelho de Jesus Cristo, filho de Deus" [...]."[327]

4) O *Evangelho de Marcos* quer mostrar que Jesus é o Messias prometido e aguardado pelos judeus. Tem como escopo apresentar Jesus como filho de Deus (Marcos, 1:11; 3:11; 15:39), sua condição

Divina, demonstrando que os milagres realizados por Jesus asseguravam ser ele o Messias Prometido.

5) Escrito em linguagem popular, de estilo vivo, o texto de Marcos deixa de lado o que interessava apenas aos judeus, focalizando também os interesses dos pagãos recém-convertidos na fé, após a morte de Pedro e Paulo (entre os anos 62 e 63). No entanto, há no *Evangelho de Marcos* explicações que nem mesmo os gentios compreendiam (*Marcos*, 3:17; 5:41; 7:34; 10:46; 14:36; 15:34), assim como relatos de costumes judaicos (*Marcos*, 7:3 e 4; 14:12; 15:42). O autor faz poucas referências ao Antigo Testamento.

4.5.2.3 O Evangelho segundo Lucas

Pode-se situar o aparecimento do *Evangelho de Lucas* entre os anos 70 e 80 d.C. "O mérito particular do terceiro *Evangelho* lhe é dado pela personalidade cativante do seu autor, que nele transparece sem cessar. [...] Lucas é escritor de grande talento e alma delicada. Realizou sua obra de modo original, com preocupação pela informação e pela ordem (1:3) [...]. Seu plano retoma as grandes linhas do de Marcos com algumas transposições ou omissões. Alguns episódios são deslocados (3:19 e 20; 4:16 a 30; 5:1 a 11; 6:12 a 19; 22:31 a 34; etc.)".[328]

4.5.2.3.1 Características gerais do Evangelho segundo Lucas

1) Os episódios citados acima foram deslocados, ora por preocupação de clareza e de lógica, ora por influência de outras tradições, entre as quais deve-se notar a que se reflete igualmente no quarto *Evangelho*. Outros episódios são omitidos, seja como menos interessantes para os leitores pagãos (cf. *Marcos*, 9,11 a 13), seja para evitar duplicatas (cf. *Marcos*, 12:28 a 34 em comparação com *Lucas*, 10:25 a 28).

2) O *Evangelho* que tem o seu nome é o terceiro na ordem dos livros do Novo Testamento. Dirigido a um certo Teófilo, provavelmente um cristão gentílico, a quem afirma que suas narrações foram cuidadosamente colhidas no testemunho apostólico e de testemunhas de Jesus, com o objetivo de garantir a verdade dos fatos para o qual havia sido instruído por Paulo de Tarso, um dos entrevistados. O mais lindo dos evangelhos, apresenta um hebraico e aramaico perfeitos, além de profundo conhecimento das tradições judaicas, o que indica sua origem semita. A sua narrativa se caracteriza por contemplar todos os desprezados e excluídos da sociedade, logo, é o mais espiritual e que aproxima

os aflitos ao cordeiro de Deus, especialmente as mulheres, sendo conhecido como o "evangelho mariano", devido à recomendação de Paulo de Tarso de entrevistar a Mãe Santíssima em Éfeso, assim como Joana de Cusa e Maria de Magdala. Escrevendo para grande massa de gentios conversos, foi Lucas quem batizou os seguidores do Cristo de cristãos.[329]

3) A narrativa desse *Evangelho* pode dividir-se da seguinte maneira: 1) Versículos que servem de introdução, 1:1 a 4. 2) Preparação para o aparecimento de Jesus, compreendendo os anúncios sobre o nascimento de João Batista e de Jesus, com alguns acontecimentos que se referem à sua infância e à sua mocidade, 1:5 até o cap. 2:52. 3) Inauguração do ministério de Cristo, inclusive a) o ministério de João Batista, b) o batismo de Jesus acompanhado de sua genealogia [que toma como base os ascendentes de Maria, não de José, como faz Mateus], e c) a tentação, cap. 3 até 4, v. 13. 4) O ministério de Nosso Senhor na Galileia, 4:14 até o cap. 9:50. Nesta parte do seu *Evangelho*, muitas vezes acompanha a mesma ordem de Marcos. [...]. 5) As jornadas de Jesus para Jerusalém, 9:51 até o cap. 19:48. Essa parte do *Evangelho segundo Lucas* contém material que lhe é muito próprio, às vezes um pouco fora da ordem cronológica, mas disposto de acordo com certos tópicos. [...]. 6) A última semana em Jerusalém, incluindo os últimos ensinos de Jesus no templo ao povo e a seus discípulos, sua prisão, seus julgamentos e consequente crucificação e sepultamento, cap. 20 a 23.56. 7) Narração do aparecimento de Jesus depois de ressuscitado, discursos e instruções a seus discípulos para pregarem o Evangelho, e a separação final subindo ao Céu, cap. 24.[330]

4.5.2.4 *O Evangelho segundo João*

O *Evangelho segundo João* só foi escrito em torno do ano 100 d.C. João é o canal de Deus para nos fazer compreender a presença de Jesus, o Verbo Divino.

Esse *Evangelho* é uma obra unitária: as partes só podem ser compreendidas na sua relação com o todo. Portanto, na leitura da obra deve-se ficar atento ao seu conjunto e não somente às unidades que a compõem, tomadas isoladamente.

O plano que estrutura o *Evangelho de João* é espiritual e não histórico-narrativo. A pessoa e a obra de Jesus são interpretadas por uma comunidade no seio da sua experiência de fé. "A história de Jesus no *Evangelho de João* é apresentada como um drama composto de um prólogo, dois atos principais e um epílogo. Considerando-se o *Evangelho* sob essa luz, sua característica distintiva pode ser vista como seu ensinamento iluminado.[331]

4.5.2.4.1 Características gerais do *Evangelho segundo João*

1) João proclama a messianidade de Jesus e a sua filiação divina, esclarecendo que, para ter vida, é preciso ter fé em Jesus. Os traços característicos do Evangelho joanino — e que o diferenciam dos demais — mostram a forte influência de uma corrente de pensamento amplamente difundida em certos círculos do judaísmo: os ensinamentos dos essênios. Neles se atribuía importância especial ao conhecimento (*gnose*), expresso por meio de dualismos: luz-trevas, verdade-mentira, anjo da luz-anjo das trevas. João insiste na mística da unidade com o Cristo e na necessidade do amor fraterno.[332]

2) O quarto *Evangelho* quer dar a entender, mais do que os sinóticos, o sentido da vida, dos gestos e das palavras de Jesus. Os acontecimentos de Jesus são sinais, cujo sentido não transpareceu logo de início, só sendo compreendido após a glorificação do Cristo (*João*, 2:22; 12:16; 13:7); muitas palavras de Jesus eram dotadas de significação espiritual, que não foram percebidas senão mais tarde (*João*, 2:19).[333]

3) Caberia ao apóstolo falar cm nome de Jesus ressuscitado, recordando e ensinando aos discípulos o que Jesus lhes havia dito: "conduzi-los à verdade completa" (*João*, 14:26 e seguintes).

4) Por outro lado, João nos mostra uma faceta da personalidade de Jesus, não percebida nos demais evangelistas: seus ensinamentos ocorrem no contexto da vida judaica, nas festas e no templo, deixando claro ao povo que ele, Jesus, é o centro de uma religião renovada, em espírito e em verdade (*João*, 4:24). Para o evangelista, Jesus é a Palavra (o Verbo) enviada por Deus à Terra, e deve regressar ao Pai uma vez cumprida a sua missão (*João*,1:1 e seguintes). Trata-se de uma missão que consiste em anunciar aos homens os mistérios divinos: Jesus é a testemunha do que viu e ouviu.

5) João se move assim acima dos testemunhos dos outros escritores do Evangelho, explorando a natureza de Jesus em relação a Deus

e à Humanidade, e os fundamentos para a crença cristã e para a vida espiritual, que é a sua consequência. Jesus, no retrato de João, é ao mesmo tempo um com o Pai e um com sua igreja na Terra.[334]

6) Há detalhes, no quarto *Evangelho*, que nos fazem supor haja entre o apóstolo e Jesus uma maior proximidade. Por exemplo, ao descrever o encontro do Mestre com Nicodemos, (*João*, 3:1 a 15) o evangelista nos transmite a certeza de estar presente, testemunhando a conversa. Em outro momento, quando narra o episódio das Bodas de Caná (*João*, 2:1 a 12). Em outras passagens evangélicas a presença de João é percebida claramente, como se ele fosse a sombra de Jesus: acompanha o Rabi na íngreme subida de 562 metros (*Lucas*, 9:28 a 36) até o cume do monte Tabor. Após as quatro horas de marcha, dorme junto a Pedro e Tiago. Na madrugada que avança, escuta vozes que vibram no ar. A sublime visão de Jesus, vestido de luz o faria, mais tarde, evocar a cena inesquecível, ao iniciar a sua narrativa evangélica: "Nele estava a vida e a vida era a luz dos homens; a luz resplandece nas trevas e as trevas não a compreenderam" (*João*, 1:4 e 5).

7) Finalmente, é oportuno lembrar que a promessa do advento do Consolador consta apenas do *Evangelho de João*, que assim nos transmite o feliz anúncio de Jesus: "Se me amardes, guardareis os meus mandamentos. E eu rogarei ao Pai, e ele vos dará outro Consolador, para que fique convosco para sempre, o Espírito da verdade, que o mundo não pode receber, porque não o vê nem o conhece; mas vós o conheceis, porque habita convosco, e estará em vós. Não vos deixarei órfãos; voltarei para vós. Mas, quando vier o Consolador, que eu da parte do Pai vos hei de enviar, aquele Espírito da verdade, que procede do Pai, testificará de mim. E vós também testificareis, pois estivestes comigo desde o princípio" (*João*, 14:15 a 18; 15:26 a 27).

TEMA 5

O ESTUDO DO EVANGELHO E DEMAIS LIVROS DO NOVO TESTAMENTO, À LUZ DA DOUTRINA ESPÍRITA

5.1 CRITÉRIOS PARA O ESTUDO DO EVANGELHO DE JESUS

Allan Kardec, ao relatar a realidade de mundos superiores, afirmou: "[...] as relações, sempre amistosas, entre os povos, jamais são perturbadas pela ambição de subjugar o vizinho, nem pela guerra, que é a sua consequência. Não há senhores nem escravos, nem privilegiados pelo nascimento; só a superioridade moral e intelectual estabelece diferença entre as condições e dá a supremacia. A autoridade é sempre respeitada, porque somente é conferida pelo mérito e se exerce sempre com justiça. *O homem não procura elevar-se acima do homem, mas acima de si mesmo, aperfeiçoando-se* [...]".[335]

Na última frase quis o Codificador indicar qual deve ser a postura do aprendiz do Evangelho que busca aperfeiçoar-se, moral e intelectualmente: o objetivo da sua existência é o autoaperfeiçoamento contínuo. Para tanto, Jesus, em sua misericórdia, legou-nos o seu *Evangelho* como ferramenta divina para o processo de ascensão espiritual, como enfatiza Vicente de Paulo, em mensagem transmitida em Paris, ano de 1858.

> O Cristo não vos disse tudo o que tem relação com as virtudes da caridade e do amor? Por que deixar de lado os seus divinos ensinamentos? Por que fechar os ouvidos às suas divinas palavras, o coração a todas as suas suaves sentenças? Gostaria que dispensassem mais interesse, mais fé às leituras evangélicas. Desprezam, porém, esse livro, consideram-no repositório de palavras ocas, uma carta fechada; deixam no esquecimento esse código admirável. Vossos males provêm apenas do abandono voluntário a que relegais esse resumo das Leis Divinas. Lede-lhe as páginas cintilantes do devotamento de Jesus e meditai-as.[336]

5.1.1 IMPORTÂNCIA DO ESTUDO DO EVANGELHO

O Codificador do Espiritismo orienta porque devemos seguir Jesus, o Modelo e Guia da Humanidade terrestre:[337]

> O Cristo foi o iniciador da moral mais pura, da mais sublime: a moral evangélico-cristã, que há de renovar o mundo, aproximar os homens e torná-los irmãos; que há de fazer brotar de todos os corações humanos a caridade e o amor do próximo e estabelecer entre os homens uma solidariedade comum; de uma moral, enfim, que há de transformar a Terra, tornando-a morada de Espíritos Superiores aos que hoje a habitam. É a Lei do Progresso, à qual a Natureza está submetida, que se cumpre, e o *Espiritismo* é a alavanca de que Deus se utiliza para fazer com que a Humanidade avance.[338]

Com a Doutrina Espírita, o estudioso do Evangelho compreende a essência da mensagem cristã, que é apresentada livre de interpretações pessoais, dogmáticas e das conveniências das políticas de igrejas, visto que o "[...] Espiritismo é de ordem divina, pois se assenta sobre as próprias Leis da Natureza e, crede, tudo o que é de ordem divina tem um objetivo grande e útil [...]",[339] afirma Fénelon, em mensagem transmitida no ano de 1861, em Poitiers-França. Tal entendimento encontra correspondência nesse pensamento de Emmanuel:

> [...] o Evangelho de Jesus é a dádiva suprema do Céu para a redenção do homem espiritual, em marcha para o amor e sabedoria universais.
>
> Jesus é o modelo supremo.
>
> O Evangelho é o roteiro para a ascensão de todos os Espíritos em luta, o aprendizado na Terra para os planos superiores do ilimitado. De sua aplicação decorre a luz do Espírito.[340]

O Evangelho de Jesus Cristo não deve ser entendido como mera concepção religiosa ou subjugado às interpretações teológicas. Como o Evangelho é roteiro de ascensão espiritual, deve ser visto como o caminho a ser percorrido pelo Espírito em sua ascensão infinita. Por outro lado, sendo a Doutrina Espírita o Cristianismo Redivivo, é de fundamental importância ter consciência do papel ocupado pelo Espiritismo na sua feição de Consolador prometido por Jesus (*João*, 14:15 a 17).

> [...] O Espiritismo, sem Evangelho, pode alcançar as melhores expressões de nobreza, mas não passará de atividade destinada a modificar-se ou desaparecer, como todos os elementos transitórios do mundo. E o espírita que não cogitou da sua iluminação com Jesus Cristo pode ser um cientista e um filósofo, com as mais elevadas aquisições intelectuais, mas estará sem leme e sem roteiro no instante da tempestade inevitável da provação e da experiência, porque só o

sentimento divino da fé pode arrebatar o homem das preocupações inferiores da Terra para os caminhos supremos dos páramos espirituais.[341]

Percebemos, assim, por que é necessário estudar o Evangelho, mas à luz da Doutrina Espírita, pois o Espiritismo é a chave para desvendar os ensinos transmitidos por Jesus, como pontua Allan Kardec: "[...] O Espiritismo é a chave com o auxílio da qual tudo se explica com facilidade".[342]

5.1.2 A FINALIDADE DO ESTUDO DO EVANGELHO

A finalidade precípua de estudar o Evangelho é o ensejo de vivenciá-lo, em pensamentos, palavras e ações. Somente assim, pela vivência do Evangelho, poderemos nos transformar em pessoas melhores.

> [...] Urge, contudo, que os espíritas sinceros, esclarecidos no Evangelho, procurem compreender a feição educativa dos postulados doutrinários, reconhecendo que o trabalho imediato dos tempos modernos é o da iluminação interior do homem, melhorando-se-lhe os valores do coração e da consciência.
>
> [...]
>
> Depreendese, pois, que o serviço de cristianização sincera das consciências constitui a edificação definitiva, para a qual os espíritas devem voltar os olhos, antes de tudo, entendendo a vastidão e a complexidade da obra educativa que lhes compete efetuar, junto de qualquer realização humana, nas lutas de cada dia, na tarefa do amor e da verdade.[343]

Esclarecido pelas lições do Evangelho, desenvolve-se, naturalmente, o processo educativo que promove a transformação interior do ser para melhor. O estudo do Evangelho de Jesus representa a bússola que aponta para o norte da melhoria espiritual do Espírito. O aperfeiçoamento moral e intelectual do Espírito imortal é, pois, a razão para se estudar o Evangelho.

Os esclarecimentos espíritas, a prática da fé raciocinada, a amplitude de seus ensinos, a clareza de suas argumentações, a facilidade da sua propagação, a imensa variedade dos assuntos que ilumina, a explicação de fenômenos até então inexplicáveis, isto e muito mais, faz com que a Doutrina Espírita ganhe adeptos esclarecidos, cada vez mais, interessados em promover sua melhoria espiritual. Importa considerar, porém, que o estudo dos postulados evangélicos não se limita ao simples conhecimento intelectual. Ao contrário, extrapola este e, quando o Cristo adentra a intimidade do ser, cria raízes de sabedoria e vida, conduzindo a criatura humana a atos de caridade e amor ao próximo.

O Espírito Emmanuel endereça-nos esta exortação que deve merecer aprofundada reflexão da nossa parte.

Muitos escutam a palavra do Cristo, entretanto, muito poucos são os que colocam a lição nos ouvidos.

Não se trata de registrar meros vocábulos e sim fixar apontamentos que devem palpitar no livro do coração.

Não se reportava Jesus à letra morta, mas ao verbo criador.

Os círculos doutrinários do Cristianismo estão repletos de aprendizes que não sabem atender a esse apelo. Comparecem às atividades espirituais, sintonizando a mente com todas as inquietações inferiores, menos com o Espírito do Cristo. Dobram joelhos, repetem fórmulas verbalistas, concentram-se em si mesmos, todavia, no fundo, atuam em esfera distante do serviço justo.

A maioria não pretende ouvir o Senhor e sim falar ao Senhor, qual se Jesus desempenhasse simples função de pajem subordinado aos caprichos de cada um.

São alunos que procuram subverter a ordem escolar.

Pronunciam longas orações, gritam protestos, alinhavam promessas que não podem cumprir.

Não estimam ensinamentos. Formulam imposições.

E, à maneira de loucos, buscam agir em nome do Cristo.

Os resultados não se fazem esperar. O fracasso e a desilusão, a esterilidade e a dor vão chegando devagarinho, acordando a alma dormente para as realidades eternas.

Não poucos se revoltam, desencantados...

Não se queixem, contudo, senão de si mesmos.

"Ponde minhas palavras em vossos ouvidos", disse Jesus.

O próprio vento possui uma direção. Teria, pois, o Divino Mestre transmitido alguma lição, ao acaso?[344]

5.1.3 PROPOSTA DE COMO ESTUDAR O EVANGELHO

A proposta do estudo do Evangelho de Jesus, à luz do entendimento espírita, está pautada na simplicidade e no desapego à literalidade: "[...] O Evangelho é o edifício da redenção das almas. Como tal, devia ser procurada a lição de Jesus, não mais para qualquer exposição teórica, mas visando cada discípulo ao aperfeiçoamento de si mesmo, desdobrando as edificações do Divino Mestre no terreno definitivo do Espírito".[345]

É perfeitamente compreensível, contudo, que o estudo das passagens evangélicas seja enriquecido com contribuições de autores não espíritas, de pesquisadores e estudiosos de reconhecida respeitabilidade e seriedade na condução de suas análises. São autores que souberam transcender os impositivos teológicos e as práticas religiosas da igreja cristã a que se acham filiados, detendo-se mais na essência da interpretação das escrituras sagradas.

O estudo do Evangelho de Jesus não é algo recente na Humanidade e nem sempre esteve limitado às organizações religiosas. Localizamos em diferentes épocas estudiosos que se debruçaram sobre os textos das escrituras sagradas, utilizando diferentes métodos para melhor compreendê-los. Nem sempre a metodologia selecionada teve boa aceitação, até porque muitos dos estudos revelavam um certo grau de literalidade e interpretação pessoal, em geral destituídos de embasamento histórico-cultural. Entretanto, a iniciativa foi e é válida: o importante, mesmo, é que se estude o Evangelho. Já o Espiritismo propõe o estudo da mensagem do Cristo na forma como consta nessa citação do livro *Ave, Cristo!*: "[...] Jesus não falava simplesmente ao homem que passa, mas, acima de tudo, ao Espírito imperecível [...]."[346]

Com o passar dos séculos e como regra geral, o homem acomodou-se à visão mais superficial do Evangelho, criando para si fórmulas de fácil repetição no atendimento aos supostos deveres religiosos, à simples curiosidade ou às vaidades intelectuais, transformando, aos poucos, o Mestre Nazareno em figura simbólica e de retórica, em que a fé se revela como letra morta. Movidos, porém, pela vontade sincera de querer, efetivamente, conhecer os ensinamentos do Cristo e saber colocá-los em prática, propomos a utilização do método de aprendizagem ensinado por Emmanuel, que, por sua vez, tem origem nas antigas práticas interpretativas rabínicas, então denominadas "colar de pérolas". Eis o que o benfeitor espiritual tem a nos dizer.[347]

> No propósito de valorizar o ensejo de serviço, organizamos este humilde trabalho interpretativo, sem qualquer pretensão a exegese.[7]
>
> Concatenamos apenas modesto conjunto de páginas soltas destinadas a meditações comuns.
>
> Muitos amigos estranhar-nos-ão talvez a atitude, isolando versículos e conferindo-lhes cor independente do capítulo evangélico a que pertencem. Em certas passagens, extraímos daí somente frases pequeninas, proporcionando-lhes fisionomia especial e, em determinadas circunstâncias, as nossas considerações desvaliosas parecem contrariar as disposições do capítulo em que se inspiram.

---

7 **Exegese:** Comentário ou dissertação que tem por objetivo esclarecer ou interpretar minuciosamente um texto ou uma palavra.

> Assim procedemos, porém, ponderando que, num colar de pérolas, cada qual tem valor específico e que, no imenso conjunto de ensinamentos da Boa-Nova, cada conceito do Cristo ou de seus colaboradores diretos adapta-se a determinada situação do Espírito, nas estradas da vida. A lição do Mestre, além disso, não constitui tão somente um impositivo para os misteres da adoração. O Evangelho não se reduz a breviário para o genuflexório. É roteiro imprescindível para a legislação e administração, para o serviço e para a obediência. O Cristo não estabelece linhas divisórias entre o templo e a oficina. Toda a Terra é seu altar de oração e seu campo de trabalho, ao mesmo tempo.
>
> Por louvá-lo nas igrejas e menoscabá-lo nas ruas é que temos naufragado mil vezes, por nossa própria culpa. Todos os lugares, portanto, podem ser consagrados ao serviço divino [...].

A simplicidade do método utilizado pelo benfeitor em suas obras, transmitidas pela psicografia de Chico Xavier, é, na verdade, um desafio para nós, que ainda não aprendemos a perceber diretamente a essência dos ensinamentos do Cristo. Trata-se de aprendizado gradual, a ser alimentado pela perseverança e pela humildade. Ora, no "colar de pérolas", cada pérola representa um ensinamento, um "valor específico", no dizer do sábio orientador espiritual. Mas esse valor específico (ou ensinamento) não pode estar alheio ao conjunto, ou ao próprio colar de pérolas. Assim como o conjunto (o colar de pérolas) não pode ignorar as partes (as pérolas). Em outras palavras: as partes devem compor o todo e este deve estar contido nas partes. É, sem dúvida, um aprendizado, o que nos faz lembrar uma outra orientação que se encontra em *O livro dos espíritos*, ainda que aplicada em outro contexto: "Sim, e é isso que se deve entender quando dizemos que *tudo está em tudo*".[348]

Os seguintes esclarecimentos de Narcisa, a sábia amiga de André Luiz em *Nosso lar*, complementam essas ideias:

> [...] Enquanto o Espírito do homem se engolfa apenas em cálculos e raciocínios, o Evangelho de Jesus não lhe parece mais que repositório de ensinamentos comuns; mas, quando se lhe despertam os sentimentos superiores, verifica que as lições do Mestre têm vida própria e revelam expressões desconhecidas da sua inteligência, à medida que se esforça na edificação de si mesmo, como instrumento do Pai. Quando crescemos para o Senhor, seus ensinos crescem igualmente aos nossos olhos.[...].[349]

5.1.4 CONCLUSÃO

O programa *O Evangelho Redivivo* tem como proposta básica o estudo do Evangelho de Jesus, segundo os ensinamentos da Doutrina Espírita, a partir dos registros dos primeiros interpretadores de sua mensagem, os quais formam um conjunto harmônico de 27 livros do Novo Testamento, genericamente denominados Escrituras Sagradas. São eles: o *Evangelho segundo Mateus, Marcos, Lucas e João* (narrativas da vida, ensino, crucificação e ressurreição de Jesus); *Atos dos apóstolos* (narrativa de autoria de Lucas a respeito do ministério dos apóstolos, em especial os atos de Pedro e Paulo, e a história da constituição da igreja primitiva); 14 *Epístolas ou Cartas de Paulo*, dirigidas a destinatários específicos; 7 *Epístolas ou Cartas universais*, assim denominadas por serem endereçadas à comunidade cristã em geral, cujos autores são: uma carta de Tiago (Tiago filho de Alfeu), duas de Pedro, três de João, uma de Judas Tadeu; e o *Apocalipse*, de João, apóstolo e evangelista.

Os textos do Novo Testamento são objeto de estudo do programa *O Evangelho Redivivo*, que chegaram até nós e foram escritos em grego, os quais apresentam diversidade de linguagem e de estilo literário. Alguns registros guardam clareza de ideias, outros são apresentados na forma de simbologias que nem sempre são interpretadas corretamente. Há textos mais detalhados e outros lacônicos a respeito de um mesmo fato ou acontecimento. Há também referências ao Antigo Testamento. Sendo assim, é muito importante desenvolver o esforço de fugir das análises literais ou priorizar o conhecimento histórico, mas procurar extrair o espírito da letra como propõe o Espiritismo. Kardec esclarece a respeito.

> Todo o mundo admira a moral evangélica; todos lhe proclamam a sublimidade e a necessidade, mas muitos o fazem por confiança, baseados no que ouviram dizer ou sobre a fé em algumas máximas que se tornaram proverbiais. Poucos, no entanto, a conhecem a fundo e menos ainda são os que a compreendem e sabem deduzir as suas consequências. A razão disso está, em grande parte, na dificuldade que apresenta a leitura do Evangelho, ininteligível para grande número de pessoas. A forma alegórica e o misticismo intencional da linguagem fazem com que a maioria o leia por desencargo de consciência e por dever, como leem as preces, sem as entender, isto é, sem proveito. Os preceitos de moral, disseminados aqui e ali, intercalados no conjunto das narrativas, passam despercebidos; torna-se, então, impossível compreendê-los inteiramente e deles fazer objeto de leitura e meditações especiais.
>
> [...]
>
> Muitos pontos do Evangelho, da *Bíblia* e dos autores sacros em geral só são ininteligíveis, parecendo alguns até irracionais, por falta da chave que nos faculte compreender o seu verdadeiro sentido. Essa chave está completa no

Espiritismo, como já puderam convencer-se os que o estudaram seriamente, e como todos o reconhecerão melhor ainda, mais tarde. [...].[350]

5.2 INTERPRETAÇÃO ESPÍRITA DO EVANGELHO E DOS DEMAIS LIVROS DO NOVO TESTAMENTO

Existem no mundo inúmeras interpretações da mensagem de Jesus, a maioria subordinada às teologias das igrejas cristãs. Contudo, há estudiosos sérios que, ao se debruçarem sobre o assunto, enfatizam ora o aspecto histórico-cultural (Jesus histórico), ora a análise espiritual da mensagem, extrapolando as dimensões temporais e histórico-culturais dos textos e as interpretações literais ou simbólicas.

> O termo *Jesus histórico* refere-se a uma tentativa de reconstruções acadêmicas do século I da figura de Jesus de Nazaré. Estas reconstruções são baseadas em métodos históricos, incluindo a análise crítica dos Evangelhos canônicos[8] como a principal fonte para sua biografia, juntamente com a consideração do contexto histórico e cultural em que Jesus viveu.
>
> A pesquisa sobre o Jesus histórico teve início no século XVIII e se desenvolveu, até os nossos dias, em três ondas, preocupadas em reconstruir os fatos históricos e a pessoa humana de Jesus, que ficavam como que escondidos atrás das afirmações dogmáticas e de fé das Igrejas.
>
> Tal busca teve como premissa uma mentalidade racionalista, que acredita poder reconstruir a verdade histórica relacionada a Jesus por meio da razão, e foi impulsionada pela descoberta da estratificação e fragmentação dos textos bíblicos e sua consequente classificação. Um aspecto fundamental dessa busca é tentar inserir Jesus no contexto histórico-sociocultural do judaísmo do século I na Palestina por meio do estudo de fontes canônicas, apócrifas[9] e pseudoepígrafas,[10] que lançaram novas luzes sobre a complexidade da religião e da sociedade judaica daquela época.
>
> A busca pelo Jesus histórico se apoia na literatura bíblica e extra bíblica do século I; nas descobertas arqueológicas e nos estudos sociológicos e historiográficos,

---

8 **Evangelhos canônicos:** Referem aos textos de Mateus, Marcos, Lucas e João, considerados para a maioria das igrejas cristãs como os legítimos e que foram diretamente inspirados por Deus. Integrados ao Novo Testamento, constituem o seu Cânon (do grego, *régua* ou *vara de medir*), possivelmente a partir de 150 anos d.C. Os livros canônicos não podem jamais ser removidos ou acrescentados.

9 **Fontes apócrifas, pseudocanônicas ou ocultas:** São livros escritos por comunidades cristãs (NT) e pré-cristãs (AT), não reconhecidos pelas igrejas cristãs e que se encontram excluídos do cânon bíblico. A definição de um livro como apócrifo varia de acordo com a religião: há livros considerados apócrifos pela igreja católica, mas que não são para o judaísmo, e vice-versa.

10 **Fontes pseudoepígrafas:** São textos antigos aos quais são atribuídos falsa autoria.

para reconstruir e entender o contexto histórico, sociológico e religioso do tempo de Jesus, tentando entender e imaginar o impacto de sua pessoa e de sua mensagem dentro deste mesmo contexto, portanto, parte-se do pressuposto que Jesus deve ser lido dentro do contexto da Galileia daquela época.[351]

No meio religioso há estudos continuados das escrituras sagradas, com maior ou menor profundidade. As dificuldades interpretativas estão, justamente, nas inserções dogmáticas ou práticas que valorizam a simbologia ou a tradição. Com o Espiritismo, a proposta é a de realizar igualmente um estudo metódico, sério, continuado, partindo-se do simples para o complexo, porém mantendo o permanente cuidado de não confundir o símbolo com o ensinamento essencial da mensagem. Tal metodologia amplia a aprendizagem do assunto e orienta o comportamento do espírita, visto que a mensagem do Cristo é o código moral de conduta por excelência.

5.2.1 A CHAVE ESPÍRITA DE INTERPRETAÇÃO DA MENSAGEM DO CRISTO

Emmanuel afirma: "O Espiritismo, na sua missão de Consolador, é o amparo do mundo neste século de declives da sua história; só ele pode, na sua feição de Cristianismo Redivivo, salvar as religiões que se apagam entre os choques da força e da ambição, do egoísmo e do domínio, apontando ao homem os seus verdadeiros caminhos."[352] E acrescenta, também, no livro *Palavras de vida eterna*:

> Em todos os tempos surgem no mundo grandes Espíritos que manejam a palavra, impressionando multidões; entretanto, falam em âmbito circunscrito, ainda quando se façam ouvidos em vários continentes.
>
> [...]
>
> A palavra de Jesus, no entanto, transcende lavores artísticos, joias literárias, plataformas políticas, postulados filosóficos, fórmulas estanques. Dirige-se a todas as criaturas da Terra, com absoluta oportunidade, estejam elas nesse ou naquele campo de evolução.
>
> É por isso que a Doutrina Espírita a reflete, não por mera reforma dos conceitos superficiais do movimento religioso, à maneira de quem desmontasse antigo prédio para dar disposição diferente aos materiais que o integram, em novo edifício destinado a simples efeitos exteriores.
>
> Os ensinamentos do Mestre, nos princípios espíritas-cristãos, constituem sistema renovador, indicação de caminho, roteiro de ação, diretriz no aperfeiçoamento de cada ser.[353]

O certo é que já adiamos por muito tempo a oportunidade de conhecer, meditar, sentir e vivenciar a mensagem do Cristo.[354] "Mas é chegado o tempo de um reajustamento de todos os valores humanos. Se as dolorosas expiações coletivas preludiam a época dos últimos "ais" do Apocalipse, a espiritualidade tem de penetrar as realizações do homem físico, conduzindo-as para o bem de toda a Humanidade".[355]

A chave espírita procura analisar a mensagem do Cristo em espírito e em verdade, como orienta Allan Kardec:

> Se o Cristo não pôde desenvolver o seu ensino de maneira completa, é que faltavam aos homens conhecimentos que eles só podiam adquirir com o tempo e sem os quais não o compreenderiam; há muitas coisas que teriam parecido absurdas no estado dos conhecimentos de então. Completar o seu ensino deve entender-se no sentido de *explicar e desenvolver*, e não no de juntar-lhe verdades novas, porque tudo nele se encontra em estado de germe, faltando-lhe somente a chave para se apreender o sentido de suas palavras.[356]

Para compreender os fundamentos das lições de Jesus, à luz do entendimento espírita, faz-se necessário conhecer os princípios básicos da Doutrina Espírita, a fim de utilizá-los como chave interpretativa. Caso contrário, permaneceremos nas posições dogmáticas e literais ou meramente opinativas.

Os princípios básicos do Espiritismo, nomeados por Allan Kardec como os pontos mais importantes, estão indicados em *O livro dos espíritos*, Introdução VI. São orientações que o espírita precisa conhecer de forma mais aprofundada e que se encontram citados não só na primeira obra da Codificação, ora citada, mas explicados nas demais (*O livro dos médiuns, O evangelho segundo o espiritismo, O céu e o inferno* e *A gênese*).

Os programas de estudos regulares da Doutrina Espírita, como Estudo Sistematizado da Doutrina Espírita (ESDE), Estudo Aprofundado da Doutrina Espírita (EADE) e Mediunidade – Estudo e Prática (MEP) analisam em detalhes os pontos principais do Espiritismo que, resumidamente, são os que se seguem.

Deus, Pai e Criador; *Jesus*, Guia e Modelo da Humanidade terrestre; *Espírito*, ser imortal, existente, pré-existente e sobrevivente à morte do corpo físico; *Perispírito*, organização estrutural do ser humano e dos animais; *Livre-arbítrio* e *Lei de Causa e Efeito*, processos que governam a liberdade e consequências das escolhas humanas; *Evolução*, mecanismo divino que determina o progresso intelectual e moral do Espírito; *Encarnação e Reencarnação*, mecanismos reguladores da evolução do Espírito; *Pluralidade dos Mundos Habitados*, princípio doutrinário espírita que esclarece a respeito das categorias evolutivas dos mundos habitados no Universo: primitivos, de expiação e provas, de regeneração, felizes e divinos; *Plano Espiritual*, que trata das condições da vida do Espírito imortal na dimensão extrafísica da vida; *Influência e Comunicabilidade dos Espíritos*, revelam as ações dos Espíritos sobre o plano físico e a mediunidade, faculdade de comunicabilidade da mente humana.

5.2.2 CRITÉRIOS DE ESTUDO E INTERPRETAÇÃO ESPÍRITAS DA MENSAGEM DO CRISTO

Os critérios para o estudo e a interpretação são bem simples e de fácil aplicação. Entretanto, pressupõem persistência em exercitá-los por parte do aprendiz, a fim de que ele desenvolva aprendizado mais sólido. São três critérios básicos:

1) Saber extrair o espírito da letra.

2) Situar a mensagem na forma atemporal e espacial.

3) Orientar-se por meio de um esquema que considere informações básicas a respeito de aspectos históricos, geográficos e culturais; cargos e ocupações dos personagens citados, cultura, tradições e práticas, etc., mas de forma que tais esclarecimentos sejam vinculados aos dois primeiros critérios, a fim de que a mensagem estudada conduza à reflexão de como vivenciar a mensagem de Amor ensinada por Jesus.

5.2.2.1 Extrair o espírito da letra

Em *Mateus*, 12:46 a 50,[357] consta registro relacionado à mãe e aos irmãos de Jesus:

> E, falando ele ainda à multidão, eis que estavam fora sua mãe e seus irmãos, pretendendo falar-lhe. E disse-lhe alguém: Eis que estão ali fora tua mãe e teus irmãos, que querem falar-te. Porém Ele, respondendo, disse ao que lhe falara: Quem é minha mãe? E quem são meus irmãos? E, estendendo a mão para seus discípulos, disse: Eis aqui minha mãe e meus irmãos; porque qualquer que fizer a vontade de meu Pai, que está nos Céus, este é meu irmão, e irmã, e mãe.

Não há a menor possibilidade de supor que Jesus, que nos legou a mensagem de amor, pudesse por palavras ou gestos referir-se à sua mãe e parentela com desrespeito ou desconsideração, como nos aponta a leitura literal do texto. Kardec esclarece a respeito:

> Certas palavras parecem estranhas na boca de Jesus, por contrastarem com a sua bondade e a sua inalterável benevolência para com todos. Os incrédulos não deixaram de tirar daí uma arma, pretendendo que Ele se contradizia. Um

fato irrecusável é que sua doutrina tem por base essencial, por pedra angular, a lei de amor e de caridade; Ele não podia, pois, destruir de um lado o que estabelecia do outro. Daí esta consequência rigorosa: se certas proposições suas se acham em contradição com aquele princípio básico, é que as palavras que lhe atribuem foram mal reproduzidas, mal compreendidas ou não são suas.[358]

De imediato, se percebe que há duas lições que podem ser retiradas das palavras do Mestre, citadas no texto, e que se encontram veladas pelo simbolismo da linguagem. A primeira é que "Jesus não desprezava nenhuma ocasião de dar um ensino; aproveitou, portanto, a que lhe oferecia a chegada de sua família para estabelecer a diferença que existe entre a parentela corpórea e a parentela espiritual".[359]

A segunda lição diz respeito aos laços de fraternidade que, em última análise, é o que define as vinculações espirituais existentes entre os seres humanos, independentemente dos laços de consanguinidade:

> O Senhor referia-se à precariedade dos laços de sangue, estabelecendo a fórmula do amor, a qual não deve estar circunscrita ao ambiente particular, mas ligada ao ambiente universal, em cujas estradas deveremos observar e ajudar, fraternalmente, a todos os necessitados, desde os aparentemente mais felizes, aos mais desvalidos da sorte.[360]

5.2.2.2 Situar a mensagem no tempo e no espaço

É importante compreender que os ensinamentos de Jesus extrapolam o tempo e os locais por onde ele passou divulgando a Boa-Nova. São orientações eternas, destinadas a toda a Humanidade, mesmo para os que, por hora, não o conhecem, negam ou criticam os seus ensinos.

Outro ponto, não menos importante, é saber localizar o significado do texto e do contexto da mensagem, a fim de extrair a lição que irá promover nossa transformação em pessoas de bem. Para tanto, devemos desenvolver a capacidade de ouvir e ver com os ouvidos e os olhos do espírito. A partir do momento que aprendemos, efetivamente, a nos abstrair das teorizações – em geral vinculadas a interpretações e/ou interesses pessoais – e dedicarmos à vontade sincera de compreender, aprenderemos a superar as informações puramente histórico-culturais da mensagem do Cristo para, em seguida, desenvolvermos o esforço concreto da renovação espiritual pela assimilação da insuperável mensagem cristã.

Como ilustração, inserimos esse registro de Marcos, em que Jesus nos transmite ensinamentos a respeito do jejum, prática comum das igrejas cristãs, inclusive nos dias atuais:

> Ora, os discípulos de João e os fariseus jejuavam; e foram e disseram-lhe: Por que jejuam os discípulos de João e os dos fariseus, e não jejuam os teus discípulos? E Jesus disse-lhes: Podem, porventura, os filhos das bodas jejuar, enquanto está com eles o esposo? Enquanto têm consigo o esposo, não podem jejuar. Mas dias virão em que lhes será tirado o esposo, e então jejuarão naqueles dias. Ninguém costura remendo de pano novo em veste velha; porque o mesmo remendo novo rompe o velho, e a rotura fica maior. E ninguém põe vinho novo em odres velhos; do contrário, o vinho novo rompe os odres e entorna-se o vinho, e os odres estragam-se; o vinho novo deve ser posto em odres novos (*Marcos*, 2:18 a 22).[361]

É possível que, no primeiro momento, tenhamos alguma dificuldade para entender algumas ideias do texto, que parecem estar fora do contexto. Contudo, sem maiores aprofundamentos, por enquanto, percebe-se que a "[...] resposta dada por Jesus encerra três símbolos parabólicos: o casamento, o pano novo em vestido velho e o vinho novo em odres velhos".[362] O casamento simboliza união entre duas pessoas, definida por meio de um compromisso de fidelidade mútua, firmada por um contrato, religioso e/ou legal. Tal simbolismo tem origem na tradição e na legislação dos povos, estabelecido para regular a vida em sociedade. O casamento exige, portanto, uma espécie de "jejum" moral, a fim de que a vida conjugal e a organização familiar atendam os critérios de respeito e fidelidade.

A indagação sobre a não obrigatoriedade do jejum, observada na conduta do próprio Cristo e na dos apóstolos, indica, apenas, um fato: a necessidade de atualizar ou renovar costumes e práticas religiosas, atentando-se para as suas causas espirituais. Nesse aspecto, vemos que "[...] Nas religiões antigas, entre elas o judaísmo, os rituais e cerimoniais tinham mais valor do que os sentimentos envolvidos. Esta é uma das renovações da Lei que Jesus propõe".[363]

Quanto ao remendo velho em pano novo, ou vinho novo em odres velhos, são símbolos que indicam não misturar o velho sistema religioso praticado segundo a tradição e normas teológicas, e em geral sem o menor significado para a melhoria espiritual do ser, com comportamentos ou práticas que efetivamente promovem a evolução do Espírito. O Cristo ensina que devemos abandoná-las de vez, sem misturar costumes antigos com atuais ("não costurar remendo novo em pano velho"). O importante é nos dedicarmos à renovação do Espírito por ações efetivas no bem, sem os apelos das convenções religiosas ou da superficialidade das regras sociais.

5.2.2.3 Considerar informações básicas relacionadas aos aspectos histórico-culturais

O conhecimento dos fatos históricos e culturais, as posições geográficas, os cargos e as práticas usuais de uma sociedade podem auxiliar na interpretação do Evangelho. Por exemplo, na *Parábola do bom samaritano* aparece a figura do samaritano, religioso considerado herege pelo fato de ser da Samaria e de seguir apenas os preceitos do pentateuco moisaico.

O texto destaca que um homem fora assaltado, deixado semimorto na beira da estrada. Contudo, religiosos que por ali passaram não demonstraram sentimento de compaixão nem a necessidade de auxiliar o próximo, ainda que, a rigor, subentende-se que os religiosos são pessoas mais devotadas ao conhecimento espiritual. Mas, pela parábola, o auxílio veio, surpreendentemente, de alguém desprezado pelo clero:

> E, respondendo Jesus, disse: Descia um homem de Jerusalém para Jericó, e caiu nas mãos dos salteadores, os quais o despojaram e, espancando-o, se retiraram, deixando-o meio morto. E, ocasionalmente, descia pelo mesmo caminho certo sacerdote; e, vendo-o, passou de largo. E, de igual modo, também um levita, chegando àquele lugar e vendo-o, passou de largo. Mas um samaritano que ia de viagem chegou ao pé dele e, vendo-o, moveu-se de íntima compaixão. E, aproximando-se, atou-lhe as feridas, aplicando-lhes azeite e vinho; e, pondo-o sobre a sua cavalgadura, levou-o para uma estalagem e cuidou dele (*Lucas*, 10:30 a 34).[364]

O mesmo texto faz referências geográficas, que seriam úteis localizá-las: "Descia um homem de Jerusalém para Jericó [...]." (*Lucas*, 10:30). Da mesma forma, há nos textos bíblicos citações contendo palavras e expressões corriqueiras, assim como indicativos de uso de ferramentas e utensílios profissionais. Trata-se de um recurso de grande valia, que transmite a simplicidade da vida cotidiana e, ao mesmo tempo, aproxima o ouvinte (ou leitor) da lição, favorecendo o seu aprendizado, literal e espiritual.

No seguinte registro de João, destacam-se palavras/frases cujo simbolismo precisa ser adequadamente interpretado para que ocorra boa compreensão da mensagem: "Falou-lhes, pois, Jesus outra vez, dizendo: Eu sou a luz do mundo; quem me segue não andará em trevas, mas terá a luz da vida" (*João*, 8:12).[365]

De imediato, é importante fornecer breves esclarecimento do significado literal e espiritual de *luz* e de *trevas*. No sentido literal, *luz* é para a Física a porção da irradiação eletromagnética à qual os órgãos da visão reagem e cujo comprimento de onda varia de 3.000 a 7.000 unidades angstrom. Ou, de forma mais simples: é energia radiante que, transmitida de um corpo luminoso ao olho, age sobre os órgãos da visão. Ou ainda: claridade ou radiação luminosa provinda de uma fonte particular, como uma estrela, vela, tocha, fogueira, lâmpada elétrica etc. No sentido figurado, refere-se à iluminação mental ou espiritual, considerado um atributo dos Espíritos superiores. Jesus é a luz do mundo, o enviado celestial, guia e modelo da Humanidade terrestre que tem como missão primordial promover a evolução dos seres da Criação Divina na Terra.

No sentido oposto, *trevas* remete sempre ao conceito de escuridão ou a ausência de luz. Simbolicamente, indica pessoa sem maiores recursos da inteligência (ignorante) ou do caráter (pessoas que praticam atos contrários à ordem moral e à ética). No sentido espiritual significa ausência do bem, da bondade, da misericórdia, etc. Em suma, são indivíduos nos quais as virtudes estão pouco desenvolvidas, ainda que eles revelem progresso da inteligência.

Por último, e como subsídios de reflexão ao que foi exposto, apresentamos este oportuno texto de Emmanuel.

> Muitos escutam a palavra do Cristo, entretanto, muito poucos são os que colocam a lição nos ouvidos.
>
> Não se trata de registrar meros vocábulos e sim fixar apontamentos que devem palpitar no livro do coração.
>
> Não se reportava Jesus à letra morta, mas ao verbo criador.
>
> Os círculos doutrinários do Cristianismo estão repletos de aprendizes que não sabem atender a esse apelo. Compareçem às atividades espirituais, sintonizando a mente com todas as inquietações inferiores, menos com o Espírito do Cristo. Dobram joelhos, repetem fórmulas verbalistas, concentram-se em si mesmos, todavia, no fundo, atuam em esfera distante do serviço justo.
>
> A maioria não pretende ouvir o Senhor e sim falar ao Senhor, qual se Jesus desempenhasse simples função de pajem subordinado aos caprichos de cada um.
>
> São alunos que procuram subverter a ordem escolar.
>
> Pronunciam longas orações, gritam protestos, alinhavam promessas que não podem cumprir.
>
> Não estimam ensinamentos. Formulam imposições.
>
> E, à maneira de loucos, buscam agir em nome do Cristo.
>
> Os resultados não se fazem esperar. O fracasso e a desilusão, a esterilidade e a dor vão chegando devagarinho, acordando a alma dormente para as realidades eternas.

Não poucos se revoltam, desencantados...

Não se queixem, contudo, senão de si mesmos.

"Ponde minhas palavras em vossos ouvidos", disse Jesus.

O próprio vento possui uma direção. Teria, pois, o Divino Mestre transmitido alguma lição, ao acaso?[366]

5.3 *A BÍBLIA*: INFORMAÇÕES BÁSICAS

O conhecimento dos textos bíblicos comporta um universo de informações nem sempre acessíveis ao principiante. Há, nas boas universidades, cursos a respeito do assunto, sem falar nos estudos realizados usualmente nas diferentes escolas religiosas. No âmbito deste tema, o intuito é disponibilizar esclarecimentos básicos aos interessados, sem maiores aprofundamentos ou reflexões. Com Emmanuel, porém, podemos afirmar o que as Escrituras Sagradas devem representar para todos nós:

> A *Bíblia* reúne o Trabalho Santificador e a Coroa da Alegria.
>
> O Profeta é o Operário. Jesus é o Salário na Revelação Maior. Eis porque, com o Cristo, se estabeleceu o caminho, depois da procura torturante. E é por esse caminho que a alma do homem se libertará da Babilônia do mal, que sempre lançou o incêndio no mundo, em todos os tempos.
>
> A *Bíblia*, desse modo, é o divino encontro dos filhos da Terra com o seu Pai. Suas imagens são profundas e sagradas. De suas palavras, nem uma só se perderá [...].[367]

O conhecimento a respeito da *Bíblia* é também importante para contextualizar o aprendizado, no tempo e no espaço, mantendo-se sempre o foco no programa *O Evangelho Redivivo*:

> A palavra *Bíblia* em português deriva do vocábulo *biblion*, que significa "rolo" ou "livro". (Embora *biblion* seja realmente um diminutivo de *biblos*, ela perdeu este sentido no NT [...]). Mais exatamente, um *biblion* era um rolo de papiro ou *biblo*, uma planta semelhante a uma taquara, cuja casca interna era secada, para se tornar uma matéria de escrita de uso generalizado no mundo antigo.[368]
>
> A palavra *Bíblia* vem do grego *bíblia*, que significa 'livros' [...] e tendo estabelecido que *Bíblia* é "um conjunto de livros", prefacia um tratamento que começa no mundo antigo e vai avançando no tempo. Raramente essas obras começam no momento presente, e embora a maioria das pessoas associe a *Bíblia* às igrejas cristãs (mais raramente ao judaísmo), logo percebem, quando começam a se interessar pela *Bíblia*, que existe uma variedade desconcertante de traduções e que até o conteúdo pode variar de uma para outra.[369]

Em termos de informação histórica, é válido registrar que ainda existem cerca de 1.825 cópias dos textos, em seguida indicados, e os locais onde se encontram guardados: 1) *Manuscritos gregos* – *Alef* ou *Sinaítico* (séc. IV) – Museu Britânico/Londres-Inglaterra; *Alexandrino* (séc. V) – Museu Britânico; *Vaticano* (séc. IV) – Museu do Vaticano/Roma-Itália; *Éfrem* (séc. VI) – Biblioteca Nacional de Paris/França; *Beza* (séc. VI) – Universidade de Cambridge/Inglaterra; *Claromontano* (séc. VI) – Biblioteca Nacional de Paris; 2) *Manuscritos latinos, na forma de vetus latina*, isto é, da primitiva tradução anterior a Jerônimo, preservados até os dias atuais são: *Vercellensis* (séc. IV) – Catedral de Vercelli (Piemonte – Itália); *Veronensis* (séc. V) – Biblioteca de Verona/Itália; *Colbertinus* (séc. V) – Biblioteca Nacional de Paris; *Beza* (séc. V) – Universidade de Cambridge/Inglaterra; *Palatinus* (séc.V) – Biblioteca Nacional de Viena/Áustria; *Brescianus* (séc. VI) – Biblioteca de Brescia/Lombardia-Itália; *Claromontanus* (séc. IV/V) – Biblioteca do Vaticano, N° 7.223; 3) *Manuscritos da Vulgata:* há cerca de 2.500 cópias, sendo que os manuscritos mais antigos datam dos séculos VI e VII [370] e se encontram na Basílica de São Pedro em Roma e no Museu Vaticano. Em Florença-Itália há, igualmente cópias desse manuscrito.

Todos esses manuscritos são genericamente denominados *códices*, isto é, um conjunto de páginas ou textos isolados que foram agrupados e costurados. Em cada uma dessas páginas há uma margem denominada *códice*, onde os antigos faziam anotações.[371]

Resumimos, em seguida, outras informações básicas necessárias ao estudo inicial do assunto e úteis para a elaboração e a aplicação dos conteúdos do programa *O Evangelho Redivivo*.

1) Tipos de Bíblia. É difícil precisar quantos livros sagrados existem no mundo, devido ao número e variedade de religiões. Contudo, em termos das religiões reveladas, podemos enumerar três bíblias: a *judaica*, a *cristã* e a *islâmica*, conhecidas, respectivamente, por *Torah, Bíblia cristã* e *Alcorão*. São livros nos quais estão registradas as Escrituras Sagradas, base utilizada para construir as práticas de cada religião. A *Bíblia* hebraica e a cristã guardam semelhanças entre si, ainda que os manuscritos bíblicos que sobreviveram ao tempo revelem discordâncias, sobretudo quanto à ordem e o conteúdo dos livros.[372]

No que diz respeito ao Alcorão, há algumas semelhanças e inúmeras diferenças quando comparado à *Bíblia* hebraica e à cristã. Personagens como Adão, Noé, Abrão, Moisés, Aarão, Jesus e Maria aparecem no Alcorão, mas há discrepâncias quanto aos relatos localizados nas outras *Bíblia*s. A principal diferença diz respeito a Jesus que, no Alcorão, é considerado um grande profeta, predecessor de Maomé. Em nenhuma situação Jesus é reconhecido como filho de Deus ou como o Messias. A *Bíblia* judaica também não aceita Jesus como o Messias.

2) Cânon bíblico. É o conjunto de livros que compõe a *Torah*, a *Bíblia cristã* e o *Alcorão*. Cada uma dessas bíblias comportam um número específico de livros canônicos e de livros apócrifos. Para fins deste estudo, vamos nos deter mais nos assuntos relacionados às *Bíblia*s judaica e cristã.

» *Cânon* (do grego *Kanon*, "régua", "cana", "vara", ou "regra"). É palavra que se aplica em diferentes contextos: a) como peça de madeira ou outro material usada pelos pedreiros e carpinteiros para nivelar uma obra; b) tudo o que serve para regular alguma coisa, referindo-se, portanto, a um modelo, padrão ou regra.[373] "[...] No uso grego, a palavra "cânon" parece ter primeiramente denotado apenas a *lista* de escritos sagrados, mas, no latim, também se tornou nome para as próprias Escrituras, o que indicava que as Escrituras são a regra de ação investida com a autoridade divina [...]."[374] No cristianismo, o termo "cânon" refere-se a um grupo de livros reconhecidos pela igreja primitiva como regra de fé e prática [...]."[375]

» *Apócrifo, livros apócrifos.* "A palavra *apócrifo* é derivada do grego *ta apokrypha*, as coisas "ocultas", embora não haja nenhum sentido rigoroso no qual estes livros estejam ocultos [...]."[376] Em outras palavras, são livros ou textos que não fazem parte do cânon bíblico das igrejas.

3) Livros canônicos da Bíblia. "Tanto os judeus quanto os cristãos têm cânones das Escrituras. O cânon judaico consiste em trinta e nove livros; o cânon cristão de sessenta e seis livros para os protestantes e oitenta para os católicos (cujo cânon inclui os apócrifos que a maioria considera deutero-canônica)."[377]

» *Cânon da Bíblia hebraica ou da Torah.* "[...] fixado pelos judeus da Palestina por volta da era cristã, é conservado pelos judeus modernos e, para o Antigo Testamento, pelos evangélicos. Eles aceitam só os livros hebraicos, excluindo os livros escritos em grego e os suplementos gregos de Ester e Daniel.

A *Bíblia* hebraica está dividida em três partes, na seguinte ordem: I) LEI (Pentateuco) – que comporta 5 livros: *Gênesis, Êxodo, Levítico, Números e*

Deuteronômio. II. PROFETAS – que abrange 8 livros: *Josué, Juízes, Samuel, Reis, Isaías, Jeremias, Ezequiel e os Doze profetas* (Oseias, Joel, Amós, Abdias, Jonas, Miqueias, Naum, Habacuc, Sofonias, Ageu, Zacarias, Malaquias). III. ESCRITOS ou HAGIÓGRAFOS que englobam 11 livros: *Salmos, Jó, Provérbios, Rute, Cântico dos Cânticos, Eclesiastes, Lamentações, Ester, Daniel, Esdras-Neemias e Crônicas*."[378]

Antes de Moisés não se conhece registros em livros, sendo que a lista mais antiga das Escrituras, ainda existente, foi escrita aproximadamente em 170 d.C., redigida por um estudioso cristão de nome Melito Sardes,[11] que, em viagem pela Palestina, redigiu a ordem e o número dos livros da *Bíblia* hebraica.[379]

Cânon da Bíblia Cristã. Está organizado em duas grandes divisões: Antigo ou Velho Testamento (AT/VT) e Novo Testamento (NT). É a nomenclatura utilizada desde o final do século II d.C., assim utilizada para distinguir as Escrituras judaicas e as cristãs.[380] O AT foi originalmente escrito em hebraico antigo, conhecido como dialeto aramaico. O NT foi escrito em grego. "Algumas poucas autoridades opinam que os Evangelhos sinópticos tinham um texto original em aramaico, mas tal ideia é rejeitada pela vasta maioria dos especialistas. Naturalmente, há até mesmo expressões hebreu-aramaicas (*hebraísmos*), incluídas no texto do Novo Testamento [...]."[381] Quanto aos quatro *Evangelhos* (Mateus, Marcos, Lucas e João) é importante destacar que os três primeiros são denominados *sinóticos* (ou *sinópticos*), porque "[...] têm muitas semelhanças. João foi escrito de um ponto de vista diferente."[382] Atualmente, a *Bíblia* protestante segue a ordem da *Vulgata* latina e o conteúdo da *Bíblia* hebraica.

> » *Antigo Testamento*. Contém 4 partes, assim especificadas: 1) PENTATEUCO (5 livros: *Gênesis, Êxodo, Levítico, Números e Deuteronômio*). 2) LIVROS HISTÓRICOS (16 livros: *Josué, Juízes, Rute, 1 e 2 Samuel, 1 e 2 Reis. 1 e 2 Crônicas, Esdras, Neemias, Tobias, Judite, Ester, 1 e 2 Macabeus*). 3) LIVROS POÉTICOS E SAPIENCIAIS (7 livros: *Jó, Salmos, Provérbios, Eclesiastes, Cântico dos Cânticos, Sabedoria de Salomão, Eclesiástico*). 4) LIVROS PROFÉTICOS (18 livros: *Isaías, Jeremias, Lamentações, Baruc, Ezequiel, Daniel* e os doze profetas: *Oséias, Joel, Amós, Abdias, Jonas, Miqueias, Naum, Habacuc, Sofonias, Ageu, Zacarias e Malaquias*).[383]

---

11 **Melito** ou **Melitão de Sardes**, também conhecido como **Melitão, o Eunuco**, foi bispo de Sardes, uma cidade perto de Ermirna (hoje Turquia), na Anatólia ocidental (Ásia Menor), e, sobretudo, respeitável estudioso e autoridade religiosa da igreja primitiva.

» *Novo Testamento.* Possui 27 livros inseridos em oito subdivisões: 1) *Evangelho segundo São Mateus;* 2) *Evangelho segundo São Marcos;* 3) *Evangelho segundo São Lucas;* 4) *Evangelho segundo São João.* 5) *Atos dos apóstolos;* 6) 14 *Epístolas de Paulo;* 7) 7 *Epístolas universais* (uma de Tiago, duas de Pedro, três de João, uma de Judas Tadeu); 8) *Apocalipse de João.*[384]

» Cânon da *Bíblia* grega ou *Bíblia* dos setenta (LXX). Foi escritura destinada aos judeus da *dispersão,* ou seja, judeus que viviam no passado em terras estrangeiras, em geral por cativeiro. Essa *Bíblia* é semelhante à *Bíblia* cristã e engloba, numa ordem que varia segundo os manuscritos e as edições: 1) LEGISLAÇÃO E HISTÓRIA (*Gênesis, Êxodo, Levítico, Números e Deuteronômio, Josué, Juízes, Rute,* 4 *Livros dos Reinos* (*I e II Samuel; III e IV Reis*), *Paralipômenos I e II* (*Crônicas, Esdras, Esdras-Neemias, Ester, Judite, Tobias, Macabeus, I e II*). 2) POETAS E PROFETAS (*Salmos, Provérbios de Salomão, Eclesiastes, Cântico dos Cânticos, Jó, Livro da Sabedoria (Eclesiástico e Salmos de Salomão),* os *Doze profetas menores; Isaías, Jeremias, Baruc, Lamentações, Carta de Jeremias, Ezequiel, Susana, Daniel, Bel e o Dragão.* [385]

4) *Livros apócrifos*

Há livros apócrifos tanto no Antigo quanto no Novo Testamentos.

» *Livros Apócrifos do Antigo Testamento*

Esdras: I *Esdras* (a história de três jovens – que é adaptação de um conto persa) e II *Esdras* (ou IV *Esdras* na *Vulgata* – é conhecido como o *Apocalipse de Esdras* ou o *Apocalipse segundo os judeus*); *Tobias* (uma breve história das lutas, sacrifícios e privações de um judeu justo que vivia sob cativeiro); *Judite* (história de uma jovem e corajosa judia que vivia em cativeiro); *Epístola de Jeremias* (ataque judaico-helênico contra a idolatria); *Livro de Baruque* (atribuído a Baruque, amigo de Jeremias, foi provavelmente escrito a quatro mãos por outros autores, e envolve episódios durante o cativeiro dos judeus na Babilônia); *Eclesiástico* (o texto grego referente à sabedoria de um palestino cujo nome era Jesus ben-siraque; *Sabedoria de Salomão* (ponto alto da sapiência judaica, mas marcante influência helênica); *Macabeus* (escritos de natureza histórica, relatam acontecimentos ocorridos entre 175-134 a.c.). Há ainda livros considerados apócrifos no AT porque são adições aos escritos de alguns profetas, quais sejam: adições do livro de *Daniel,* de *Ester,* de *Manassés.*[386]

> *Livros Apócrifos do Novo Testamento*

Há um número significativo de textos apócrifos no NT, cerca de 45 livros[387]. Os apócrifos do NT mais conhecidos são: *Evangelho de Tomé*; *Evangelho de Pedro*; *Evangelho de Maria*; *Evangelho de Judas*; *Apocalipse de Pedro*; *Atos de Pilatos*; *Atos de Pedro e dos Doze Apóstolos*.[388]

> Havia uma coletânea substancial de obras publicadas com o nome de escritores apostólicos durante o século II e seguintes. Na sua maior parte eram invenções deliberadas e nunca reivindicaram seriamente canonicidade. Por isto, neste sentido, a palavra *apócrifo* é usada denotando algo falso e espúrio.
>
> Segundo parece, os apócrifos no NT surgiram primariamente por duas razões. Em primeiro lugar, alguns deles procuravam satisfazer a curiosidade despertada pela falta dos Evangelhos em descreverem a vida do Cristo na juventude e numerosos aspectos de Sua personalidade. Outros procuram fornecer pormenores a respeito dos apóstolos que haviam sido omitidos em *Atos*. Em segundo lugar, aqueles que tinham tendências heréticas esforçavam-se para obter aceitação para os seus pontos de vista, encaixando-se em obras atribuídas ao Cristo e aos apóstolos. Principalmente os gnósticos[12] procuraram promover sua causa desta maneira.[389]

O Velho Testamento é, basicamente, a manifestação da Lei religiosa. O Novo Testamento é a mensagem de Amor ensinada por Jesus Cristo, que renovou a Lei antiga. As palavras de Emmanuel, inseridas nas duas seguintes referências, são úteis à nossa reflexão.

> » "O Velho Testamento é o alicerce da Revelação Divina. O Evangelho é o edifício da redenção das almas. Como tal, devia ser procurada a lição de Jesus, não mais para qualquer exposição teórica, mas visando cada discípulo ao aperfeiçoamento de si mesmo, desdobrando as edificações do Divino Mestre no terreno definitivo do Espírito."[390]
>
> » "Entre o Velho e o Novo Testamento encontram-se diferenças profundas e singulares, que se revelam, muitas vezes, como fortes contrastes ao espírito observador, ansioso pelas equações imediatas da experiência religiosa.
>
> O Velho Testamento é a revelação da Lei. O Novo é a revelação do Amor. O primeiro consubstancia as elevadas experiências dos homens de Deus, que procuravam a visão verdadeira do Pai e de sua

---

12 **Gnóstico**: Do grego, *gnostikós que significa* alguém capaz de conhecer. Indica pessoa que segue o *gnosticismo*. Isto é, um conjunto de crenças de natureza filosófica e religiosa cujo princípio básico assenta na ideia de que há em cada homem uma essência imortal que transcende o próprio homem.

Casa de infinitas maravilhas. O segundo representa a mensagem de Deus a todos os que O buscam no caminho do mundo."³⁹¹

5) *Traduções*

A *Bíblia* está traduzida na maior parte das línguas existentes no planeta, atualmente. Mas não foi assim no passado. Somente a partir da Reforma Protestante, no século XVI, foi iniciada a tradução para diferentes línguas. Merecem destaque, porém, as traduções que fizeram história e que representam os textos básicos utilizados na construção das edições atuais da *Bíblia*. Temos, então:

a) *Septuaginta*, também denominada LXX. É a tradução original do hebraico para o grego do Velho Testamento, considerada a mais importante de todas as traduções;

b) *Latim antigo e a Vulgata*. Nos fins do século II d.C., muitos textos foram publicados em latim antigo, a maioria perdidos. Restam poucos guardados zelosamente em alguns países europeus. A *Vulgata* foi traduzida pelo monge e teólogo Jerônimo,¹³ no final do século IV d.C.: "Apesar do patrocínio oficial, foi difícil para a *Vulgata* de Jerônimo eliminar as versões em latim antigo. *Bíblias* manuscritas em latim eram produzidas com textos misturados da *Vulgata* e latim antigo [...]."³⁹² Isto representou um problema, mais tarde. A *Vulgata* consolidou-se na primeira metade do século 16, com a edição da *Bíblia* em 1532, tendo sido definitivamente consagrada pelo Concílio de Trento, em 1546. Nesse Concílio estabeleceu-se um texto único para a *Vulgata*, a partir de vários manuscritos existentes, o qual foi ratificada mais uma vez como a *Bíblia* oficial da Igreja, confirmando assim os outros concílios desde o século II, e essa versão ficou conhecida como *Vulgata Clementina*. Passados vários séculos, com o Concílio Vaticano II e por determinação do papa Paulo VI, foi realizada uma revisão da *Vulgata*, sobretudo para uso litúrgico (missa e outros rituais católicos). Esta revisão, concluída em 1975, foi promulgada pelo papa João Paulo II, em 25 de abril de 1979. É denominada *Nova Vulgata* e ficou estabelecida como a nova *Bíblia* oficial da Igreja Católica.³⁹³

c) *Siríaco Peshitta*. Era o texto utilizado pelos cristãos sírios, cuja fonte era a *Septuaginta*.

---

13 **Jerônimo** ou **São Jerônimo**, após a canonização (347-420 d.C.): Foi sacerdote, teólogo e historiador católico que traduziu toda a *Bíblia* a partir do grego, atendendo ao pedido do papa Dâmaso I (português, 305-384 d.C.). As línguas latinas utilizam a *Vulgata* para tradução.

d) *Copta* (egípcio). Conhece-se quatro versões nesta língua, todos com base na *Septuaginta*.[394]

Merecem destaque as versões da *Bíblia* utilizadas pelos povos de *língua inglesa*. Enquanto os países latinos utilizavam (e utilizam) a *Vulgata* como referência, com ou sem acréscimos (*Bíblia* hebraica, *Septuaginta*, manuscritos), as traduções para o inglês não consideraram a *Vulgata*.

A mais antiga versão em inglês é a *Authorized Bible*/AV (*Bíblia* Autorizada) ou *King James Version* (Versão do Rei James), de 1611. Mais tarde surgiram: *Revised English Bible*/REB (*Bíblia Inglesa Revisada*); *New Jerusalem Bible*/NJB (*Nova Bíblia de Jerusalém*); *New Revised Standard Version*/NRSV (*Nova Versão Padrão Revisada*); *New Internacional Version*/NIV (*Nova Versão Internacional*) e a *Good News Bible*/GNB (*Bíblia Boa Nova*). No Reino Unido e demais países de língua inglesa a *Bíblia* preferida é a AV (*Authorized Version*) de King James, sendo que as igrejas conservadoras, por rejeitarem os livros apócrifos, preferem a *New Internacional Version* (*Nova Versão Internacional*). A *Revised English Bible* (*Bíblia Inglesa Revisada*) e *Revised Standard Version* (*Nova Versão Padrão Revisada*) são as que seguem a tradição protestante, inglesa e americana, sendo que ambas versões são consideradas as *Bíblia*s que, oficialmente, unem as igrejas protestantes, católicas, ortodoxas orientais e a anglicana.[395]

Em *língua portuguesa*, a tradução da *Bíblia* utiliza a *Vulgata*. Teve início com D. Dinis (1279-1325), rei de Portugal que, ele mesmo, traduziu os vinte primeiros capítulos do livro *Gênesis*. Mais tarde, o rei D. João I (1385-1433) ordenou a tradução dos *Evangelhos*, do livro de *Atos* e das epístolas de Paulo por padres católicos. A tradução completa da *Bíblia* foi feita pelo protestante *João Ferreira de Almeida* (1628-1691), de nacionalidade portuguesa, que utilizou os manuscritos básicos do hebraico e do grego, assim como a *Vulgata*. O seu texto foi publicado no início do século XVIII, sendo aperfeiçoado nas edições sucessivas. Em 1945 foi organizada uma comissão pela Sociedade Bíblica do Brasil que realizou a revisão da tradução de Almeida, publicada em 1967.

Outro português que traduziu a *Bíblia* foi o padre *Antônio Pereira de Figueiredo* (1725-1797), tendo a *Vulgata* como referência exclusiva. A sua primeira publicação, porém, só surgiu em 1896. A linguagem de Figueiredo é mais culta que a de João Ferreira de Almeida, mas a tradução apresenta limitações por ele ter utilizado a *Vulgata* como fonte exclusiva.[396] Há outros tradutores em língua portuguesa, mas de menor expressão.

Bíblia de Jerusalém. Utilizada como referência no programa *O Evangelho Redivivo*, teve a sua primeira edição em língua portuguesa, no Brasil, em 1981 (revisada e atualizada em 2002), a partir da edição francesa (*Bible de Jérusalem*). O valor desta *Bíblia* se prende aos seguintes fatos:

> A tradução foi feita a partir dos textos originais hebraicos, aramaicos e gregos. Para o Antigo Testamento utilizou-se o texto massorético, isto é, o texto hebraico estabelecido entre os séculos VII e IX d. C. por sábios judeus, que fixaram sua grafia e vocalização. É o texto reproduzido pela maioria dos manuscritos. Quando esse texto apresenta dificuldades insuperáveis, recorre-se a outros manuscritos hebraicos ou a versões antigas, principalmente a grega, a siríaca e a latina. [...] Quando a tradição oferece diversas formas do texto, foi escolhida a leitura mais segura, não sem indicar em nota a ou as variantes que têm importância ou conservam alguma probabilidade [...].[397]

A *Bíblia* de Jerusalém nasceu na Escola Bíblica de Jerusalém, considerada o mais antigo centro de pesquisa bíblica e arqueológica da Terra Santa. Foi fundada em 1890 pelo Padre Marie-Joseph Lagrange (1855–1938) sobre terras do convento dominicano de St-Étienne em Jerusalém, convento fundado em 1822, sob o nome original de Escola Prática de Estudos Bíblicos, título que sublinhava sua especificidade metodológica.

Em 1956, foi publicada pela primeira vez, em francês, em um só volume, a *Bíblia da Escola de Jerusalém*, contemplando uma tradução que levava em consideração o progresso das ciências. Para tanto, foram convidados para a colaboração os mais diversos pesquisadores: historiadores, arqueólogos, lexicógrafos, linguistas, teólogos, exegetas, cientistas sociais, geógrafos e cartógrafos. Atribui-se que foi a diversidade de colaboradores que garantiu traduções acuradas, em temas que cada qual conhecia com profundidade. Mas, em contrapartida, a *Bíblia* não tinha homogeneidade de texto. Cada qual escrevia no seu estilo. A próxima etapa, portanto, foi empreender esforços na harmonização dos textos, trabalho concluído quase duas décadas depois, em 1973, quando se publicou a edição revisada, adotando-se o título, em francês, *Bible de Jérusalem* (*Bíblia de Jerusalém*), cuja primeira edição brasileira foi em 1981 publicada pela Paulus Editora. Ocorreu nova revisão francesa em 1998, que terminou por gerar a nova edição brasileira, revista e atualizada, pela mesma Paulus Editora, em 2002. Nas traduções dos originais para a língua portuguesa, também colaboraram exegetas católicos e protestantes.[398]

6) *Impressões*

Na Antiguidade, os textos bíblicos eram registrados em *rolos de papiros*, mas, por serem facilmente deterioráveis, muitos se perderam.

Posteriormente, os registros passaram a ser escritos em *pergaminho* (pele de carneiro), mais resistentes que os papiros. Somente com o advento da imprensa, e, hoje, com os recursos eletrônicos e tecnológicos, tem sido possível conservá-los por mais tempo.

O acesso aos textos bíblicos não era fácil, até mesmo para os membros do clero. Os fiéis, então, os desconheciam completamente. Tal fato motivou a introdução de práticas e dogmas oriundos das políticas clericais que, de um lado, mantinham o povo na ignorância e, por outro, manifestavam a forma de domínio político-religioso.

Com a *Reforma Protestante* – movimento reformista cristão do século XVI, liderado pelo monge agostiniano católico, Martinho Lutero (1483-1546), simbolizado na publicação de suas 95 teses, em 31 de outubro de 1517 na porta da Igreja do Castelo de Wittenberg, as quais contestavam e repudiavam dogmas e práticas da Igreja Católica Romana –, o desconhecimento dos textos originais deixaram de existir, primeiramente para os religiosos, depois para o povo, em geral. A Reforma Protestante favoreceu, assim, o conhecimento dos livros bíblicos ao grande público com a tradução em outras línguas e a divulgação para todos os povos.

A ampla divulgação dos textos bíblicos se deve, igualmente, à invenção da imprensa ou máquina de impressão tipográfica, no século XV, na década de 1430, pelo alemão *Johannes Gutenberg* (1396-1468). Com a imprensa, a primeira *Bíblia* impressa surgiu em 30 de setembro de 1452, que foi denominada *Bíblia de Gutenberg*. Essa *Bíblia* utilizou a *Vulgata* como referência e foi publicada aos poucos, entre os anos 1450 e 1455.

Dos 49 exemplares existentes, mais ou menos completos, da *Bíblia de Gutenberg* (12 em pergaminho, 37 em papel), existe uma cópia na Biblioteca Estatal da Baviera. Uma cópia completa dessa *Bíblia* possui 1.282 páginas, com texto em duas colunas, e encadernada em dois volumes. Mas existem cópias em outros países, tais como: Alemanha (12 cópias), Áustria, Bélgica, Dinamarca, Espanha, Estados Unidos da América, França, Itália (Vaticano), Japão, Polônia, Portugal, Reino Unido, Rússia, Suíça.[399]

Ante tais informações históricas, Emmanuel pondera, reflexivamente:

A realidade é que a civilização ocidental não chegou a se cristianizar.

[...]

Mas é chegado o tempo de um reajustamento de todos os valores humanos. Se as dolorosas expiações coletivas preludiam a época dos últimos "ais" do

Apocalipse, a Espiritualidade tem de penetrar as realizações do homem físico, conduzindo-as para o bem de toda a Humanidade.

O Espiritismo, na sua missão de Consolador, é o amparo do mundo neste século de declives da sua História; só ele pode, na sua feição de Cristianismo Redivivo, salvar as religiões que se apagam entre os choques da força e da ambição, do egoísmo e do domínio, apontando ao homem os seus verdadeiros caminhos. [...].[400]

OBSERVAÇÃO: SUGERE-SE QUE OS INTEGRANTES DO ESTUDO TENHAM CONSIGO UM EXEMPLAR DA *BÍBLIA* PARA QUE, NA PRÓXIMA REUNIÃO, REALIZEM EXERCÍCIOS DE MANUSEIO DO ANTIGO E DO NOVO TESTAMENTO.

5.4 SABER MANUSEAR A BÍBLIA

Os manuscritos das escrituras sagradas e a redação posterior dos textos do que constitui, hoje, a *Bíblia* judaica e cristã, apresentavam formatação de difícil leitura e localização dos registros, mesmo para os estudiosos e religiosos que os consultavam corriqueiramente. O que existia, na verdade, era um texto corrido, sem espaços entre as frases e sem pontuação. Ainda não havia a numeração dos capítulos e dos versículos. Outra dificuldade: os manuscritos bíblicos eram grafados em letras maiúsculas, conhecidas como "capitais" ou "unciais". Somente a partir do oitavo século passaram a ser escritos em "cursivo" ou letras minúsculas.[401] Apenas o *Livro dos Salmos* apresentava uma exceção, pois a sua divisão assemelhava-se à forma como a *Bíblia* é dividida atualmente.

5.4.1 DIVISÕES DA *BÍBLIA*

A divisão da *Bíblia* em *capítulos* foi ideia do arcebispo de Cantuária,[14] Stephen Longton (1150–1228), no início do século 13, quando ele ainda era professor da Universidade de Paris, na França.[402] Já a divisão dos capítulos em *versículos* aconteceu cerca de 300 anos depois, na metade do século 16, pelo renomado tipógrafo e erudito francês Robert Estienne (1503–1559). Estienne foi quem publicou a primeira a *Bíblia* dividida e numerada em capítulos e versículos. Ele utilizou fontes romanas, mas finas e fáceis de serem lidas, diferentes da escrita tipográfica gótica alemã. Com esta publicação, que teve como referência a *Vulgata* e outros registros, extraídos de

---

14 **Cantuária,** em inglês, **Canterbury:** É cidade do condado de Kent, sudeste da Inglaterra, sede do principal centro religioso do Reino Unido, por abrigar o arcebispo de Cantuária, considerado o líder espiritual da Igreja Anglicana.

manuscritos, ficou sendo a *Bíblia* mais utilizada, popularmente denominada "*Bíblia* de Estienne".[403]

Sabemos que a *Bíblia* está dividida em duas grandes partes: *Antigo Testamento/AT* (ou *Velho Testamento/VT*) e *Novo Testamento/NT*. Como foi estudado no tema anterior (5:3. *A Bíblia: informações básicas*), o Velho Testamento contém livros que tratam das leis, das profecias, da história e da sabedoria. Já o Novo Testamento representa a atualização da Lei antiga por meio da mensagem do Amor, ensinada e exemplificada por Jesus, o Cristo de Deus, nos seus 27 livros interpretativos da Sua Divina mensagem. Cada um desses testamentos contêm *capítulos,* que são divisões maiores que, por sua vez, estão subdivididos em *versículos*. Ambos, os capítulos e os versículos, são numerados sequencialmente, a fim de facilitar a consulta e o estudo. O número de capítulos e de versículos é variável em cada livro.

Como toda regra tem exceções, lembramos que a codificação em capítulos e versículos está ausente na segunda e terceira epístolas de João e na carta/epístola de Judas Tadeu. Nesses três livros não consta a divisão em capítulos, mas os versículos são numerados. Assim, a segunda epístola de João tem treze versículos e a terceira epístola tem quinze. A epístola ou carta de Judas é composta de 25 versículos.

5.4.2 BÍBLIAS DE REFERÊNCIA

No programa *O Evangelho Redivivo* utilizaremos os textos da *Bíblia de Jerusalém*, revisada e ampliada, a partir das edições de 1981, como obra de referência primária. A *Bíblia Sagrada*, tradução de João Ferreira de Almeida, edição revista e corrigida, com edições a partir de 1975, será pesquisada igualmente, mas como referência secundária. Outras *bíblia*s serão igualmente utilizadas como referências terciárias.

5.4.3 ABREVIAÇÕES

As divisões da *Bíblia* podem ser escritas por extenso ou abreviadas. Assim: Antigo (ou Velho) Testamento ou AT (VT). Novo Testamento ou NT. Da mesma forma, a referência de uma passagem bíblica, seja do Antigo ou do Novo Testamento, pode ser também escrita por extenso ou de forma abreviada. Em ambas indicações há uma ordem que indica: o nome do livro, o número do capítulo e o do versículo. Quando se faz citação por extenso, costuma-se colocar uma vírgula depois do nome do livro e, após o capítulo, insere-se dois pontos, registrando, em seguida, o versículo. Se há mais de um versículo, separa-os com um hífen. Esta é a regra geral, mas existem outras, definidas pela tradição ou pela igreja.

As abreviaturas são encontradas nas páginas iniciais das diferentes traduções da *Bíblia*.

5.4.3.1 Exemplos:

» *Juízes*, 5:12 (escrito por extenso) ou Jz 5:12 ou Jz.5:12 (escritas abreviadas). Nas duas formas de registro, *Juízes*, 5:12, Jz5:12 ou Jz.5:12, o nome do livro do Antigo Testamento é *Juízes*, 5 é o capítulo do livro citado e 12 é o versículo.

» *Marcos*, 10:4 a 9, Mc10:4 a 9 ou Mc.10: 4 a 9 expressa: *Evangelho segundo Marcos*, capítulo 10, versículos 4 ao 9.

» *1 Pedro*,4:8, 1Pe4:8 ou 1Pe.4:8 indica: *Primeira Epístola* ou *Carta de Pedro*, capítulo 4, versículo 8. Alguns tradutores preferem substituir o número da epístola escrito em arábico por caracteres romanos, assim: *I Pedro*, 4: ou IPe.4:8.

5.4.4 NOTAS E REFERÊNCIAS CRUZADAS

Notas são breves explicações inseridas no rodapé do texto bíblico, seguindo-se uma sequência alfabética. As referências cruzadas são registradas à direita da página, onde consta o capítulo e/ou versículos em estudo. Tais referências indicam que o assunto em estudo se encontra repetido em outro livro do Antigo ou do Novo Testamento. Outro ponto importante: As notas de rodapé podem conter também referências cruzadas.

5.4.4.1 Exemplo de nota de rodapé contendo referência cruzada

Em *Filipenses*, 1:1 (ou Fl.1:1) temos este registro de Paulo: "Paulo e Timóteo, servos de Cristo Jesus, a todos os santos em Cristo Jesus que estão em Filipos, com seus epíscopos e diáconos **a**, à graça e paz da paz de Deus nosso Pai e do Senhor Jesus Cristo!".

Após as palavras "epíscopos" e "diáconos" há, na *Bíblia de Jerusalém*, uma nota de rodapé "a", assim como referências cruzadas. Na nota de rodapé "a" temos essa explicação: Os "epíscopos" não são ainda "bispos", mas presbíteros ou "anciãos", encarregados de dirigir a comunidade ou de lhe dar assistência (cf. *Tito,* 1:5+). Os "diáconos" são seus assistentes (*I Timóteo,* 3:8 a 13; cf. *Atos,* 6:1 a 6). O que chama atenção nesta nota de rodapé são as referências cruzadas que se encontram relacionadas depois das explicações, indicando que o conceito de "epíscopos" se encontra também na *Epístola a Tito*, 1:5. E que o significado de "diáconos" pode ser visto, igualmente, na *Carta a Timóteo*, 3:8 a 13 e em *Atos dos apóstolos*, 6: 1 a 6.

5.4.4.2 Exemplo de referência cruzada localizada na margem direita da página em estudo

Em *Lucas*, 7:1 a 3 (ou Lc 7:1 a 3) consta: "Quando acabou de transmitir aos ouvidos do povo todas essas palavras, entrou em Cafarnaum. Ora, um centurião tinha um servo a quem prezava e que estava doente, à morte. Tendo ouvido falar de Jesus, enviou-lhe alguns anciãos dos judeus para pedir-lhe que fosse salvar o seu servo".

No lado direito da página, em sua margem, são citadas essas referências cruzadas: *Mateus*, 8:5 a 10 e 13 e *João*, 4:46 a 54. Tais referências indicam que os evangelistas Mateus e João também registraram o assunto anotado por Lucas.

5.4.5 EXERCÍCIOS DE MANUSEIO DA BÍBLIA

» É importante que os participantes tenham à mão um exemplar da *Bíblia*, como foi solicitado na reunião anterior, seguindo-se o seguinte roteiro:

1) Sugere-se que os integrantes da reunião formem duplas ou trios para, em conjunto, exercitarem o manuseio da *Bíblia*.

2) Cada pequeno grupo recebe uma citação da *Bíblia* e deve fazer o que se pede: a) localizar a citação no livro bíblico; trocar ideias a respeito do assunto, indicando a ideia central e as ideias secundárias, se houver; c) localizar possíveis notas de rodapé e referências cruzadas, anotando-as.

3) Apresentação em plenária das conclusões dos grupos, as quais serão analisadas em conjunto.

5.4.5.1 Sugestões de citações para serem localizadas e identificadas

Mateus, 6:1 a 4 (Mt 6:1 a 4)

Atos dos apóstolos, 9: 32 a34 (At 9:32 a 34)

III João, 5 a 8 (III Jo 5 a 8)

Salmos, 1:1 a 4 (Sl 1:1 a 4)

TEMA 6

EXERCÍCIOS DE APLICAÇÃO DA METODOLOGIA INDICADA EM O EVANGELHO REDIVIVO

6.1 O CONVITE DE JESUS (*MATEUS*, 11:28 A 30)[404]

O Convite de Jesus está expresso no texto de Mateus que se segue, cujo conteúdo deve ser lido, individualmente, na *Bíblia* de cada participante. Após a leitura, seguir os passos indicados no Roteiro de Estudo. "Vinde a mim todos os que estais cansados sob o peso do vosso fardo e vos darei descanso. Tomai sobre vós o meu jugo e aprendei de mim, porque sou manso e humilde de coração, e encontrareis descanso para vossas almas, pois o meu jugo é suave e o meu fardo é leve" (*Mateus*, 11:28 a 30).

6.1.1 ROTEIRO DE ESTUDO

1) O facilitador faz breve apresentação da metodologia proposta no programa *O Evangelho Redivivo*, recordando conceitos básicos, anteriormente estudados (Livro 1. Tema 2.2: *Organização e métodos. Bibliografia básica*), tais como: a) método de estudo e interpretação de textos indicado por Allan Kardec; b) discussão e análise de ideias pelo método da dialética socrática; c) roteiro de estudo de textos evangélicos utilizados por Emmanuel (Veja outros esclarecimentos em *Notas*).

2) Os participantes se organizam em um grande círculo ou em pequenos grupos (2-3 pessoas) para a realização das seguintes atividades:

» Destacar ou sublinhar a ideia ou ideias principais do texto; ideias secundárias e palavras-chave.

» Trocar opiniões entre si a respeito das principais ideias: fugir das interpretações literais e manter o foco no pensamento espírita.

» Completar o preenchimento da Tabela anexada, por consenso do grupo, de acordo com os fundamentos metodológicos do programa *O Evangelho Redivivo*, apresentados pelo facilitador no início da reunião, cujo resumo se encontram na Notas.

» Relatar em plenária as conclusões do exercício realizado.

3) Fechamento do estudo pelo facilitador que deve destacar qual é, efetivamente, o convite de Jesus.

Notas

Os fundamentos metodológicos de *O Evangelho Redivivo* têm como proposta unir orientações de Allan Kardec e do Espírito Emmanuel, assim conceituadas:

1) Orientações de Allan Kardec

O Método Kardequiano de estudo e análise de textos, de mensagens (mediúnicas ou não) e de livros é de natureza cognitiva (racional), ainda que se considere a intuição. Desenvolve-se em etapas sequenciais, assim caracterizadas: *apresentação da tese/tema, discussão da tese/assunto* (dialética propriamente dita); *apresentação da antítese* (se houver) e *síntese/conclusão*.[405]

» **Apresentação da tese, tema ou ideia**: refere-se à apresentação de uma citação do Evangelho e assuntos que lhe são diretamente correlatos, com o intuito de fornecer aos participantes apenas uma visão panorâmica do que será estudado. Assim, a introdução deve ser realizada entre 15-20 minutos, não mais. Neste espaço de tempo são transmitidas informações de natureza histórico-cultural, alguma curiosidade ou um fato relevante; significado de palavras ou expressões, lugares, profissões etc. O objetivo da apresentação da tese/tema/ideia é para situar o texto no tempo e no espaço. Pode-se utilizar recursos audiovisuais para facilitar a apresentação.

» **Discussão da tese, tema ou ideia**: é desenvolvida com base no referencial espírita, ainda que ideias não espíritas, de reconhecido valor, possam ser agregadas. É importante priorizar o método da dialética na análise do conteúdo e nas trocas de ideias entre os participantes, e entre estes e o facilitador. Por se tratar do momento mais importante e o mais extenso da reunião (cerca de 45 a 60 minutos em uma reunião de uma hora e meia), o facilitador deve conduzir o estudo do texto evangélico com habilidade, favorecendo a participação de todos. Pode-se aplicar técnicas pedagógicas que valorizam a participação e a integração de membros da equipe.

» **Antítese ou ideias contrárias à tese:** estas só serão indicadas se, efetivamente, existirem. Mesmo assim, as ideias contrárias aos princípios espíritas são apenas citadas pelo facilitador, mas não devem ser palco de discussão ou debates, pois a finalidade do estudo não é a de realizar estudos comparativos. Em todas as ocasiões, é importante respeitar as interpretações não espíritas das Escrituras, lembrando que o foco de *O Evangelho Redivivo* é estudar a mensagem de Jesus, à luz do entendimento espírita.

» **Síntese, conclusão ou fechamento das ideias estudadas:** é o momento do fechamento do assunto pelo facilitador, que deve ser realizado com objetividade, em cinco, no máximo dez minutos. Neste aspecto, as ideias que foram analisadas e comentadas devem ser concluídas ou "alinhavadas" e, ao mesmo tempo, contextualizadas a acontecimentos do dia a dia da existência. Assim, é sempre útil encerrar a reunião com uma mensagem, na forma de texto, poesia ou imagem, que conduza à reflexão íntima, e possa ser projetada por recursos audiovisuais,

2) **Dialética socrática (discussão da tese/tema)**

A dialética socrática, também denominada *Maiêutica*, foi divulgada por Platão. A palavra *Dialética* é originária do grego (*dialektiké*) que significa *a arte do diálogo*, ou *a arte de debater, de persuadir* ou *de raciocinar*. Acontece a Dialética sempre que há um debate, sobretudo se estão presentes ideias contrárias, em que um posicionamento pode ser defendido e contradito. Para os gregos do passado, a dialética se fazia pela separação dos fatos ou divisão das ideias para, em seguida, poder debatê-las com mais clareza. Em outras palavras, consistindo em uma forma de filosofar que pretendia chegar à verdade através da contraposição e reconciliação das ideias. Para Platão, lembrando Sócrates, a dialética é o movimento do Espírito, é sinônimo de filosofia, é um método eficaz para aproximar as ideias individuais às ideias universais. Platão dizia que dialética é a arte e técnica de questionar e responder algo.[406]

3) **Orientações de Emmanuel**

A sugestão de Emmanuel para que se conheça e ponha em prática os preceitos da mensagem do Cristo, está resumida nesta frase do Espírito

Alcíone (personagem principal do livro *Renúncia*): *A mensagem do Cristo precisa ser conhecida, meditada, sentida e vivida.*[407]

» CONHECER A MENSAGEM DO CRISTO – Isto se faz, basicamente, pela leitura dos textos do Novo Testamento, seus capítulos e versículos. Pode-se também escutá-los por meio de áudios ou outros recursos da tecnologia. O importante é ter contato com a informação evangélica diretamente das fontes bíblicas.

» MEDITAR A MENSAGEM DO CRISTO – Trata-se de análise racional ou cognitiva do texto, que é exercitada por meio dos usuais critérios de interpretação textual: localização das ideias principais e secundárias; identificação de palavras-chave em uma construção frasal e, no final, saber especificar qual é a *mensagem* do texto.

» SENTIR A MENSAGEM DO CRISTO – Nesta etapa, a análise é de natureza emocional: são detectados sentimentos ou emoções despertados pela leitura e análise da mensagem.

» VIVENCIAR A MENSAGEM DO CRISTO – Refere-se à introspecção da mensagem e à mudança comportamental subsequente. É tarefa que caracteriza decisão individual.

Tabela a ser preenchida pelos participantes
Metodologia proposta por Allan Kardec e Emmanuel

1. Nome do Tema/Assunto (Allan Kardec e Emmanuel)	
2. Discussão do Tema (utilizando-se a dialética). (Allan Kardec) Conhecer e Sentir a Mensagem do Cristo (Emmanuel)	Ideias principais: Ideias secundárias: Palavras-chave: Sentimentos suscitados:
3. Antítese do Tema (Allan Kardec) Conhecer a Mensagem do Cristo (Emmanuel)	Ideia ou ideias que caracterizam a antítese:
4. Síntese/Conclusão (Allan Kardec) Sentir e Vivenciar a Mensagem do Cristo (Emmanuel)	
5. Observações (se necessário)	

6.2 JESUS ACALMA A TEMPESTADE
(*MARCOS*, 4:35 A 41)[408]

Jesus acalma a tempestade é tema indicado no seguinte texto de Marcos, cujo conteúdo deve ser lido, individualmente, na *Bíblia* de cada participante. Após a leitura, seguir os passos indicados no Roteiro de Estudo.

> E disse-lhes naquele dia, ao cair da tarde: *Passemos para a outra margem*.
>
> Deixando a multidão, eles o levaram, do modo como estava, no barco; e com ele havia outros barcos.
>
> Sobreveio então uma tempestade de vento, e as ondas se jogavam para dentro do barco e o barco já estava se enchendo.
>
> Ele estava na popa, dormindo sobre o travesseiro. Eles o acordam e dizem: *Mestre, não te importa que pereçamos?*
>
> Levantando-se, conjurou severamente o vento e disse ao mar: Silêncio! *Quieto! Logo o vento serenou, e houve grande bonança*.
>
> Depois, perguntou: *Por que tendes medo? Ainda não tendes fé?*
>
> Então ficaram com muito medo e diziam uns aos outros: *Quem é este a quem até o vento e o mar obedecem?* (*Marcos*, 4:35 a 41).

6.2.1 ROTEIRO DE ESTUDO

1) O facilitador recorda, se necessário, e rapidamente, a metodologia utilizada no programa *O Evangelho Redivivo*, explicados na reunião anterior, tais como: a) método de estudo e análise indicada por Allan Kardec; b) prática da dialética socrática para discussão de ideias e c) a sugestão de Emmanuel para o estudo dos textos evangélicos.

2) Os participantes se organizam em um grande círculo ou em pequenos grupos (2-3 pessoas) para a realização das seguintes atividades:

» Destacar ou sublinhar a ideia ou ideias principais do texto; ideias secundárias e palavras-chave.

» Trocar opiniões entre si a respeito das principais ideias: fugir das interpretações literais e manter o foco no pensamento espírita.

» Completar o preenchimento da tabela anexada, por consenso do grupo, de acordo com os fundamentos metodológicos do programa *O Evangelho Redivivo*. Se necessário, consultar as informações contidas no Exercício 1, apresentadas na reunião anterior.

» Relatar em plenária as conclusões do exercício realizado.

3) Fechamento do estudo pelo facilitador que deve destacar dois pontos: a) porque Jesus permanecia dormindo durante a tempestade e b) e de que forma Jesus teria acalmado a tempestade.

Tabela a ser preenchida pelos participantes Metodologia proposta por Allan Kardec e Emmanuel	
1. Nome do Tema/Assunto (Allan Kardec e Emmanuel)	
2. Discussão do Tema (utilizando-se a dialética). (Allan Kardec) Conhecer e Sentir a Mensagem do Cristo (Emmanuel)	Ideias principais: Ideias secundárias: Palavras-chave: Sentimentos suscitados:
3. Antítese do Tema (Allan Kardec) Conhecer a Mensagem do Cristo (Emmanuel)	Ideia ou ideias que caracterizam a antítese:
4. Síntese/Conclusão (Allan Kardec) Sentir e Vivenciar a Mensagem do Cristo (Emmanuel)	
5. Observações (se necessário)	

Tabela a ser preenchida pelos participantes
Metodologia proposta por Allan Kardec e Emmanuel

1. Nome do Tema/Assunto (Allan Kardec e Emmanuel)	
2. Discussão do Tema (utilizando-se a dialética). (Allan Kardec) Conhecer e Sentir a Mensagem do Cristo (Emmanuel)	Ideias principais: Ideias secundárias: Palavras-chave: Sentimentos suscitados:
3. Antítese do Tema (Allan Kardec) Conhecer a Mensagem do Cristo (Emmanuel)	Ideia ou ideias que caracterizam a antítese:
4. Síntese/Conclusão (Allan Kardec) Sentir e Vivenciar a Mensagem do Cristo (Emmanuel)	
5. Observações (se necessário)	

6.3 DEUS NÃO É DEUS DOS MORTOS (LUCAS, 20:38 A 40)[409]

O registro de Lucas *Deus não é deus dos mortos* é tema do terceiro exercício que trata da metodologia indicada em *O Evangelho Redivivo*, cujo conteúdo deve ser lido, individualmente, na *Bíblia* de cada participante. Após a leitura, seguir os passos indicados no Roteiro de Estudo. "Ora, Ele não é Deus de mortos, mas sim de vivos; todos, com efeito, vivem para Ele". Tomando então a palavra, alguns escribas disseram-lhe: "Mestre, falaste bem". E já ninguém ousava interrogá-lo sobre coisa alguma" (*Lucas*, 20:38 a 40).

6.3.1 ROTEIRO DE ESTUDO

1) O facilitador recorda, se necessário, e rapidamente, a metodologia utilizada no programa *O Evangelho Redivivo* que trata: a) método de estudo e análise indicada por Allan Kardec; b) prática da dialética socrática para discussão de ideias e c) sugestão de Emmanuel para o estudo dos textos evangélicos.

2) Os participantes se organizam em um grande círculo ou em pequenos grupos (2-3 pessoas) para a realização das seguintes atividades:

» Destacar ou sublinhar a ideia ou ideias principais do texto; ideias secundárias e palavras-chave.

» Trocar opiniões entre si a respeito das principais ideias: fugir das interpretações literais e manter o foco no pensamento espírita.

» Completar o preenchimento da tabela, por consenso do grupo, de acordo com os fundamentos metodológicos do programa *O Evangelho Redivivo*.

» Relatar em plenário as conclusões do exercício realizado.

3) Fechamento do estudo pelo facilitador que deve destacar dois pontos: a) o significado do simbolismo "Deus dos vivos e deus dos mortos"; b) indicar quem ou que representam "os vivos" e "os mortos" do registo do apóstolo

Tabela a ser preenchida pelos participantes Metodologia proposta por Allan Kardec e Emmanuel	
1. Nome do Tema/Assunto (Allan Kardec e Emmanuel)	
2. Discussão do Tema (utilizando-se a dialética). (Allan Kardec) Conhecer e Sentir a Mensagem do Cristo (Emmanuel)	Ideias principais: Ideias secundárias: Palavras-chave: Sentimentos suscitados:
3. Antítese do Tema (Allan Kardec Conhecer a Mensagem do Cristo (Emmanuel)	Ideia ou ideias que caracterizam a antítese:
4. Síntese/Conclusão (Allan Kardec) Sentir e Vivenciar a Mensagem do Cristo (Emmanuel)	
5. Observações (se necessário)	

6.4 JESUS, LUZ DO MUNDO (*JOÃO*, 8:12)

No último exercício da metodologia utilizada em *O Evangelho Redivivo*, apresentamos o registro de João que informa ser Jesus a luz do mundo. O conteúdo deve ser lido, individualmente, na *Bíblia* de cada participante. Após a leitura, seguir os passos indicados no Roteiro de Estudo. "De novo, Jesus lhes falava: Eu sou a luz do mundo. Quem me segue não andará nas trevas, mas terá a luz da vida"[410] (*João*, 8:12).

6.4.1 ROTEIRO DE ESTUDO

1) O facilitador recorda, se necessário, e rapidamente, a metodologia utilizada no programa *O Evangelho Redivivo* que trata: a) método de estudo e análise indicada por Allan Kardec; b) prática da dialética socrática para discussão de ideias e c) sugestão de Emmanuel para o estudo dos textos evangélicos.

2) Os participantes se organizam em um grande círculo ou em pequenos grupos (2-3 pessoas) para a realização das seguintes atividades:

» Destacar ou sublinhar a ideia ou ideias principais do texto; ideias secundárias e palavras-chave.

» Trocar opiniões entre si a respeito das principais ideias: fugir das interpretações literais e manter o foco no pensamento espírita.

» Completar o preenchimento da tabela anexada, por consenso do grupo, de acordo com os fundamentos metodológicos do programa *O Evangelho Redivivo*.

» Relatar em plenária as conclusões do exercício realizado.

Fechamento do estudo pelo facilitador que deve destacar dois pontos: a) o significado de "luz" utilizado por João ao se referir a Jesus; b) porque Jesus é considerado a luz do mundo.

Tabela a ser preenchida pelos participantes — Metodologia proposta por Allan Kardec e Emmanuel	
1. Nome do Tema/Assunto (Allan Kardec e Emmanuel)	
2. Discussão do Tema (utilizando-se a dialética). (Allan Kardec) Conhecer e Sentir a Mensagem do Cristo (Emmanuel)	Ideias principais: Ideias secundárias: Palavras-chave: Sentimentos suscitados:
3. Antítese do Tema (Allan Kardec) Conhecer a Mensagem do Cristo (Emmanuel)	Ideia ou ideias que caracterizam a antítese:
4. Síntese/Conclusão (Allan Kardec) Sentir e Vivenciar a Mensagem do Cristo (Emmanuel)	
5. Observações (se necessário)	

TEMA 7

SEMINÁRIO DE CONCLUSÃO DO LIVRO 1: OS ROMANCES HISTÓRICOS DO ESPÍRITO EMMANUEL

Esta atividade está direcionada para o fechamento dos temas estudados neste primeiro livro da série *O Evangelho Redivivo*.

O tema do seminário, *Os romances históricos do Espírito Emmanuel*, tem dupla finalidade: a primeira é ter uma visão da organização, desafios e bênçãos do Cristianismo e do Movimento cristão nos primeiros séculos, após a morte por crucificação do Cristo; A segunda é a de nos conduzir à reflexão de que, pelos ensinamentos do Evangelho de Jesus, interpretado nos 27 livros que compõem o cânon de o Novo Testamento, podemos, sim, nos transformar em pessoas melhores.

Um ponto que não deve passar despercebido, e que Emmanuel o utiliza com maestria, é a interpretação que o Espiritismo faz da mensagem do Messias Divino. Neste sentido, o conhecimento doutrinário espírita é imprescindível, pois não está aprisionado aos rituais, dogmas, cultos externos e políticas clericais.

Neste contexto, é importante conduzir o seminário na forma de análise reflexiva das ideias gerais dos conteúdos dos romances históricos do venerável autor espiritual, os quais chegaram até nós por meio da excelente mediunidade de Francisco Cândido Xavier.

O convite para a participação no seminário deve ser estendido aos participantes da Casa Espírita interessados no assunto, não se limitando apenas aos estudantes do programa *O Evangelho Redivivo*.

SUMÁRIO DOS CINCO ROMANCES HISTÓRICOS DE EMMANUEL

Os cinco romances de Emmanuel foram transmitidos pela psicografia de Francisco Cândido Xavier e fazem referência a diferentes reencarnações do Espírito Emmanuel, numa trajetória temporal que segue as primeiras etapas do Cristianismo primitivo. Emmanuel nos relata a sua experiência pessoal com riqueza de detalhes que caracteriza todos os seus livros, para que meditemos sobre os "momentos" preciosos que nos sãos oferecidos através da vida. Momentos muitas vezes desperdiçados, que retardam o nosso progresso e evolução.

As cinco obras psicográficas da coleção dos romances de Emmanuel não possuem uma ordem específica para leitura e entendimento. Contudo, a ordem cronológica da transmissão psicográfica e consequente publicação dos livros pela FEB Editora é a seguinte:

1) *Há dois mil anos*

O Espírito Emmanuel narra a reencarnação do orgulhoso senador romano Publius Lentulus que, quando esteve na Palestina como signatário de alto cargo do Império Romano, conheceu Jesus. Nesse livro, o leitor sente-se como participante da História do Cristianismo no século I, do cotidiano das arrogantes e preconceituosas famílias patrícias, em contraponto com a simplicidade fraterna dos primeiros seguidores de Jesus e do comovente encontro entre o Cristo de Deus e o altivo representante de César.

Quais as consequências desse encontro com o Divino Mestre?

– A cura de Flávia (filha de Publius Lentulus)

– Lívia, a esposa de Publius Lentulus, dama patrícia, torna-se cristã.

Publius Lentulus retorna às suas lides políticas, mas recusa-se a admitir ser Jesus o autor do restabelecimento da menina (Flávia)

A FEB Editora publicou a primeira edição do livro em 1939.

2) *Cinquenta anos depois*

Neste romance, Emmanuel conta-nos uma história ligada ao Cristianismo do Século II. Nele, alguns personagens do livro *Há dois mil anos* voltam à jornada terrena vivenciando, de modo claro, a Lei de Causa e Efeito. Um dos personagens centrais da obra, o ex-senador Publius Lentulus, apresenta-se nesta nova roupagem encarnado como o escravo Nestório. O personagem central deste livro é, porém, uma mulher: Célia. Um coração sublime, cujo heroísmo divino foi, no dizer de Emmanuel, uma luz acesa na estrada de numerosos Espíritos amargurados e sofredores. Ela entendeu e viveu as lições de Jesus no transcurso doloroso de sua existência.

A FEB Editora publicou a primeira edição do livro em 1940.

3) *Paulo e Estêvão*

Obra-prima dos romances de Emmanuel, *Paulo e Estêvão* traz a história do orgulhoso e culto fariseu Saulo de Tarso, mais tarde convertido no cristão Paulo de Tarso, e de Estêvão (nascido Jeziel), morto por apedrejamento, considerado o primeiro mártir do Cristianismo. O livro relata o imenso amor de Paulo por Abigail (irmã de Estêvão) e as diversas perseguições, enfermidades, zombarias, desilusões, açoites e prisões que afligiam os adeptos da nascente Doutrina Cristã. Uma história que nos faz compreender como o amor apaga a multidão de faltas cometidas em cada existência vivida.

A FEB Editora publicou a primeira edição do livro em 1941.

4) *Renúncia*

Neste romance, Emmanuel descreve a existência de Alcíone, Espírito que passa por uma encarnação de renúncias e dedicação a todos que a cercam, demonstrando heroísmo e lealdade na frívola Paris do reinado de Luís XIV. Emmanuel nos oferece, ainda, o relato de mais uma de suas encarnações, como padre Damiano, vigário da igreja de São Vicente, em Ávila, Espanha, além de dados históricos sobre fatos que marcaram a vida humana no século XVII. Narrando a história de Alcíone e Carlos, o autor nos propõe farto material para reflexões, aplicável à nossa própria existência

A FEB Editora publicou a primeira edição do livro em 1944.

5) *Ave, Cristo!*

O livro traz à luz a história de Quinto Varro e Taciano, almas ligadas por várias reencarnações que se reencontram no terceiro século do Cristianismo, na região controlada pelo Império Romano. Como exemplo de simplicidade, confiança e amor, os pioneiros da Boa-Nova entregaram-se ao serviço do Cristo, tendo como sustento apenas poderosa e inquebrantável fé. Uma comovente narrativa que mostra quanto pode realizar o verdadeiro amor em suas manifestações de solidariedade a bem das criaturas humanas.

A FEB Editora publicou a primeira edição do livro em 1953.

REFERÊNCIAS

1. XAVIER, F. C. *Renúncia*. Pelo Espírito Emmanuel. 36. ed. 7. imp. Brasília: FEB, 2017. Cap. 3, p. 2.
2. KARDEC, Allan. *O evangelho segundo o espiritismo*. Trad. Evandro Noleto Bezerra. 2. ed. 5. imp. Brasília: FEB, 2017. Cap. 10, it. 4.
3. XAVIER, F. C. *Renúncia*. Pelo Espírito Emmanuel. Cap. 3, p. 2.
4. XAVIER, F. C. *Renúncia*. Pelo Espírito Emmanuel. Cap. 3, p. 2.
5. CHAMPLIN, Russel Norman. *O novo testamento interpretado versículo por versículo*. Nova edição revisada. São Paulo: Hagnos, 2014. V. 1 (*Mateus/Marcos*), it. Jesus.
6. KARDEC, Allan. *O livro dos espíritos*. Trad. Evandro Noleto Bezerra. 4. ed. 4. imp. Brasília: FEB. Q. 625- comentário.
7. XAVIER, F. C. *O consolador*. Pelo Espírito Emmanuel. 29. ed. 3. imp. Brasília: FEB, 2016, q. 282.
8. KARDEC, Allan. *A gênese*. Trad. Evandro Noleto Bezerra. 2. ed. 1. imp. Brasília: FEB, 2013, cap. 17, it. 26.
9. XAVIER, F. C. *O consolador*. Pelo Espírito Emmanuel. Q. 236.
10. BÍBLIA DE JERUSALÉM. Português. *O evangelho segundo João*. Coord. Gilberto da Silva. Gorgulho; Ivo Storniolo e Ana Flora Anderson (Coord.). São Paulo: Paulus, 2002.
11. BÍBLIA DE JERUSALÉM. *O evangelho segundo João*.
12. KARDEC, Allan. *O evangelho segundo o espiritismo*. Cap. 6, it. 4. p. 100
13. KARDEC, Allan. *O evangelho segundo o espiritismo*. Cap. 6, it. 4. p. 100 e 101.
14. XAVIER, F. C. *Renúncia*. Pelo Espírito Emmanuel. 2ª pt, cap. 3.
15. **Jesus Histórico**. https://pt.wikipedia.org/wiki/Jesus_hist%C3%B3rico Acesso em 28/11/2018.
16. **Jesus Histórico**. https://pt.wikipedia.org/wiki/Jesus_hist%C3%B3rico Acesso em 28/11/2018.
17. XAVIER, F. C. *Pensamento e vida*. Pelo Espírito Emmanuel. 19. ed. 1. imp. Brasília: FEB, 2013. Cap. 4, p. 19.
18. XAVIER, F. C. *A caminho da luz*. Pelo Espírito Emmanuel. 38. ed. 1. imp. Brasília: FEB, 2013. Cap. 12, it. A manjedoura.
19. XAVIER, F. C. *Renúncia*. Pelo Espírito Emmanuel, 2ª pt., cap. 3.

20 XAVIER, F. C. *Vinha de luz*. Pelo Espírito Emmanuel. 1. ed. 2. imp. Brasília: FEB, 2012. Cap. 174.
21 BÍBLIA DE JERUSALÉM. *II Coríntios*, 4:8 a 9, p. 2020.
22 XAVIER, F. C. *Fé e vida*. Por diversos Espíritos. 1. ed. 2. imp. Brasília: FEB; São Paulo: CEU, 2015. Cap. 14 (mensagem de Emmanuel), p. 63.
23 XAVIER, F. C. *Palavras de vida eterna*. Pelo Espírito Emmanuel. 33. ed. Uberaba: CEC, 2005. Cap. 126, p. 268-269.
24 KARDEC, Allan. *O evangelho segundo o espiritismo*. Cap. 1, it. 9, p. 42.
25 XAVIER, F. C. *Renúncia*. Pelo Espírito Emmanuel. 2ª pt., cap. 3, p. 269.
26 FRANCO, Divaldo P. *Vivendo com Jesus*. Pelo Espírito Amélia Rodrigues. 2. ed. 1. imp. Salvador: LEAL, 2014. Cap. 5, p. 41 e 42.
27 XAVIER, F. C. *Livro da esperança*. Pelo Espírito Emmanuel. 20. ed. Uberaba [MG]: CEC, 2008. Cap.74, p. 199 e 200.
28 BÍBLIA DE JERUSALÉM. *O evangelho segundo João*, 14: 6, p. 1879.
29 KARDEC, Allan. *A gênese*. Cap. 17, it. 26, p. 324.
30 BÍBLIA DE JERUSALÉM. *O evangelho segundo Lucas*, 15:11 a 32, p. 1816-1817.
31 BÍBLIA DE JERUSALÉM. *O evangelho segundo João*, 10:16, p. 1869.
32 BÍBLIA DE JERUSALÉM. *O evangelho segundo Marcos*, 16:15, p. 1785.
33 XAVIER, F. C. *O consolador*. Pelo Espírito Emmanuel. Q. 236, p. 159 e 160.
34 FRANCO, Divaldo P. *Dias venturosos*. Pelo Espírito Amélia Rodrigues. 4. ed. Salvador: LEAL, 2015. Cap. 14, p. 101.
35 KARDEC, Allan. *O livro dos médiuns*. 2. ed. 1. imp. Brasília. FEB, 2013, 1ª pt., cap. 3, it. 18, p. 31.
36 ABREU, Honório O. (Coord.). *Luz imperecível*. Apresentação, it. "d", p. 22.
37 KARDEC, Allan. *O livro dos médiuns*. Trad. Evandro Noleto Bezerra. 1ª pt., cap. 3, it. 19, p. 32.
38 XAVIER, F. C. *Reformador*, mar. 1961, nº 3, *Kardec* (mensagem de Emmanuel). Ver também: *Fonte de paz*. Por diversos Espíritos. Cap. 19 (mensagem de Emmanuel), p. 77.
39 FRANCO, Divaldo P. *Espiritismo e vida*. Pelo Espírito Vianna de Carvalho. Cap. 4, p. 27, 28 e 30.
40 KARDEC, Allan. *O livro dos médiuns*. 1ª pt., cap. 3, it. 32, p. 38-39.
41 KARDEC, Allan. *O evangelho segundo o espiritismo*. Introdução, it. III, p. 22.
42 ABREU, Honório O. (Coord.). *Luz imperecível*. Apresentação. It. "c", p. 21-22.
43 XAVIER, F. C. *Luz acima*. Pelo Espírito Irmão X. 11. ed. 4. imp. Brasília: FEB, 2013, cap. 45, p. 191.
44 KARDEC, Allan. *O livro dos médiuns*. 1ª pt., cap. 3, it. 18, p. 31.
45 KARDEC, Allan. *O evangelho segundo o espiritismo*. 1ª pt., cap. 20, it. 5, p. 264.
46 BÍBLIA DE JERUSALÉM. *O evangelho segundo Mateus*, 7:1 a 5, p. 1714-1715.

47 KARDEC, Allan. *O evangelho segundo o espiritismo*. Prefácio, p. 11.
48 CHAMPLIN, Russell Norman. *Novo dicionário bíblico*. Amp. e atual. São Paulo: Hagnos, 2018. It. I. Palavras originais envolvidas, p. 291.
49 KARDEC, Allan. *O evangelho segundo o espiritismo*. Prefácio, p. 11.
50 KARDEC, Allan. *O livro dos espíritos*. Conclusão V, p. 451.
51 KARDEC, Allan. *O evangelho segundo o espiritismo*. Prefácio, p. 11.
52 KARDEC, Allan. *O evangelho segundo o espiritismo*. Introdução, p. 13.
53 KARDEC, Allan. *O espiritismo na sua expressão mais simples*. Trad. de Evandro Noleto Bezerra. Rio de Janeiro: FEB, 2006. 1ª pt., it. 35, p. 51.
54 KARDEC, Allan. *O evangelho segundo o espiritismo*. Introdução, it. I, p. 11.
55 VIEIRA, Waldo. *Conduta espírita*. Pelo Espírito André Luiz. 32. ed. 7. imp. Brasília: FEB, 2017. Cap. 42, p. 107.
56 KARDEC, Allan. *A imitação do evangelho segundo o espiritismo*. 1864. Trad. Evandro Noleto Bezerra. Publicação bilíngue francês-português. 1. ed. espec. 1. imp. Brasília: FEB, 2014.
57 KARDEC, Allan. *O evangelho segundo o espiritismo*. Introdução, it. I – Objetivo desta obra, p. 13.
58 KARDEC, Allan. *O evangelho segundo o espiritismo*. Introdução, it. I – Objetivo desta obra, p. 14-15.
59 KARDEC, Allan. *O evangelho segundo o espiritismo*. Cap. 13, it. 12, p. 180.
60 KARDEC, Allan. *O evangelho segundo o espiritismo*. Introdução, it. I, p. 14.
61 BÍBLIA DE JERUSALÉM. *Epístolas aos efésios*, 4:24, p. 2044.
62 KARDEC, Allan. *Revista Espírita*: jornal de estudos psicológicos. Trad. Evandro Noleto Bezerra. Abr. 1864, Rio de Janeiro: FEB, 2004. p. 138.
63 KARDEC, Allan. *O evangelho segundo o espiritismo*. Introdução, it. I, p. 15.
64 BÍBLIA SAGRADA. Português. Trad. João Ferreira de Almeida. Revista e corrigida de 1995. 4. ed. Barueri (SP): Sociedade Bíblica do Brasil, 2009. *O evangelho segundo João*, 14:16 a 17, p. 1151.
65 BÍBLIA DE JERUSALÉM. *O evangelho segundo João*, 14:16. Nota de rodapé "d", p. 1880.
66 KARDEC, Allan. *O evangelho segundo o espiritismo*. Introdução, it. II, p. 15.
67 KARDEC, Allan. *O evangelho segundo o espiritismo*. Introdução, it. II, p. 21-22.
68 XAVIER, F. C. *Missionários da luz*. Pelo Espírito André Luiz. 45. ed. 1. imp. Brasília: FEB, 2013, cap. 9, p. 102.
69 KARDEC, Allan. *O evangelho segundo o espiritismo*. Introdução, it. II, p. 16.
70 KARDEC, Allan. *O evangelho segundo o espiritismo*. Introdução, it. II, p. 17 e 18.
71 KARDEC, Allan. *O evangelho segundo o espiritismo*. Introdução, it. II, p. 22.
72 KARDEC, Allan. *O evangelho segundo o espiritismo*. Introdução, it. II, p. 20.
73 KARDEC, Allan. *O evangelho segundo o espiritismo*. Introdução, it. II, p. 18.

74 KARDEC, Allan. *O evangelho segundo o espiritismo*. Introdução, it. II, p. 20.
75 KARDEC, Allan. *O evangelho segundo o espiritismo*. Introdução, it. II, p. 19.
76 KARDEC, Allan. *O evangelho segundo o espiritismo*. Introdução, it. II, p. 21.
77 KARDEC, Allan. *O evangelho segundo o espiritismo*. Introdução, it. II, p.16.
78 KARDEC, Allan. *O evangelho segundo o espiritismo*. Introdução, it. II, p. 17.
79 KARDEC, Allan. *O evangelho segundo o espiritismo*. Introdução, it. II, Cap. 19, it. 7, p. 254.
80 KARDEC, Allan. *O evangelho segundo o espiritismo*. Introdução, it. II, p.17-18.
81 KARDEC, Allan. *O evangelho segundo o espiritismo*. Introdução, it. II, p. 21.
82 BÍBLIA DE JERUSALÉM. *II Coríntios*, 3:3, p. 2019.
83 BÍBLIA DE JERUSALÉM. *II Coríntios*, 3:6, p. 2019.
84 KARDEC, Allan. *O evangelho segundo o espiritismo*. Introdução, it. III, p. 22.
85 KARDEC, Allan. *O evangelho segundo o espiritismo*. Introdução, it. III, p. 22.
86 KARDEC, Allan. *Revista Espírita*: jornal de estudos psicológicos. Trad. Evandro Noleto Bezerra. Nov. 1868. It. Bibliografia - O Espiritismo na Bíblia, por Henri Stecki, p. 479.
87 KARDEC, Allan. *O evangelho segundo o espiritismo*. Introdução, it. III, p. 22-23.
88 BÍBLIA SAGRADA. *O evangelho segundo Lucas*, 10:30 a 37, p. 1354-1355.
89 BÍBLIA SAGRADA. *O evangelho segundo Mateus*,7:21, p.1254.
90 KARDEC, Allan. *O evangelho segundo o espiritismo*. Introdução, it. III, p. 23.
91 DAVIS, John. *Novo dicionário da bíblia*. Trad. J. R. Carvalho Braga. Ed. ampl. e atual. São Paulo: Hagnos, 2005, p. 866- 867.
92 CHAMPLIM, R.N. *Novo dicionário bíblico*, p. 1194.
93 DOUGLAS, J.D. (Organizador) et al. *O novo dicionário da bíblia*. Tradução de João Bentes. 3. ed. rev. São Paulo: Vida Nova, 2006, p.921-922.
94 KARDEC, Allan. *O evangelho segundo o espiritismo*. Introdução, it. III, p. 23-24.
95 BÍBLIA SAGRADA. *O evangelho segundo Mateus*, 22:17 a 21, p. 1281-1282.
96 KARDEC, Allan. *O evangelho segundo o espiritismo*. Introdução, it. III, p. 24.
97 KARDEC, Allan. *O evangelho segundo o espiritismo*. Introdução, it. III, p. 24-25.
98 KARDEC, Allan. *O evangelho segundo o espiritismo*. Introdução, it. III, p. 25-26.
99 KARDEC, Allan. *O evangelho segundo o espiritismo*. Introdução, it. III, p. 26.
100 KARDEC, Allan. *O evangelho segundo o espiritismo*. Introdução, it. III, p. 26.
101 BÍBLIA SAGRADA. *O evangelho segundo Marcos*,12:18 a 27, p. 1320.
102 BÍBLIA DE JERUSALÉM. *O evangelho segundo Mateus*, 13:22, p. 1728.
103 BÍBLIA SAGRADA. *O evangelho segundo Mateus*, 22:34 a 36, p.1282.
104 KARDEC, Allan. *O evangelho segundo o espiritismo*. Introdução, it. III, p. 26.
105 KARDEC, Allan. *O evangelho segundo o espiritismo*. Introdução, it. III, p. 27.
106 KARDEC, Allan. *O evangelho segundo o espiritismo*. Introdução it. IV, p. 27.

107 KARDEC, Allan. *O evangelho segundo o espiritismo*. Introdução, it. IV, p. 27 e 28.
108 KARDEC, Allan. *O livro dos espíritos*. Q. 800, p. 347 e 348.
109 KARDEC, Allan. *A gênese*. Cap. 1, it. 2, p.15.
110 KARDEC, Allan. *A gênese*. Cap. 1, it. 10, p. 19.
111 KARDEC, Allan. *A gênese*. Cap. 1, it 5, 17.
112 KARDEC, Allan. *A gênese*. Cap. 1, it. 56, p.41.
113 XAVIER, F. C. *A caminho da luz*. Cap. 10. It. Sócrates, p. 85.
114 KARDEC, Allan. *O evangelho segundo o espiritismo*. Introdução, it. IV, tópicos I a VI, p. 28-31.
115 KARDEC, Allan. *O evangelho segundo o espiritismo*. Introdução, it. IV, Tópico I, p. 28.
116 KARDEC, Allan. *O evangelho segundo o espiritismo*. Introdução, it. IV, p. 29.
117 KARDEC, Allan. *O livro dos espíritos*. Trad. Evandro Noleto Bezerra. Introdução, it. VI, p. 23.
118 KARDEC, Allan. *O evangelho segundo o espiritismo*. Introdução, it. IV, tópico II, p. 29.
119 Idem. Ibidem, p. 29.
120 KARDEC, Allan. *O evangelho segundo o espiritismo*. Cap. 2, it. 5, p. 47-48.
121 KARDEC, Allan. *O evangelho segundo o espiritismo*. Introdução, it., it IV, tópico III, p. 29.
122 KARDEC, Allan. *O evangelho segundo o espiritismo*. Introdução, it., it. IV, tópico III, p. 29.
123 KARDEC, Allan. *O céu e o inferno*. Trad. Evandro Noleto Bezerra. 2. ed. 1. imp. Brasília: FEB, 2013. 1ª pt., cap. 2, it. 2, p. 25.
124 KARDEC, Allan. *O céu e o inferno*. 1ª pt., cap. 2, it. 3, p. 25-26.
125 KARDEC, Allan. *O evangelho segundo o espiritismo*. Introdução, it. IV, tópico IV, p. 30.
126 KARDEC, Allan. *O evangelho segundo o espiritismo*. Introdução, it. IV, tópico IV, p. 30.
127 KARDEC, Allan. *O livro dos espíritos*. Q. 112 e 113, p. 96.
128 KARDEC, Allan. *O livro dos espíritos*. Introdução, it. VI, p.25.
129 KARDEC, Allan. *O livro dos espíritos*. Q. 231, p. 151.
130 KARDEC, Allan. *O evangelho segundo o espiritismo*. Introdução, it. IV, tópico V, p. 30.
131 KARDEC, Allan. *O evangelho segundo o espiritismo*. Introdução, it. IV, tópico V, p. 30.
132 KARDEC, Allan. *O livro dos espíritos*. Q. 159, p. 115.

133 KARDEC, Allan. *O evangelho segundo o espiritismo*. Introdução, it. IV, tópico VI, p. 30.

134 KARDEC, Allan. *O evangelho segundo o espiritismo*. Introdução, it. IV, tópico VI, p. 30-31.

135 KARDEC, Allan. *O livro dos espíritos*. Introdução, it. VI, p. 25.

136 KARDEC, Allan. *O evangelho segundo o espiritismo*. Introdução, it. IV, tópicos VII, p.31.

137 KARDEC, Allan. *O evangelho segundo o espiritismo*. Introdução, it. IV, tópicos VII, p. 31.

138 KARDEC, Allan. *O livro dos espíritos*. Q. 959, p. 417.

139 KARDEC, Allan. *O livro dos espíritos*. Q. 959-comentário, p. 417-418.

140 KARDEC, Allan. *O evangelho segundo o espiritismo*. Introdução, it. IV, tópicos VIII, p. 31.

141 KARDEC, Allan. *O evangelho segundo o espiritismo*. Introdução, it. IV, tópicos VIII, p. 31.

142 KARDEC, Allan. *O livro dos espíritos*. Q. 84, p. 85.

143 KARDEC, Allan. *O livro dos espíritos*. Q. 85, p.85

144 KARDEC, Allan. *O livro dos espíritos*. Q. 86, p. 85.

145 KARDEC, Allan. *O livro dos espíritos*. Q. 153, p. 113.

146 KARDEC, Allan. *O evangelho segundo o espiritismo*. Introdução, it. IV, tópicos VIII, p.31.

147 KARDEC, Allan. *O livro dos espíritos*. Q. 96, p. 88.

148 KARDEC, Allan. *O livro dos espíritos*. Q. 97, p. 88.

149 KARDEC, Allan. *O evangelho segundo o espiritismo*. Introdução, it. IV, tópico IX, p.31.

150 KARDEC, Allan. *O evangelho segundo o espiritismo*. Introdução, it. IV, tópico IX, p. 31-32.

151 KARDEC, Allan. *O céu e o inferno*. 2ª pt., cap. 1, it. 4, p. 156.

152 KARDEC, Allan. *O céu e o inferno*. 2ª pt., cap. 1, it. 14, p. 160.

153 KARDEC, Allan. *O céu e o inferno*. 2ª pt., cap. 1, it. 8, p. 157-158.

154 KARDEC, Allan. *O evangelho segundo o espiritismo*. Introdução, it. IV, tópico X, p. 32.

155 KARDEC, Allan. *O evangelho segundo o espiritismo*. Introdução, it. IV, tópico X, p. 32.

156 KARDEC, Allan. *O livro dos espíritos*. Q. 921-comentário, p. 399.

157 KARDEC, Allan. *O evangelho segundo o espiritismo*. Cap. 12, it. 8, p. 163.

158 KARDEC, Allan. *O livro dos espíritos*. Q. 886, p. 379.

159 KARDEC, Allan. *O evangelho segundo o espiritismo*. Introdução, it. IV, tópico XI, p. 32.

160 KARDEC, Allan. *O evangelho segundo o espiritismo*. Introdução, it. IV, tópico XI, p. 32-33.

161 KARDEC, *O livro dos espíritos*. Q. 289, p. 174.

162 KARDEC, Allan. *O evangelho segundo o espiritismo*. Introdução, it. IV, tópico XII, p. 33.

163 KARDEC, Allan. *O evangelho segundo o espiritismo*. Introdução, it. IV, tópico XII, p. 33.

164 KARDEC, Allan. *O evangelho segundo o espiritismo*. Cap. 12, it. 3, p. 160-161.

165 KARDEC, Allan. *O evangelho segundo o espiritismo*. Introdução, it. IV, tópico XIII, p. 33.

166 KARDEC, Allan. *O evangelho segundo o espiritismo*. Introdução, it. IV, tópico XIII, p. 33.

167 KARDEC, Allan. *O evangelho segundo o espiritismo*. Cap. 21, it. 8, p. 269.

168 KARDEC, Allan. *O evangelho segundo o espiritismo*. Introdução, it. IV, tópico XIV, p. 33.

169 KARDEC, Allan. *O evangelho segundo o espiritismo*. Cap. 16, it. 1, p. 209.

170 KARDEC, Allan. *O evangelho segundo o espiritismo*. Cap. 16, it. 7, p. 213.

171 KARDEC, Allan. *O evangelho segundo o espiritismo*. Introdução, it. IV, tópico XV, p. 33.

172 KARDEC, Allan. *O evangelho segundo o espiritismo*. Cap. 10, it. 1, p. 135.

173 KARDEC, Allan. *O evangelho segundo o espiritismo*. Cap. 10, it. 4, p. 136.

174 KARDEC, Allan. *O evangelho segundo o espiritismo*. Introdução, it., tópico XVI, p. 34.

175 KARDEC, Allan. *O evangelho segundo o espiritismo*. Introdução, it., Introdução, it. Tópico XVI, p. 34.

176 KARDEC, Allan. *O evangelho segundo o espiritismo*. Cap. 11, it. 8, p. 150-151.

177 KARDEC, Allan. *O evangelho segundo o espiritismo*. Cap. 11, it. 9, p. 151-152.

178 KARDEC, Allan. *O evangelho segundo o espiritismo*. Introdução, it. IV, Tópico XVII, p. 34.

179 KARDEC, Allan. *O evangelho segundo o espiritismo*. Introdução, it. IV, Tópico XVII, p. 34.

180 ELWELL, Walter A. (Editor). *Enciclopédia histórico-teológica da igreja cristã*. Trad. Gordon Chown. 2. ed. 1. imp. São Paulo: Sociedade Religiosa Edições Vida Nova, 1992, v. II, p. 216.

181 ELWELL, Walter A. (Editor). *Enciclopédia histórico-teológica da igreja cristã*. V. II, p. 216-217.

182 ELWELL, Walter A. (Editor). *Enciclopédia histórico-teológica da igreja cristã*. V. II, p. 217.

183 KARDEC, Allan. *O evangelho segundo o espiritismo*. Introdução, it. IV, tópico XVIII, p. 34.
184 KARDEC, Allan. *O evangelho segundo o espiritismo*. Introdução, it. IV, tópico XVIII, p. 34.
185 KARDEC, Allan. *O evangelho segundo o espiritismo*. Cap. 10, it. 10, p. 138-139.
186 KARDEC, Allan. *O evangelho segundo o espiritismo*. It. 11, p. 139.
187 KARDEC, Allan. *O evangelho segundo o espiritismo*. Cap. 10, it. 13, p. 139-140.
188 KARDEC, Allan. *O evangelho segundo o espiritismo*. Introdução, it. IV, tópico XIX, p. 34.
189 KARDEC, Allan. *O evangelho segundo o espiritismo*. Introdução, it. IV, tópico XIX p. 34.
190 KARDEC, Allan. *O livro dos espíritos*. Q. 257- comentário, p.162 e 163.
191 KARDEC, Allan. *O evangelho segundo o espiritismo*. Cap. 5, it. 3, p. 74.
192 KARDEC, Allan. *O evangelho segundo o espiritismo*. Cap. 5, it. 4, p. 74-75.
193 KARDEC, Allan. *O evangelho segundo o espiritismo*. Introdução, it. IV, tópico XX, p. 34.
194 KARDEC, Allan. *O evangelho segundo o espiritismo*. Introdução, it. IV, tópico XX, p. 35.
195 KARDEC, Allan. *O evangelho segundo o espiritismo*. Cap. 2, it. 3, p. 46.
196 KARDEC, Allan. *O livro dos espíritos*. Trad. de Evandro Noleto Bezerra. Q. 317- comentário, p. 182.
197 KARDEC, Allan. *O evangelho segundo o espiritismo*. Introdução, it. IV, tópico XXI, p. 35.
198 KARDEC, Allan. *O evangelho segundo o espiritismo*. Introdução, it. IV, Tópico XXI, p. 35.
199 KARDEC, Allan. *O livro dos espíritos*. Prolegômenos, p. 48-49.
200 KARDEC, Allan. *O evangelho segundo o espiritismo*. Cap. 7, it. 2, p. 105-106.
201 KARDEC, Allan. *O livro dos espíritos*. Q. 625, p.285.
202 KARDEC, Allan. *O livro dos espíritos*. Q. 625-comentário, p. 286.
203 KARDEC, Allan. *O livro dos espíritos*. Q. 621, p. 285.
204 KARDEC, Allan. *O livro dos espíritos*. Q. 619, p. 284.
205 KARDEC, Allan. *O livro dos espíritos*. Q. 619- comentário, p. 284.
206 KARDEC, Allan. *O livro dos espíritos*. Q. 620, p. 285.
207 XAVIER, F. C. *A caminho da luz*. Cap. 1, it. A comunidade de Espíritos puros, p. 13.
208 XAVIER, F. C. *A caminho da luz*. Cap. 1, it. A comunidade de Espíritos puros, p. 13.
209 XAVIER, F. C. *A caminho da luz*. Cap. 1, it. A comunidade de Espíritos puros, it. O divino escultor, p. 17.

210 XAVIER, F. C. *A caminho da luz*. Cap. 1, it. O divino escultor, p. 17.
211 XAVIER, F. C. *A caminho da luz*. Cap. 1, it. A ciência de todos os tempos, p. 14.
212 https://pt.wikipedia.org/wiki/Trindade_(cristianismo). Acesso em 15/02/2019.
213 KARDEC, Allan. *O livro dos espíritos*. Q. 1, p. 53.
214 https://pt.wikipedia.org/wiki/Francisco_de_Assis. Acesso em 15/2/2019.
215 KARDEC, Allan. *O evangelho segundo o espiritismo*. Cap. 1, it. 3, p. 38.
216 XAVIER, F. C. *O consolador*. Pelo Espírito Emmanuel. Questão 282, p. 193.
217 XAVIER, F. C. *Emmanuel*. Pelo Espírito Emmanuel. 28. ed. 1. imp. Brasília: FEB, 2013, cap. 2, p. 25-26.
218 XAVIER, F. C. *A caminho da luz*. Cap. 12, it. A manjedoura, p. 97.
219 XAVIER, F. C. *A caminho da luz*. Cap. 12, it. A grande lição, p. 99-100.
220 XAVIER, F. C. *Renúncia*. 2ª pt., cap. 3, p. 269.
221 XAVIER, F. C. *Renúncia*. 2ª pt., cap. 3, p. 269.
222 XAVIER, F. C. *Lázaro redivivo*. Pelo Espírito Irmão X. 13. ed. 1. imp. Rio de Janeiro: FEB, 2014, cap. 17, p. 80.
223 KARDEC, Allan. *O evangelho segundo o espiritismo*. Cap. 11, it. 8, p. 150.
224 XAVIER, F. C. *Roteiro*. Pelo Espírito Emmanuel. 14. ed. 1. imp. Brasília: FEB, 2012, cap. 13, p. 59.
225 XAVIER, F. C. *Vinha de luz*. Pelo Espírito Emmanuel. Cap. 174, p. 361-362.
226 KARDEC, Allan. *O livro dos espíritos*. Q. 625, p. 285.
227 KARDEC, Allan. *O livro dos espíritos*. Q. 625-comentário, p. 286.
228 KARDEC, Allan. *A gênese*. Cap. 17, it. 26, p. 323-324.
229 KARDEC, Allan. *A gênese*. Cap. 17, it. 26, p. 324.
230 XAVIER, F. C. *Emmanuel*. Cap. 2, p. 25.
231 BÍBLIA SAGRADA. *O evangelho segundo Mateus*, 22:37 a 40, p. 1282.
232 KARDEC, Allan. *O evangelho segundo o espiritismo*. Cap. 11, it. 4, p. 148.
233 KARDEC, Allan. *O evangelho segundo o espiritismo*. Cap. 1, it. 3, p. 38.
234 KARDEC, Allan. *O evangelho segundo o espiritismo*. Cap. 11, it. 8, p. 150-151.
235 KARDEC, Allan. *O evangelho segundo o espiritismo*. Cap. 11, it. 9, p.151-152.
236 KARDEC, Allan. *O evangelho segundo o espiritismo*. Cap. 11, it. 10, p. 153.
237 XAVIER, F. C. *Roteiro*. Cap. 13, p. 59.
238 BÍBLIA DE JERUSALÉM. *O evangelho segundo João*, 14:16 e 17, p. 1879.
239 XAVIER, F. C. *Luz no caminho*. Pelo Espírito Emmanuel. Cap. Irmanemo-nos em Jesus, p. 40.
240 BÍBLIA DE JERUSALÉM. *O evangelho segundo João*, 14:16 e 17. Nota de rodapé "h", p. 1879.
241 XAVIER, F. C. *Vinha de luz*. Pelo Espírito Emmanuel. Cap. 176, p.366.
242 CHAMPLIN, Russel Norman. V. 2. (Lucas/João). *O novo testamento interpretado versículo por versículo*. It. 14.6, p. 683.

243 CHAMPLIN, Russel Norman. V. 2. (Lucas/João). *O novo testamento interpretado versículo por versículo*. It. 14.6, p. 683

244 FRANCO, Divaldo P. *Pelos caminhos de Jesus*. Pelo Espírito Amélia Rodrigues. Prólogo, p. 7.

245 FRANCO, Divaldo P. *Pelos caminhos de Jesus*. Pelo Espírito Amélia Rodrigues. Prólogo, p. 8.

246 CHAMPLIN, Russel Norman. V. 2. (Lucas/João). *O novo testamento interpretado versículo por versículo*. It. 14.6, p. 683 e 684.

247 FRANCO, Divaldo P. *Dias venturosos*. Pelo Espírito Amélia Rodrigues. Cap. 22, p. 143-144 e 145.

248 CHAMPLIN, Russel Norman. V. 2. (Lucas/João). *O novo testamento interpretado versículo por versículo*. It. 14.6, p. 683 e 684.

249 XAVIER, F.C. *Caminho, verdade e vida*. Pelo Espírito Emmanuel. 1. ed. 3. reimp. Brasília: FEB, 2012, cap. 166.

250 VINÍCIUS (Pedro Camargo). *Nas pegadas do mestre*. Capítulo: As três afirmativas do Cristo, p.321.

251 XAVIER, F. C. *Luz no caminho*. Pelo Espírito Emmanuel. Capítulo: Irmanemo-nos em Jesus, p. 35 a 39.

252 DOUGLAS, J. D. (Organizador) *O novo dicionário da bíblia*, p. 67.

253 DOUGLAS, J. D. (Organizador) *O novo dicionário da bíblia*, p. 67-68.

254 DOUGLAS, J. D. (Organizador) *O novo dicionário da bíblia*, p. 68.

255 DOUGLAS, J. D. (Organizador) *O novo dicionário da bíblia*, p. 353.

256 XAVIER, Francisco Cândido; VIEIRA, Waldo. *Estude e viva*. Pelos Espíritos André Luiz e Emmanuel. 14. ed. 5. imp. Brasília: FEB, 2013, cap. 39 (mensagem de Emmanuel), p. 171.

257 BÍBLIA DE JERUSALÉM. *O evangelho segundo Marcos*, 3:13-19. P.1763.

258 XAVIER, F. C. *Boa nova*. Pelo Espírito Humberto de Campos. Cap. 5, p. 35-36.

259 MACEDO, Roberto. *Vocabulário histórico geográfico dos romances de Emmanuel*. 3. ed. Rio de Janeiro: FEB, 2005, (André), p. 42.

260 SCHUTEL, Cairbar. *Vida e atos dos apóstolos*. 10. ed. Matão [SP]: O Clarim, 2006. It. André e Bartolomeu, p. 234.

261 METZGER, Bruce M e COOGAN, Michael (Organizadores). *Dicionário da bíblia*. V. *As pessoas e os lugares*. Trad. Maria Luiza X. de A. Borges. Rio de Janeiro: Jorge Zahar, 2002, p. 14.

262 BARROS, Aramis C. de. *Doze homens e uma missão*. André. 1. ed. Curitiba [PR]: Editora Luz e Vida, 1999, p. 120.

263 BARROS, Aramis C. de. *Doze homens e uma missão*. André. P. 120.

264 XAVIER, Francisco Cândido. *Boa nova*. Cap. 5, p. 35.

265 METZGER, Bruce M e COOGAN, Michael (Organizadores). *Dicionário da bíblia*. V. *As pessoas e os lugares*. P. 33.
266 SCHUTEL, Cairbar. *Vida e atos dos apóstolos*. It. André e Bartolomeu, p. 237.
267 SCHUTEL, Cairbar. *Vida e atos dos apóstolos*. It. André e Bartolomeu, p. 235.
268 DAVIS, John. *Novo dicionário da bíblia*. Ampliado e atualizado. Trad. J. R. Carvalho Braga It. Filipe, *p*. 488.
269 SCHUTEL, Cairbar. *Vida e atos dos apóstolos*. It. Filipe e Tomé, p.237.
270 BARROS, Aramis C. de. *Doze homens e uma missão*. Bartolomeu, p. 150.
271 BARROS, Aramis C. de. *Doze homens e uma missão*. Filipe, p.136.
272 MACEDO, Roberto. *Vocabulário histórico geográfico dos romances de Emmanuel*. It. João, p. 44-46.
273 MACEDO, Roberto. *Vocabulário histórico geográfico dos romances de Emmanuel*. It. Judas Iscariote, p. 46.
274 DAVIS, John. *Novo dicionário da bíblia*. It. Judas, p. 717.
275 XAVIER, F. C. *Boa nova*. Cap. 24, p. 158.
276 XAVIER, F. C. *Luz acima*. Cap. 44, p. 185.
277 RIGONATTI, Eliseu. *O evangelho dos humildes*. 1. ed. 23. imp. São Paulo: Editora Pensamento- Cultrix Ltda., 2017, cap. 27, p. 249.
278 SCHUTEL, Cairbar. *Vida e atos dos apóstolos*. It. Simão, Judas e Matias, p. 240-241.
279 DAVIS, John. *Novo dicionário da bíblia*. It. Judas, *p*.718.
280 METZGER, Bruce M e COOGAN, Michael (Organizadores). *Dicionário da bíblia*. V. *As pessoas e os lugares*. P. 173.
281 DAVIS, John. *Novo dicionário da bíblia*. It. Mateus, p. 794-795.
282 KARDEC, Allan. *O evangelho segundo o espiritismo*. Introdução, it. III (Publicanos), p. 23-24.
283 CHAMPLIN. R.N. *Novo dicionário bíblico*. It. Pedro, p. 1325-1326.
284 MACEDO, Roberto. *Vocabulário histórico geográfico dos romances de Emmanuel*. It. Pedro, p. 48-49.
285 DAVIS, John. *Novo dicionário da bíblia*. It. Pedro, p. 961-962.
286 XAVIER, F. C. *Caminho, verdade e vida*. Pelo Espírito Emmanuel. Cap. 89, p. 193-194.
287 DAVIS, John. *Novo dicionário da bíblia*. It. Pedro, p. 961-962.
288 XAVIER, F. C. *Boa nova*. Pelo Espírito Humberto de Campos. Cap. 5, p. 35.
289 METZGER, Bruce M e COOGAN, Michael (Organizadores). *Dicionário da bíblia*. V. *As pessoas e os lugares*. P. 319.
290 DAVIS, John. *Novo dicionário da bíblia*. It. Tiago, p. 1215-1216.
291 DAVIS, John. *Novo dicionário da bíblia*. It. Tiago, p. 1216.

292 METZGER, Bruce M e COOGAN, Michael (Organizadores). *Dicionário da bíblia*. V. *As pessoas e os lugares*, p. 334.
293 DOUGLAS, J.D. (Organizador) *O novo dicionário da bíblia*, p. 1267.
294 XAVIER, F.C. *Boa nova*. Cap. 5, p. 35.
295 SCHUTEL, Cairbar. *Vida e atos dos apóstolos*. It. Filipe e Tomé p. 237.
296 XAVIER, F.C. *Boa nova*. Cap. 5, p. 36.
297 XAVIER, F.C. *Boa nova*. P. 36-39.
298 XAVIER, F.C. *A caminho da luz*. Cap. 14, it. A redação dos textos definitivos, p. 114-115.
299 DAVIS, John. *Novo dicionário da bíblia*. It. Evangelho, p. 783.
300 DAVIS, John. *Novo dicionário da bíblia*. It. Evangelho, p. 783-784.
301 DAVIS, John. *Novo dicionário da bíblia*. It. p. 784.
302 DAVIS, John. *Novo dicionário da bíblia*. It. p. 784.
303 DAVIS, John. *Novo dicionário da bíblia*. It. p.784.
304 DAVIS, John. *Novo dicionário da bíblia*. It. p. 756.
305 DAVIS, John. *Novo dicionário da bíblia*. It. p. 756.
306 MOURA, Marta Antunes. *História da escritura do evangelho de Jesus. Reformador*. Ano 134. Nº 2249- ago. 2016, p. 35.
307 CHAMPLIN. R.N. *Novo dicionário bíblico*. It. Cânon, p. 263.
308 CHAMPLIN. R.N. *Novo dicionário bíblico*. It. Cânon, p. 264.
309 DENIS, Léon. *Cristianismo e espiritismo*. 17. ed. 3. imp. Brasília: FEB, 2014. Cap. 1, p. 24.
310 DOUGLAS, J.D. (Organizador) *O novo dicionário da bíblia*, p. 64.
311 CHAMPLIN. R.N. *Novo dicionário bíblico*. It. *Septuaginta* (LXX), p. 1623.
312 CHAMPLIN. R.N. *Novo dicionário bíblico*. It. *Septuaginta* (LXX), p. 1623.
313 Escrituras gregas cristãs: https://www.jw.org/pt/publicacoes/livros/glossario-da-biblia/escrituras-gregas-cristas/ Acesso em 04/04/2019.
314 ELWELL, Walter A. *Enciclopédia histórico-teológica da igreja cristã*. Chown, V. II, p. 106-107.
315 DAVIS, John. *Novo dicionário da bíblia*. It. Evangelho, p. 441-442.
316 MACEDO, Roberto. *Vocabulário histórico geográfico dos romances de Emmanuel*, p. 78-79.
317 BÍBLIA DE JERUSALÉM. It. Os evangelhos sinóticos – Introdução, it., p. 1689.
318 BÍBLIA DE JERUSALÉM. It. Os evangelhos sinóticos – Introdução, it., p. 1692
319 DENIS, Léon. *Cristianismo e espiritismo*. Cap. 1, p. 23 e 24
320 DENIS, Léon. *Cristianismo e espiritismo*. Cap. 1, p. 24.
321 MOURA, Marta A. O. *Estudo sistematizado da doutrina espírita*. 1. ed. 8. imp. Brasília: FEB, 2018. V. I, mód. II, rot. 6, p. 137.

322 BÍBLIA DE JERUSALÉM. It. Introdução, it.: *O evangelho segundo Mateus*, p.1694-1696.
323 DOUGLAS, J. D. (Organizador) *O novo dicionário da bíblia*. It. Evangelho de Marcos. III Relação para com Mateus e Lucas, p. 834.
324 DOUGLAS, J. D. (Organizador) *O novo dicionário da bíblia*. It. A Autoria, p. 833.
325 DOUGLAS, J. D. (Organizador) *O novo dicionário da bíblia*. It. Evangelho de Marcos. III Relação para com Mateus e Lucas, Item: Influência de Pedro, p. 833-834.
326 DAVIS, John. *Novo dicionário da bíblia*. It. Marcos: Evangelho segundo, p. 785.
327 BÍBLIA DE JERUSALÉM. It. *Os evangelhos sinóticos* – Introdução, it.. It. O Evangelho segundo Marcos, p.1696.
328 BÍBLIA DE JERUSALÉM. It. *Os evangelhos sinóticos* – Introdução, it.. It. *O evangelho segundo Lucas*, p. 1699 e 1700.
329 DAVIS, John. *Novo dicionário da bíblia*. It. Lucas, *O evangelho segundo Lucas*, p. 756.
330 DAVIS, John. *Novo dicionário da bíblia*. It. Lucas, *O evangelho segundo Lucas*, p. 757-758.
331 METZGER, Bruce M e COOGAN, Michael (Organizadores). *Dicionário da bíblia*. V. *As pessoas e os lugares*, p. 156.
332 BATTAGLIA, O. *Introdução, it. aos evangelhos:* um estudo histórico-crítico. Rio de Janeiro, Vozes, 1984, p. 19 a 21.
333 BATTAGLIA, O. *Introdução, it. aos evangelhos:* um estudo histórico-crítico. P. 19-21.
334 METZGER, Bruce M e COOGAN, Michael (Organizadores). *Dicionário da bíblia*. V. *As pessoas e os lugares*, p. 157.
335 KARDEC, Allan. *O evangelho segundo o espiritismo*. Cap. 3, it. 10, p. 55.
336 KARDEC, Allan. *O evangelho segundo o espiritismo*. Cap. 13, it. 12, p. 181.
337 KARDEC, Allan. *O livro dos espíritos*. Q. 625, p. 285.
338 KARDEC, Allan. *O evangelho segundo o espiritismo*. Cap. 1, it. 9, p.42.
339 KARDEC, Allan. *O evangelho segundo o espiritismo*. Cap. 1, it. 10, p. 43.
340 XAVIER, F. C. *O consolador*. Q. 225, p. 152.
341 XAVIER, F. C. *O consolador*. Q. 236, p. 160.
342 KARDEC, Allan. *O evangelho segundo o espiritismo*. Cap. 1, it. 5, p .40.
343 XAVIER, F. C. *O consolador*. Q. 255, p. 172 e 173.
344 XAVIER, F. C. *Vinha de luz*. Cap. 70, p. 153-154.
345 XAVIER, F. C. *O consolador*. Q. 282, p. 193.
346 XAVIER, F. C. *Ave, Cristo!*. 1ª pt., cap. 2, p. 41.
347 XAVIER, F. C. *Caminho, verdade e vida*. Introdução, it. (Interpretação dos textos sagrados), p. 14.

348 KARDEC, Allan. *O livro dos espíritos.* Q. 33, p. 63.
349 XAVIER, F.C. *Os mensageiros.* Pelo Espírito André Luiz. 47. ed. 3. imp. Brasília: FEB, 2014, cap. 1, p. 14.
350 KARDEC, Allan. *O evangelho segundo o espiritismo.* Introdução, it., p. 13-14 e 15.
351 Jesus Histórico: https://pt.wikipedia.org/wiki/Jesus_hist%C3%B3rico Acesso em 21 de junho de 2019.
352 XAVIER, F.C. *A caminho da luz.* Cap. 25, p. 201.
353 XAVIER, F.C. *Palavras de vida eterna.* Cap. 118, p. 252-253.
354 XAVIER, F.C. *Renúncia.* 2ª pt., cap. 3, p. 269.
355 XAVIER, F.C. *A caminho da luz.* Cap. 25, p. 201.
356 KARDEC, Allan. *A gênese.* Cap. 1, it. 28, p. 26.
357 BÍBLIA SAGRADA. Trad. João Ferreira de Almeida. *Evangelho segundo Mateus,* 12:46 a 50, p. 1264.
358 KARDEC, Allan. *O evangelho segundo o espiritismo.* Cap. 14, it. 6, p. 194.
359 KARDEC, Allan. *O evangelho segundo o espiritismo.* Cap. 14, it. 7, p. 194.
360 XAVIER. F. C. *O consolador.* Q. 342, p. 224.
361 BÍBLIA SAGRADA. *O evangelho segundo Marcos.* 2:18 a 22, p. 1300.
362 CHAMPLIN, N.R. V. 1. (Mateus/Marcos). *O novo testamento interpretado versículo por versículo.* p. 362.
363 CHAMPLIN, N.R. V. 1. (Mateus/Marcos). *O novo testamento interpretado versículo por versículo.* p. 362.
364 BÍBLIA SAGRADA. *O evangelho segundo Lucas,* 10:30 a 34, p. 1354-1355.
365 BÍBLIA SAGRADA. *O evangelho segundo João,* 8: 12, p. 1401.
366 XAVIER. F.C. *Vinha de luz.* Cap. 70, p. 153-154.
367 XAVIER, F. C. *Coletânea do além.* Por diversos Espíritos. 3. ed. São Paulo: FEESP, 2001, cap. O Velho e o Novo Testamento (Espírito Emmanuel), p. 109 e 110.
368 ELWELL, Walter A. (Editor). *Enciclopédia histórico-teológica da igreja crista.* V. I, p. 171.
369 ROGERSON, J.W. *O livro de ouro da bíblia.* Trad. Talita Macedo Rodrigues. Cap. 1, p. 12.
370 PASTORINO, Carlos T. *Sabedoria do evangelho.* V. 1. Introdução, it. VIII, p. 5.
371 Idem. Introdução, it. VI, p. 3.
372 ELWELL, Walter A. (Editor) Enciclopédia histórico-teológica da igreja crista. V. I, p. 178.
373 DAVIS, John. *Novo dicionário da bíblia.* Trad. J. R. Carvalho Braga, p. 220.
374 DOUGLAS. J.D. *O novo dicionário da bíblia.* Trad. João Bentes, p. 194.
375 ELWELL, Walter A. (Editor) *Enciclopédia histórico-teológica da igreja cristã.* V. I, p. 177.

376 ELWELL, Walter A. (Editor) *Enciclopédia histórico-teológica da igreja cristã.* V. I, p. 95.
377 ELWELL, Walter A. (Editor) *Enciclopédia histórico-teológica da igreja cristã.* V. I, p. 178.
378 BÍBLIA DE JERUSALÉM. *Lista dos livros da bíblia hebraica,* p. 10.
379 ELWELL, Walter A. (Editor) Enciclopédia histórico-teológica da igreja crista. V. I, p. 178.
380 CHAMPLIN, Russel N. *Novo dicionário bíblico.* It. As designações de Antigo e Novo Testamentos, p. 216.
381 CHAMPLIN, Russel N. *Novo dicionário bíblico.* It. As designações de Antigo e Novo Testamentos, p. 217.
382 WERNER, Kaschel; ZIMMER, Rudi. *Dicionário da bíblia Almeida.* 2. ed. Barueri[SP]: Sociedade Bíblica do Brasil, 1999, p. 147.
383 BÍBLIA DE JERUSALÉM. *Antigo testamento,* p. 8.
384 BÍBLIA DE JERUSALÉM. *Novo testamento,* p. 9.
385 BÍBLIA DE JERUSALÉM. *Lista dos livros da bíblia grega,* p. 11.
386 DOUGLAS. J.D. *O novo dicionário da bíblia.* P. 64-67.
387 Apócrifos do Novo Testamento. https://pt.wikipedia.org/wiki/Categoria:Apócrifos_do_Novo_Testamento Acesso em 4/7/2019
388 SANTIAGO, Emerson. Apócrifos do novo testamento. https://www.infoescola.com/cristianismo/apocrifos-do-novo-testamento/ Acesso em 4/7/2019
389 ELWELL, Walter A. (Editor) Enciclopédia histórico-teológica da igreja cristã. V. I, p. 96.
390 XAVIER, F. C. *O consolador.* Q. 282, p. 193.
391 XAVIER, F. C. *Coletânea do além.* Cap. O Velho e o Novo Testamento (mensagem de Emmanuel), p. 109.
392 ROGERSON, J.W. *O livro de ouro da bíblia.* Cap. 6, p. 243.
393 *VULGATA.* https://pt.wikipedia.org/wiki/*Vulgata* Acesso em 8 de julho de 2019.
394 CHAMPLIN, Russel N. *Novo dicionário bíblico.* It. Versões do Antigo Testamento, p. 221-222.
395 ROGERSON, J.W. *O livro de ouro da bíblia.* Cap. 1, p. 12, 18 e 20.
396 CHAMPLIN, Russel N. *Novo dicionário bíblico.* It. Versões do Antigo Testamento, p. 219-220.
397 BÍBLIA DE JERUSALÉM. It. Observações – Tradução, p. 13.
398 BÍBLIA DE JERUSALÉM. https://pt.wikipedia.org/wiki/B%C3%ADblia_de_Jerusal%C3%A9m Acesso em 04/7/2019.
399 BÍBLIA DE GUTEMBERG. https://pt.wikipedia.org/wiki/B%C3%ADblia_de_Gutenberg Acesso em 06/7/2019.

400 XAVIER. F.C. *A caminho da luz*. Cap. 25, p. 201.
401 PASTORINO, Carlos T. *Sabedoria do evangelho*. V. 1, p. 3
402 A BÍBLIA dividida em capítulos e versículos. http://escolabiblicaonline.net/a-biblia-dividida/ Acesso em 06/07/2019.
403 Robert Estienne. https://pt.wikipedia.org/wiki/Robert_Estienne. Acesso em 06/07/2019.
404 BÍBLIA DE JERUSALÉM. *O evangelho segundo Mateus*. 11:28 a 30, p. 1724.
405 KARDEC, Allan. *O livro dos médiuns*. 1ª pt., cap. 3, p. 31 a 41
406 ABBAGNANO, Nicola. *Dicionário de filosofia*. Trad. Alfredo Bosi e Ivone Castilho Benedetti. São Paulo: Martins Fontes: 2000, p.269 a-274.
407 XAVIER, F. C. *Renúncia*. 2ª pt., cap. 3, p. 269.
408 BÍBLIA DE JERUSALÉM. *O evangelho segundo Marcos*, 4:35 a 41, p. 1765.
409 BÍBLIA DE JERUSALÉM. *O evangelho segundo Lucas*, 20:38 a 40, p. 1825.
410 BÍBLIA DE JERUSALÉM. *O evangelho segundo João*, p. 1863.

O LIVRO ESPÍRITA

Cada livro edificante é porta libertadora.

O livro espírita, entretanto, emancipa a alma nos fundamentos da vida.

O livro científico livra da incultura; o livro espírita livra da crueldade, para que os louros intelectuais não se desregrem na delinquência.

O livro filosófico livra do preconceito; o livro espírita livra da divagação delirante, a fim de que a elucidação não se converta em palavras inúteis.

O livro piedoso livra do desespero; o livro espírita livra da superstição, para que a fé não se abastarde em fanatismo.

O livro jurídico livra da injustiça; o livro espírita livra da parcialidade, a fim de que o direito não se faça instrumento da opressão.

O livro técnico livra da insipiência; o livro espírita livra da vaidade, para que a especialização não seja manejada em prejuízo dos outros.

O livro de agricultura livra do primitivismo; o livro espírita livra da ambição desvairada, a fim de que o trabalho da gleba não se envileça.

O livro de regras sociais livra da rudeza de trato; o livro espírita livra da irresponsabilidade que, muitas vezes, transfigura o lar em atormentado reduto de sofrimento.

O livro de consolo livra da aflição; o livro espírita livra do êxtase inerte, para que o reconforto não se acomode em preguiça.

O livro de informações livra do atraso; o livro espírita livra do tempo perdido, a fim de que a hora vazia não nos arraste à queda em dívidas escabrosas.

Amparemos o livro respeitável, que é luz de hoje; no entanto, auxiliemos e divulguemos, quanto nos seja possível, o livro espírita, que é luz de hoje, amanhã e sempre.

O livro nobre livra da ignorância, mas o livro espírita livra da ignorância e livra do mal.

Emmanuel[*]

---

[*] Página recebida pelo médium Francisco Cândido Xavier, em reunião pública da Comunhão Espírita Cristã, na noite de 25/2/1963, em Uberaba (MG), e transcrita em *Reformador*, abr. 1963, p. 9.

FEB editora
Livro espírita para um novo mundo
www.febeditora.com.br
@febeditoraoficial
@febeditora

Conselho Editorial:
Carlos Roberto Campetti
Cirne Ferreira de Araújo
Evandro Noleto Bezerra
Geraldo Campetti Sobrinho – Coord. Editorial
Jorge Godinho Barreto Nery – Presidente
Maria de Lourdes Pereira de Oliveira
Miriam Lúcia Herrera Masotti Dusi

Produção Editorial:
Elizabete de Jesus Moreira

Revisão:
Elizabete de Jesus Moreira
Jorge Leite de Oliveira

Capa:
Thiago Pereira Campos

Projeto Gráfico e Diagramação:
Rones José Silvano de Lima – instagram.com/bookebooks_designer

Normalização Técnica:
Biblioteca de Obras Raras e Documentos Patrimoniais do Livro

Apoio:
Grupo Alegria é Servir

Esta edição foi impressa pela Coronário Editora Gráfica Ltda., Brasília, DF, com tiragem de 1,2 mil exemplares, todos em formato fechado de 170x250 mm e com mancha de 124x204mm. Os papéis utilizados foram o Offset 63 g/m² para o miolo e o Cartão 250 g/m² para a capa. O texto principal foi composto em Minion Pro 12/15 e os títulos em Zurich Lt BT light 22/26,4. Impresso no Brasil. *Presita en Brazilo.*